도서출판 대장간은
쇠를 달구어 연장을 만들듯이
생각을 다듬어 기독교 가치관을
바르게 세우는 곳입니다.

대장간이란 이름에는
사라져가는 복음의 능력을 되살리고,
낡은 것을 새롭게 풀무질하며, 잘못된 것을
바로 세우겠다는 의지가 담겨져 있습니다.

www.daejanggan.org

생명과 평화의 눈으로 읽는 성서 2
역사서_새 역사를 향한 순례

지은이 김경호
초판1쇄 2018년 4월 23일

펴낸이 배용하
책임편집 배용하
등록 제364-2008-000013호
펴낸곳 도서출판 대장간
www.daejanggan.org
등록한곳 충남 논산시 매죽헌로1176번길 8-54, 101호
대표전화 대표전화 041-742-1424 전송 0303-0959-1424
분류 기독교 | 구약 | 역사서

ISBN 978-89-7071-448-6 03230
SET 978-89-7071-417-2 set 04230
CIP제어번호 CIP2018011462

값 13,000원

생명과 평화의 눈으로 읽는 성서 2

역 사 서

새 역사를 향한 순례

김경호 지음

차례 contents

| 시작하는 말 |

오늘날의 한국교회에서 유행하는 성경공부는 이른바 '큐티'다. 그러나 이 방식으로 진행하는 공부는 성경을 지나치게 자의적으로 해석하기 쉽다. 본문에 과도한 뜻을 부여하다 보니 "본래 그 말씀에 그런 뜻이 있었나?" 싶을 정도로 그 의미가 확대되기도 하고 때로 본문과는 전혀 다른 의미로 바뀌기도 한다. 이렇게 되면 어떤 본문의 해석이든 유사해진다. 결국에는 해석자 개인의 문제가 투영된다. 그러다 보면 서로 다른 맥락의 성서 본문들도 모두 자기 식으로 해석해 버리며 자신의 세계를 성서 안에 투입한다. 그런 다음에는 성서의 권위를 빌어서 자신의 해석을 마치 성서가 그렇게 말하는 것인 양 이야기하고, 정당화한다. 이러한 경향을 성서도구주의라고 부른다. 그러나 이것은 성서해석에서 중대한 오류이다. 큐티를 비롯하여 한국교회에서의 성서해석의 90% 이상을 차지하는 이른바 '영감(靈感)에 의한 성서해석'은 이러한 방법론적 오류를 벗어나기 어렵다.

그럼에도 불구하고 큐티 방식의 성서연구는 우리의 생활 깊숙한 곳에 성서 본문을 가져오는 장점이 있다. 하지만 성서를 통해 우리가 얻는 메시지는 그렇게 해석해야만 하는 합리성을 가져야 한다. 홀로 묵상을 할지라도 그 본문이 말하는 메시지의 올바른 방향과 토대 위에 있어야 한다. 제멋대로 노를 저어서 배가 산으로 가게 하는 것은 곤란하다. 그것은 자신의 뜻을 하나님의 뜻으로 합리화하는 잘못을 범하기 때문이다.

물론 성서를 해석할 때 주관을 완전히 배제하고 보는 것은 어렵다. 그래서 서구에서는 수백 년 동안 성서신학이 발달해 왔다. 이는 균형 잡힌 성서해석을 위한 과정이다. 성서신학은 객관적이고 타당하게 성서를 해석할 수 있는 여러 가지 과학적인 학문의 방법론을 계발했다. 이 교재는 그러한 성서해석 방법론들을 동원할 것이다. 그리하여 성서 속 말씀들을 그것이 생겨난 역사 배경과 사회경제 배경 속에서 이해할 것이다. 또한 최근의 고고학적 발굴과 연구결과, 고대 근동의 유사한 문서와 비교하는 종교사적인 연구방법, 성서 자료들을 문헌적으로 정밀하게 비교하고 분석해 나가는 역사 비평적 연구 방법 등을 활용할 것이다.

이러한 성서연구는 필자가 향린교회, 강남향린교회, 들꽃향린교회로 이어지는 30여 년 동안의 목회 활동과 성서연구 세미나를 통해 얻은 것이다. 그리고 한국기독교장로회 총회교육원에서 목회자 재교육 과정으로 운영하는 목회신학대학원과 여전도사를 양성하는 목회신학대학 과정에서 구약학 강의를 하면서 얻은 결과물이다. 들꽃향린교회에서는 이를 문서화해서 구약성서 40강좌, 신약성서 40강좌로 이어지는 총 80주간, 즉 2년에 걸친 평신도 성서교육 과정을 운영한다. 구약성서는 오경, 역사서, 예언서, 성문서를 5권으로 나누어 발행할 예정이며, 신약성서도 예수의 복음서, 바울과 기타 서신으로 나누어 발간할 계획이다.

전체 시리즈의 제목을 '생명과 평화의 눈으로 보는 성서'라고 하였다. 이것은 하나의 선입견을 가지고 성서를 보겠다는 뜻이 아니다. 오히려 성서 자체가 생명과 평화의 치열한 삶의 고백들이라는 뜻이다. 하나님에 대한 이야기는 역사와 자연의 도전 앞에 선 인간이 자신의 생존을 위한 깊은 투쟁의 고백을 쏟아낸 것이다. 그리하여 자연과 인간의 최대화두인 '생명'과 삶의 필수 조건인 '평화'라는 두 사회적 주제를 성서가 증거하는 핵심 가치로 본 것이다.

현행의 성서공부 교재는 대부분 교리사적인 틀에 꿰어져 맞추는 식으로 만들어졌다. 많은 사람들이 성서와 기독교를 "죄 → 구원" 같은 간단한 공식으로 설명하려 한다. 이 때문에 사람들은 성서를 단지 한 가지 사상만 있는 책으로 오해하기도 하고, 또는 성서를 단순화된 교리를 강요하는 평면적인 책으로 오해한다. 그러나 사실 성서는 긴 역사를 통해 일어난 삶의 치열하고 다양한 역사를 담고 있으며, 그 시대를 살아가는 사람들의 호소와 외침이 녹아 있는 책이다. 그 하나하나가 갖는 다양한 패러다임과 역동성은 오늘 우리가 살아가는 사회의 문제를 예시하고 조명하며, 이를 통해 오늘 우리가 처한 역사 속에서 야훼 하나님의 분명하신 섭리와 경륜의 방향을 보게 한다. 이처럼 성서는 역사의 과정 속에 나타났던 사상, 철학, 문학의 다양한 패러다임을 포함하고 있을 뿐 아니라, 세상의 역사를 운영하시는 하나님의 뜻과 그를 따라 기꺼이 목숨까지도 바치는 인간의 신앙적 응답을 풍부하게 담고 있는 인류 최고의 걸작품이다. 그런데 이렇게 다양하고 역동적인 성서를 단 하나의 교리로 뭉뚱그려 단순화하거나, 그 생명력을 사장시키는 것은 참으로 안타깝다.

이 책은 성서신학의 전문적인 내용을 누구나 이해할 수 있는 쉬운 언어로 쓰고자 노력했다. 그리고 성서본문을 통해서 신학적 사고를 전개해 나가기에 신학을 모르는 사람도 쉽게 접근할 수 있도록 했다. 아무쪼록 이 책이 한국교회를 갱신하는 데 작은 보탬이 되기를 바란다.

강남향린교회와 거기에서 분가한 들꽃향린교회의 교우들은 대부분 이 책의 내용을 공부하는 성서학당을 통해서 교우가 되었다. 이 중에 상당수는 성서문자주의에 매인 근본주의 신앙을 가진 분이었거나, 기독교를 처음으로 대하는 초신자였다. 대체로 초신자들은 이런 식의 성서연구를 아주 새롭게 받아들이지만, 근본주의 신앙을 가진 분들은 학당이 진행되고 있는 동안 필자와 심하게 논쟁을 벌인다. 그래도 이제까지의 방식과는 전혀 다른 방법론으로 진행해 나가기에 싸우면서도 계속 논의에 참여한다. 어떤 분은 자동차로 몇 시간씩 걸리는 지방에 살면서도 빠지지 않고 성서학당의 모임에 개근한다. 그러는 동안 생각이 점차 변화하면서 어느 누구보다도 분명하고 힘 있는 신앙인으로 서는 것을 경험하였다.

이런 교재가 나올 수 있는 것은 이런 성서연구를 수용하고 열린 마음으로 함께 토론할 수 있는 건강한 공동체가 있기에 가능하다. 한국교회의 신도들은 매우 훌륭하다. 그들은 참다운 신앙에 관해서라면 언제든지 헌신할 수 있는 마음의 준비를 갖추고 있다. 그러나 한국교회를 이끄는 지도자들이 자기 욕심대로 복음을 왜곡시켜 오늘의 한국교회는 이 모양이 되고 말았다. 그러나 이 교재는 그렇게 왜곡된 시각을 용납하지 않을 것이다. 이 책은 수순히 생각하게 하며 각자 본문이 형성된 자리와 만나게 도와줄 것이다. 그러다보면 결국 성서기자가 가졌던 처음마음, 뜨거운 마음들을 만날 수 있을 것이다.

이 교재는 상당히 진보적인 내용으로 구성되어 있지만 그것보다 중요한 강조점은 바로 우리가 확장해 가야 할 공동체성을 살리는 데 목표를 두고 있다. 현실의 기독교가 모순이 많은 것은 사실이나 아무 대안도 없이 섣부르게 기독교 신앙과 교회를 폄하하는 독설을 퍼붓는 것은 무책임하다. 깊은 애정을 가지고 건강한 신앙, 건강한 교회로 재건하여 나가도록 돕는 데 힘써야 할 것이다. 개개인이 가진 좋은 의지들을 모아서

공동의 힘으로 함께 이루어 가는 공동체가 교회이다. 그렇게 할 때, 교회는 오늘날 살아계신 그리스도의 몸을 이루며 증언해 나갈 수 있다.

이 교재를 공부하는 분들이 막연한 관념 속에서가 아니라 좀 더 역사적이고 실증적인 자료들을 통해 야훼 하나님과 예수를 만날 수 있기를 바란다. 이 교재가 지금 목표의 상실, 도덕성의 상실로 휘청거리고 있는 한국교회를 새롭게 갱신해 나갈 성서적 근거를 세워주고 우리 역사를 바로 세울 수 있는 동력이 되기를 간절히 바란다.

각 과의 내용을 진행하여 읽어나갈 때 처음 또는 중간에 "미리 살펴보기"의 문제들이 있다. 이 부분에서는 반드시 성서를 직접 찾아보고 잠시 서로의 의견을 나누는 시간을 갖기를 바란다. 이 책에는 새번역 성서를 토대로 인용 본문을 명시했다. 모든 내용은 제시된 성경말씀을 토대로 전개된다. 반드시 성구를 찾아보고 그 본문에 머물러 생각하는 시간을 갖기를 바란다. 오히려 그것이 가장 빨리 가는 지름길이 될 것이다. 남이 만들어준 내용은 체화되기 힘들다. 반드시 자기 명상과 씨름이 동반될 때라야 단순한 지식을 넘어서 자신을 바꾸어 낼 수 있는 힘이 생긴다. 뿐만 아니라 스스로 성서를 보고 해석할 수 있는 눈도 키워갈 수 있다. 그룹으로 공부할 때는 반드시 공부를 마친 다음에 "생각 나누기"에 제시된 질문을 토대로 하여 서로의 생각을 나누는 시간을 갖기 바란다. 정답은 있을 수 없다. 모두가 정답이고 모두가 각자의 삶의 위치에서 나오는 진실이다. 어느 누구도 서로의 답이 맞나 틀리나 판단하지 말고 각자의 삶과 생각을 충분히 나누고 상대를 깊이 이해하고 용납하려는 자세로 참여하기를 원한다. 각 과의 마지막에는 "생각 나누기"의 주제와 관련된 설교나 강연문을 제시하였다. 이 설교문은 필자가 강남향린교회나 들꽃향린교회 강단에서 행한 설교 중에서 발췌한 참고자료이다.

목회를 하는 중에 틈틈이 책과 씨름하며 그 내용을 만들어 가는 것이 쉽지는 않았다. 이 책에 쓰인 한 줄의 정보를 얻기 위해서 몇 주일을 엉덩이가 무르도록 앉아서 책을 보거나 또는 현장에서 씨름해야 하는 때도 있었다. 스스로에게 의무감을 주어가며 굳이 이러한 작업을 하는 것은 한국교회가 이대로만 가서는 안 된다는 위기감 때문이다.

윤리적 표상을 잃고 우리사회와 민족이 나아가야 할 방향과는 정반대로 역주행하는 신앙, 싸구려 값싼 은혜를 남발해 대며 상업주의와 성장논리로만 치달아 버리는 교회, 복 방망이를 두들겨 대며 교인들을 주문과 주술로 미혹하는 종교 지도자, 그들이 제멋대로 만들어낸 아무 존경할 것 없는 싸구려 하나님이 난무하는 현실이 너무나 수치스럽다. 사실 그들은 이미 자신의 영혼 속에서 하나님을 버리고 예수도 다시 못 박아 버린 상태이거나 전혀 자기 성찰을 하지 않은 채 유행을 쫓아가는 마비 상태인 경우가 대부분이다. 이런 현실 속에서 이미 신앙을 가진 분들이 자신의 신앙을 깊이 성찰하고 신앙의 뼈대를 새롭게 세우는 계기가 되기를 바란다. 신앙을 가지지 않은 분들도 이 책을 공부하면서 야훼신앙과 예수신앙에 대해서 매력을 느끼고, "이런 하나님이라면 나도 믿고 싶다"는 마음이 들면 좋겠다. 그런 분들을 신앙으로 이끄는 길잡이가 되기를 또한 바란다. 당장 바라는 결과가 생기지 않더라도 먼 훗날 그때 한국교회에서도 무너진 신앙을 다시 세우기 위한 이런 몸부림이 있었구나 하는 정도의 기록은 될 수 있으면 좋겠다.

천호동에서 한강을 바라보며

들꽃향린교회 김경호 목사

| 제2권. 역사서 – 새 역사를 향한 순례를 내면서 |

역사는 늘 승리자 혹은 지배자의 눈으로 기록된다. 승리자의 뒤에는 패배자가 있다. 지배자 아래는 무수히 많은 피지배자가 있다. 하지만 역사는 오로지 영웅들의 전유물이다. 민중은 기록을 남기지 못한다. 자국 없이 사라졌으니 그들이 흘린 눈물과 피의 값을 셈할 수 없다. 영웅들의 역사 그 뒤에 숨겨진 이름 없는 민중, 말없는 피해자들의 목소리를 불러올 수는 없을까? 역사의 진짜 주인들인 '그들'의 이야기, 때로는 순종하고 때로는 잘못하면서 그리고 그 속에서 깨닫고 성장하면서 하나님의 뜻을 따라 살았던 진짜 하나님의 '백성들'의 이야기 말이다.

기록되지 않은 목소리를 찾기란 쉽지 않다. 그러나 기록되지 않았다고 완전히 사라지는 것은 아니다. 그들의 목소리는 지배자의 말과 행동과 기록 속에 은밀하게 숨어 있다. 예민한 시선으로 성서를 바라보면 우리는 권력자가 미처 은폐하지 못한 증거들을 수집할 수 있다. 질문하기를 포기하지 않는다면 우리는 단서를 잡을 수 있다. 그래서 이 책의 부제는 '새 역사를 향한 순례'다. 말하자면 성서 안에 숨어 있는 이스라엘의 민중사를 찾아 떠나는 여행인 것이다.

성서를 문자 그대로의 경전으로 대하는 그리스도인들에게 경전이 기록된 시대 속을 거닐며 민중의 역사를 복원하는 것은 어쩌면 낯설고 불편한 작업일지도 모르겠다. 왜 굳이 그런 관점으로 성서를 읽어야 하느냐 묻는다면, "그리스도인이 하나님을 어디에서 발견할 수 있는가?"라는 질문으로 답하고자 한다. 이것이 본질적인 질문이기 때문이다. 그리스도인은 하나님을 역사를 주관하시는 분이라 고백한다. 그렇다면 하나님과 그 역사의 수레바퀴를 함께 굴린 건 과연 누구인가. 그것은 한 명의 위대한 왕, 한 명의 빛나는 예언자가 아니라 자신의 삶을 묵묵히 살아온 이름 없는 하나님의 사람들이다. 그들의 삶이 모여 역사가 된다. 따라서 이스라엘 민중의 목소리를 찾는 작업은 하나님의 참모습을 발견하고자 하는 일과 다르지 않다.

근래에 대한민국은 작은 목소리들이 모여 어떻게 세상을 변화시키는지 경험하고 있다. 깨어난 시민들은 촛불혁명과 합법적 대통령 탄핵, 그리고 정권교체라는 역사의 큰 물결을 만들어냈다. 거대한 강물은 한 번 바다로 흐르기 시작하면 실개천으로 역류하는 법이 없다. 한 번 깨어난 사람들은 자신이 온 곳으로 돌아가지 않는다. 우리 사회의 공동체적 경험들은 한 명 한 명을 더 주체적이고 높은 의식을 지닌 개인으로 성숙시킬 것이라 믿는다.

이런 경험이 있기까지 계란으로 바위를 치듯 수없이 많은 목소리들이 있었다. 그 중에서도 가장 끈질긴 생명력을 지닌 목소리의 주인공은 위안부 할머니들이다. 1992년에 시작한 '일본군 성노예(위안부) 문제 해결을 위한 수요시위'는 현재까지 25년이 넘도록 한 주도 거르지 않고 매주 수요일 12시에 주한일본대사관 앞에서 열렸다. 세상이 귀 기울이지 않을 때에도 할머니들은 언제나 변함없이 거리에서 일본의 공식 사과와 법적 배상을 요구했다. 긴 시간동안 많은 증언자가 세상을 떠났다. 2018년 2월 현재, 할머니 생존자는 31명이다. 그러나 할머니들은 포기하지 않는다. 아니 오히려 이전보다 더 크고 당당한 목소리로 외친다. 전쟁을 반대하고 정의와 평화를 외친다. 할머니들은 피해자에서 주체적이고 능동적인 평화의 상징이 되었다. 이 거대한 물결의 시작은 1991

년, 고(故) 김학순 할머니의 용기 있는 증언이었다.

고난당한 이들의 작은 목소리는 사라지지 않는다. 다만 두꺼운 은폐의 껍데기에 가려 있을 뿐이다. 그것을 뚫고 세상에 나올 때까지 포기하지 않고 계속 묻고, 찾고, 말해야 한다.

독일의 시인이자 극작가인 베르톨트 브레히트(Bertolt Brecht, 1898~1956)는 나치를 피해 유럽과 미국을 떠돌며 "아우슈비츠 이후 서정시는 불가능하다"고 선언했다. 독자 여러분이 이 책에 쓴 내용 너머 더 많은 목소리를 발굴하길 바라며 그의 시 「역사책 읽는 노동자의 의문」으로 시작하는 글을 맺는다.

> 일곱 개의 성문을 가진 테베를 누가 건설했는가?
> 책에는 왕의 이름들만 적혀 있다.
> 왕들이 울퉁불퉁한 돌 덩어리를 직접 날랐는가?
> 그리고 수없이 파괴되었던 바빌론
> 그때마다 그 도시를 누가 재건했는가?
> 황금으로 빛나는 리마의 건설 노동자들은
> 어떤 집에 살았는가?
> 만리장성이 완성된 날 저녁
> 석공들은 어디로 갔는가?
> 위대한 로마 제국에는 승리의 개선문들로 가득하다
> 누가 그것들을 세웠는가?
> 로마의 황제들은 누구를 딛고 승리를 거뒀는가?
> 끝없이 칭송되는 비잔티움제국에는 궁전들만 있었는가?
> 전설의 대륙 아틀란티스에서조차

바다가 그곳을 집어삼키는 밤에 사람들은
물에 빠져 죽어 가면서 그들의 노예를 애타게 불렀다고 한다.

젊은 알렉산더는 인도를 정복했다.
그 혼자서?
카이사르는 갈리아 인들을 물리쳤다.
적어도 취사병 한 명은 데려가지 않았을까?
스페인의 필립 황제는 자신의 함대가 침몰하자 울었다.
그 혼자 울었을까?
프리드리히 2세는 7년 전쟁에서 승리했다.
그 혼자 승리했을까?

모든 페이지마다 승리가 적혀 있다.
누구의 돈으로 승리의 잔치가 열렸을까?
십 년마다 위대한 인물이 나타났다
그 비용은 누가 부담했을까?

너무도 많은 목록들
너무도 많은 의문들

천호동 들꽃향린교회에서

김경호 목사

01
히브리의 하나님
야훼 하나님, 그 이름의 역사

미리 살펴보기

성서와 교회는 하나님을 어떤 존재로 고백해 왔을까.

'자비로운', '역사를 주관하는', '복의 근원인', '거룩한' 등은 예배나 목회자의 설교에서 흔히 사용하는 하나님의 수식어다. 이 표현들은 거기 담긴 의미를 되새기기 보다는 관용구처럼 무의식적으로 쓰는 때가 많다.

하지만 잘 살펴보면 이런 고백 중에는 상충하는 개념이 뒤섞여있다. 예를 들면 '전능한 하나님'과 '질투하는 하나님'은 충돌하는 면이 있다. 질투란 자신이 갖고자 하는 걸 다른 대상이 가졌다고 여길 때 그걸 가진 대상에 생기는 일종의 자기 결핍감이다. 모든 걸 다 할 수 있는 하나님이 왜 그런 결핍을 느낀단 말인가. 다른 예로 '만인의 하나님'과 '고아, 과부의 하나님'도 동일한 하나님에 대한 표현으로 보기 어렵다. 인간이 당하는 고난으로 가슴 아파하는 하나님, 그리고 절대자유하고 전지전능한 하나님 개념도 마찬가지다 우리가 배우고 사용해온 하나님에 대한 표현과 고백이 모두 성서에 근원을 둔 것은 아니다. 그 중 많은 것은 부모님이 들려주시던 옛 이야기나 민담 속에 나오는 '신'이나 초인의 모습에서 비롯되었다. 알게 모르게 다른 종교와 문화, 철학에서 비롯된 개념도 뒤섞여 있을 것이다. 이런 것들이 우리의 신앙을 만들어온 무시하지 못할 요소들이기 때문에 의미 없다고 치부할 수는 없다. 그러나 그리스도인이 하나님의 모습을 찾는 데 가장 중요한 전통은 성서다. "성서의 하나님이 어떤 분인가?"라는 질문은 그리스도 신앙의 본질을 규명하는데 매우 중요하다. 이 작업을 하기 전, 먼저 몇 가지 혼란을 정리해보자.

'야훼' (vs) '여호와'

우리에게 익숙한 하나님 이름인 '여호와', '야훼'는 무슨 차이가 있을까.

하나님의 이름은 출애굽기 3장에서 처음으로 계시된다. 떨기 한 가운데 불꽃 속에서 처음 만난 존재가 이집트로 가라고 명하자, 모세는 "그들이 물어보면 내가 당신을 무엇이라 대답해야 하겠습니까?"라고 묻는다. 하나님은 모세에게 자신은 야훼라고 알려주신다. '야훼'는 4개의 히브리어 자음 יהוה (YHWH)이다. 고대 히브리어 문자는 자음만 표기했다. 문자는 하나의 약속이기에 모음이 없어도 읽고 쓰는데 지장이 없었다. 김대중, 이명박 전 대통령을 DJ나 MB라고 자음만 써서 표기하듯, 고대 이스라엘인들도 자음 표기만으로 충분히 의사소통을 할 수 있었다. 현대 히브리어 성서는 편의상 모음까지 표기했지만 원본은 자음만 표시되어 있다.

그러나 YHWH란 신명으로 쓰인 네 문자의 경우는 불행히도 발음하는 법을 잊었다. 왜 그랬을까? 히브리인들이 십계명 중 "하나님의 이름을 망령되이 일컫지 말라"는 제 3계명을 따랐기에 YHWH란 신명 네 문자는 발음하는 것 자체가 금기였다. 불경죄를 짓지 않으려는 이스라엘의 노력은 YHWH라는 신명에 엉뚱하게 아도나이(Adonai, 히 אֲדֹנָי 주님)라는 대용명칭을 등장시켰다. 이를 오랜 세월 관용적으로 사용하면서 이스라엘인들은 YHWH라는 네 문자의 원래 발음을 잊어버렸다. 후대에 읽을 수 있도록 부득이하게 YHWH의 자음 네 글자에 a-do-nai의 모음자를 합성해 Ya-Ho-Wai-H(여호와)라고 부르게 되었다. 말하자면 '여호와'는 임의로 합성한 이름인 것이다. YHWH라는 네 문자가 본래에 가까운 이름을 찾은 것은 20세기 이후 팔레스타인 지역에 붐을 이룬 고고학 발굴 작업 덕분이다. 고대 지층을 샅샅이 발굴하는 과정에서 학자들은 이 네 개의 글자가 '야훼(Ya HweiH)' 또는 '야웨'(Yah WeiH)'의 표기법이라는 것을 발견하였다. 이 책에서는 우리말 공동번역 성서의 표기대로 '야훼'로 표기한다. 학자들이 찾아낸 '야훼'라는 이름보다는 '여호와'를 더 익숙하게 느끼는 이들도 많을 것이다. 그러나 점차로 사용하다보면 익숙해질 것이다. 정확한 이름을 찾는 것보다 중요한 것은 하나님이 스스로 세상에 알려준 그 이름이 어떤 의미를 갖는지 찾는 것이다. 이름이란 타자를 향해 자신을 드러내는 압축된 존재 규정 방식이기 때문이다.

'하느님' (VS) '하나님'

하나님의 이름과 관련해 우리말 성서에서도 논란이 있다. 공동번역은 '하느님'을, 표준새번역과 개역개정판 등의 번역에서는 '하나님'을 사용하기 때문이다. 개신교 일각에서는 가톨릭이 사용하는 '하느님'은 민족의 신을 가리키고, 개신교에서 쓰는 '하나님'은 유일한 존재를 뜻한다고 한다. 명백한 편견이다. 이런 논란을 피하기 위해 최근에 나온 새번역은 하나님을 아예 '주님'으로 번역하기도 했다.

'하느님'과 '하나님'은 모두 번역된 이름이다. 히브리 성서에는 오히려 다양한 신명이 나타난다. '야훼', '엘로힘', '엘 샤다이', '엘 엘리온', '엘', '야훼 엘로힘' 등이다. 이 이름들은 각기 다른 배경을 지니고 있다. '엘'은 가나안 토박이 신의 이름이고, '야훼'는 이집트를 탈출한 백성들이 부르던 이름이다. 이스라엘의 역사 속에서 이 두 이름은 '야훼 엘로힘'처럼 서로 긴밀하게 결합한다. 다양한 이름들은 출애굽을 주관한 신 '야훼'를 중심으로 통합하고 수렴한다.

각 나라 언어로 성서를 번역할 때 가장 민감한 부분이 바로 신명이다. 자칫하면 문화적 거부감이 올 수 있다. 어떤 종교의 내용은 훌륭하지만 신의 이름이 낯선 외래 이름이라면, 그 종교에 거리감을 갖을 수밖에 없다. 처음 우리말로 성서를 번역한 이들도 이를 고민했다. 다분히 이질적인 이름인 '여호와'로 번역할 경우 생길 거부감을 염려했다. 그들은 우리 민족이 알고 있는 이름 중에서 '여호와'에 가장 유사하면서도 개념을 가진 '하ᄂᆞ님'을 선택했다. 여기서 아래아(ㆍ)를 "ㅡ"로 발음하면 '하늘님,' 혹은 '하느님'이 되고, 또는 "ㅏ"로 발음하면 '하날님,' 혹은 '하나님'이 된다. 그런데 표준어가 '하날'이 아니라 '하늘'이므로 '하느님'이 표준어이다.

그러나 '하나님'이라는 신명만이 정통이라고 고집하는 사람들은 엉뚱하게도 하나이신 하나님, 유일하신 하나님의 엉뚱한 의미를 내세운다. 이에 비해 '하느님'은 민족신일 뿐이라고 몰아세운다. 그런 의미의 '하나님'이라면 이것은 문화적 뿌리가 없는 신조어에 불과하다. '하나님'이나 '하느님'이나 모두 번역된 이름일 뿐이다. 근거 없는 편견으로 상대를 차별화하고 이단시해서는 안 될 것이다.

야훼

그렇다면 하나님이 자신을 명명한 '야훼'라는 문자의 의미는 무엇일까? 출애굽기 3장의 불붙는 가시덤불 이야기는 야훼 하나님이 자신의 이름을 처음으로 계시하는 장면이다.

> 모세가 하나님께 아뢰었다. "제가 이스라엘 자손에게 가서 '너희 조상의 하나님께서 나를 너희에게 보내셨다' 하고 말하면, 그들이 저에게 '그의 이름이 무엇이냐?' 하고 물을 터인데, 제가 그들에게 무엇이라고 대답해야 합니까?" 하나님이 모세에게 대답하셨다. "나는 스스로 있는 나다. 너는 이스라엘 자손에게 이르기를 '스스로 계신 분이 나를 너희에게 보내셨다' 하여라." 하나님이 다시 모세에게 말씀하셨다. "너는 이스라엘 자손에게 이르기를 '여호와, 너희 조상의 하나님, 곧 아브라함의 하나님, 이삭의 하나님, 야곱의 하나님이 나를 너희에게 보내셨다' 하여라. 이것이 영원한 나의 이름이며, 이것이 바로 너희가 대대로 기억할 나의 이름이다. (출애굽기 3:13-15)

'야훼'는 히브리어로 '하야(היה)'라는 동사의 미래형 또는 미래사역형이다. '하야'는 영어의 Be동사에 해당한다. "~이다" 또는 "~있다"의 뜻이니 미래형이면 "나는 ~이 될 것이다(I shall be)", 미래사역형이라면

"나는 ~ 이 되게 할 것이다"라는 의미다.

모세가 신을 만나 그의 이름을 물었다. 고대 세계에서 신의 이름을 안다는 것이 매우 중요한 의미를 가진다. 신의 이름을 알아야 그 신을 부르고, 그 힘을 사용할 수 있다. 모세도 어쩌면 그런 의미에서 신에게 이름을 알려 달라고 요구하였을지도 모른다. 더군다나 모세 앞에 나타난 그분은 지금 이집트에서 고통당하는 노예들을 해방하라는 엄청난 메시지를 준다. 모세의 당돌한 요구에 대해 하나님은 교묘하게 답변을 피해간다. 이름은 있으나 그 뜻과 속성을 한 마디로 규명할 수 없는 이름, "나는 ~ 이 될 것이다", "나는 ~ 이 되게 할 것이다"라는 열린 이름이다. 이렇게 '야훼'라는 문자의 의미가 개방적이라면, 그 앞에 붙은 수식어들이 의미를 아는데 도움을 줄 것이다.

하나님은 모세에게 자신의 이름을 '여호와, 너희 조상의 하나님, 곧 아브라함의 하나님, 이삭의 하나님, 야곱의 하나님'이라고 한다. 또한 "히브리의 하나님"(출애굽기 5:3, 7:16, 9:1, 9:13, 10:3)이라고 한다. 이런 수식어가 붙는 이유는 무엇일까?

스스로 있는 자 (vs) 더불어 있는 자

영어 성경은 번역을 살펴보자.

"I am that I am" (King James)

"I am who I am"(NIV, NAS)

"I will be what I will be"(Amplified)

"I am he who is"(예루살렘 바이블)

그 밖에 번역[1)]에도 "I will cause to be What I will cause to be" "I will be who I am" "I am who I will be"등의 다양한 영어 번역에서도 '스스로'가 들어가 있는 것은 없다. 우리말 개역성서는 "나는 스스로 있는 자"로, 공동번역의 "나는 곧 나다"로 번역했다. 뒤에 나온 표준새번역은 "나는 스스로 있는 나다"라고 개역과 공동번역을 합해 버렸다. 그런데 '스스로'라는 단어 첨가는 히브리어 원문에는 없는 임의적 표현이다. 우리말로는 "나는 나다"라는 공동번역이 더 적절하다.

'스스로'라는 하나님 정의를 좀 더 살펴보자. 동사 'be'는 단독으로 완결된 의미를 지니지 않는다. 보충하는 말이 필요하다. 그런데 "스스로 있는 자"라고 자신을 알린 하나님은 같은 장에서 자신을 "아브라함, 이삭, 야곱의 하나님"이라고 소개한다. 이것은 '스스로 있는 자'와는 거리가 있다. 스스로 있다는 표현의 뒤에는 다른 존재와 무관하게, 홀로 완벽한 존재라는 의미다. 그런데 이스라엘 역사에서 특별한 세 인물을 언급하며 그들과의 관계로 자신을 소개하는 것은 홀로 완벽한 하나님과는 거리가 멀다. 만약 이 존재 동사 be 뒤의 자리에 다른 단어가 숨어 있다면 나는 그것이 'with'라고 생각한다. 즉, 이 구절은 '스스로 있는 자'보다 '더불어 있는 자(Be with)'로 번역할 때 문맥에 더 어울린다. 이집트의 노예들을 "나의 백성"이라고 부르는 하나님의 성정과도 부합한다.

하나님은 존재하는 모든 것과 연결된, 더불어 있는 존재다. 나아가 하나님은 구체적으로 가난한 자, 약자, 억울함을 당하는 자와 함께 한다. 스스로 계시는 하나님, 인간 존재와 구분되어 개입하지 않고 연결되지 않은 홀로 있는 하나님은 우리와 아무 상관이 없다. 이스라엘 역사에서 히브리 노예들, 아브라함, 이삭, 야곱과 함께 하셨던 하나님은 이제

1)) Terence. E. Fretheim, *Exodus*, Interpretation, John Knox Press, 1991, 63.

당신, 그리고 우리와 함께 하시는 임마누엘의 하나님이다. 또한 그렇게 더불어 계시는 하나님으로부터 온 우리 인간은 그분의 본성을 나누어 가졌다.

하비루의 하나님

1887년, 이집트의 수도 카이로에서 남쪽으로 300km 떨어진 나일강 가의 한 도시 아마르나에서 한 농부가 밭을 매다 수많은 토판문서를 발견했다. 이 토판문서는 히브리 공동체가 형성되던 시기 가나안 지방의 사정을 알려주는 중요한 문서라는 것이 밝혀졌다.[2)]

이 토판문서들을 '아마르나 문서'라고 부르는데, 이는 이집트 제18대 왕조의 마지막 왕 아멘오피스 3세(Amenophis Ⅲ, B.C 1403-1364년)와 4세(B.C 1364-1347) 시대에 이집트와 가나안 도시들 사이에 오고간 외교문서였다. 이 중에는 가나안 지역의 혼란 상태를 묘사하는 부분이 많은데, 특이하게도 '하비루(habiru)'라는 표현을 무려 125번이나 언급한다.

"하비루들이 이집트왕의 땅을 침범하고 있습니다."

"하비루들이 예루살렘을 위협하고 있습니다."

"라기스의 왕은 하비루들과 연합한 노예들에 의해 암살되었습니다."

---

2)) 박준서, "구약에 나타난 하나님", 『민중과 한국신학』 한국신학연구소, 1985, 133-150쪽 참조.

"예루살렘 근방의 도시 베스니니브(Beth Ninib)는 하비루들에게 함락되었습니다."

"저 보병대와 병거대, 나의 형제들 그리고 하비루들을 거느리고 나의 주인께서 명령하시는 곳으로 가겠습니다."(시리아 지역 부총독 빈야와자의 보고)

이 내용을 보면 당시 가나안 지역은 이집트의 지배를 받고 있었으며, 점차 이집트의 영향력이 약해지고 있었음을 유추할 수 있다. 문서의 여러 곳에서 이집트의 영향 아래 있던 성읍들이 하비루라는 집단의 침공을 받았고, 도시가 함락되었으며, 군주들이 암살당한다는 긴급한 상황을 전한다. 빈야자와의 보고를 보면 하비루를 거느리고 하비루를 치러 간다. 하비루는 누구에게라도 종사할 수 있는 떠돌이 용병 무리였다.

시리아의 마리 문서(Mari Letters), 티그리스 강변에서 발견된 누지 문서(Nuzi Letters) 등 메소포타미아와 이집트 등지에서 발굴된 B.C 16세기-12세기경의 점토판에서도 하비루와 매우 유사한 아피루(apiru), 하피루(Hapiru)같은 이름들이 등장한다. 이 문서들에서 하비루는 포도원에서 포도를 만드는 일꾼, 전쟁 포로, 채석장에 동원된 강제 노역자, 신전 건설에 동원된 부역자, 노예, 용병 집단, 강도, 반란자, 탈법자, 도망자, 망명자, 농업 노동자, 왕조 안에 동조 세력, 더러는 드물게 귀족 혹은 이집트의 관리를 의미하는 용법으로 쓰였다. 가장 많이 쓰인 의미는 "기존 질서를 어지럽히는 자, 반항적 농민 무리"였다.

여기서 잠깐 표기상의 문제를 살펴보자. 하비루, 하피루, 아피루 등은 같은 의미의 명사지만 표기가 여러 가지다. 첫째 이유는 셈족어에서 b와 p는 서로 교차해서 쓰이기 때문이고, 둘째 이유는 맨 앞 글자인 h는 묵음이 되는 경우 때문이다. 영어에서 humor, hour 등의 첫 h가 묵음인 것과 유사하다. '히브리'(עברי)라는 단어에의 히브리식 발음도 실제로는 '이브리(ibri)'다. 이 하비루가 성서의 히브리와 동일한 의미의 단어다.

흔히 '히브리'는 '이스라엘'과 같은 개념으로 간주된다. 그러나 고고학의 발견을 토대로 많은 성서학자들은 그 이름이 실제 역사에 어떻게 쓰였는가를 연구했다. 만약 수많은 토판 문서가 증명하듯, 히브리가 혈통에 의한 민족 개념이 아니라 하층민을 가리키는 계급 용어라면 모든 성서의 이야기가 매우 달라진다. 학자들은 성서에서 히브리가 어떤 의미로 쓰였는가를 다시 살펴보았다.

성서에서의 히브리

아래 성서 구절에서 히브리라는 명칭이 어떤 의미로 쓰이는지 살펴보자.

> 거기에서 도망쳐 나온 사람 하나가 히브리 사람 아브람에게 와서, 이 사실을 알렸다. (창세기 14:13)

성서는 '히브리 사람 아브람'이라고 말한다. 또한 아브라함은 부자고 하나님의 축복을 많이 받은 인물이라고도 한다. 히브리가 하층민을 가리킨다면 두가지 증언이 상반된다. 그러나 성서에서 그의 궤적을 천천히 따라가다 보면 아브라함은 평생 땅 한 평 없이 떠돌아다녔다. 아내 사라가 죽고 난 후에야 비로소 무덤으로 쓸 막벨라 동굴을 사들이는데 이것이 그가 소유한 첫 번째 땅이다.

또한 아브라함은 두 차례나 자기 아내 사라를 누이동생이라고 속여 군주의 잠자리에 들여보낸다. 얼마나 못난 남편인가? 그러나 이것이 바로 그렇게라도 생존해야 하는 떠돌이 하비루의 전형적인 삶의 모습이다. 이삭도 아브라함과 똑같은 일을 하고 만다. 흉년이 들어 블레셋 땅에 가서 살 당시, 아내 리브가를 "나의 누이"라고 속인다.(창세기 26:7절 이하) 아브라함은 평생 땅 한 평 없이 떠돌아다닌 나그네였다.

야곱은 또 어떤가. 그는 한 여성을 부인으로 얻기 위해 14년이나 종살이를 한다. 그러고도 재산이 없어 7년을 더 종살이 한 후에 결국은 도망쳐 나온다. 형인 에서와 아버지 이삭을 속여 장자의 축복을 받고 집을 떠난 그는, 장인인 라반의 모든 재산을 갖고 도망친다. 가는 곳마다 누군가를 속이고 무언가를 쟁취했으며 그래서 도망치는, 참으로 절박하고도 고단한 삶이었다. 그런 삶이 신앙의 조상으로 떠받들어지는 게 이상하게 여겨질 정도다. 우리가 '선(善)'이라 여기거나 모범이 될 만한 무언가를 찾기 어렵지만, 삶의 최우선 과제와 목표가 생존이었던 떠돌이에게 야곱은 역경을 헤치고 삶을 개척해 끝내 무리의 조상이 된 영웅이나.

> 주인이 돌아오자, 그에게 이렇게 일러바쳤다. "당신이 데려다 놓은 저 히브리 사람이, 나를 농락하려고 나에게 달려들었어요."(창세기 39:17)

요셉이 보디발의 아내의 유혹을 뿌리치자, 그녀는 분노한 나머지 요셉을 음해하며 보디발에게 "이 히브리 녀석"(창세기 39:14), "당신이 데려온 그 히브리 종 녀석"(창세기 39:17, 공동번역)이라 말한다. 히브리라는 말로 계급의 서열, 힘의 서열을 드러내며 멸시의 대상으로 말한다.

> 밥상을 차리는 사람들은 요셉에게 상을 따로 차려서 올리고, 그의 형제들에게도 따로 차리고, 요셉의 집에서 먹고 사는 이집트 사람들에게도 따로 차렸다. 이집트 사람들은, 히브리 사람들과 같은 상에서 먹으면 부정을 탄다고 생각하기 때문에, 상을 같이 차리지 않은 것이다.(창세기 43:32)

야곱의 아들들이 가뭄으로 이집트에 내려갔을 때의 이야기를 살펴보자. 당시 요셉은 이집트를 다스리는 총리 자리에 올라 있었다. 손님들은 총리의 형제들이다. 그런데 이집트의 신하들은 상관의 형제와 함께 밥을 먹기를 거부한다. "우리는 저들과 한 상에서 먹을 수 없으니 따로 차려 달라"(창세기 43:32)고 말하면서. 아무리 총리의 손님이라도 히브리는 이집트인에게 배제와 혐오의 대상이었다. 한마디로 천민이었던 것이다.

다른 성서 구절에서 히브리는 아직 자유인이 되지 못한 사람을 가리킨다.

> 세월이 지나, 모세가 어른이 되었다. 어느 날 그는 왕궁 바깥으로 나가 동족에게로 갔다가, 그들이 고되게 노동하는 것을 보았다. 그때에 그는 동족인 히브리 사람이 이집트 사람에게서 매를 맞는 것을 보고(출애굽기 2:11)

> 너희가 히브리 종을 사면, 그는 여섯 해 동안 종살이를 해야 하고, 일곱 해가 지나면, 아무런 몸값을 내지 않고서도 자유의 몸이 된다(출애굽기 21:2).

> 너희 친족 히브리 사람이 남자든지 여자든지, 너희에게 팔려 와서 여섯 해 동안 너희를 섬겼거든, 일곱째 해에는 그에게 자유를 주어서 내보내라(신명기

15:12).

신명기 26장에는 이스라엘의 고대 제사에서 재단에 햇곡식을 바치는 이들이 말해야 할 고백문이 제시된다.

> 너희는 주 너희의 하나님 앞에서 다음과 같이 아뢰어라. '내 조상은 떠돌아다니면서 사는 아람 사람으로서 몇 안 되는 사람을 거느리고 이집트로 내려가서, 거기에서 몸붙여 살면서, 거기에서 번성하여, 크고 강대한 민족이 되었는데, 이집트 사람이 우리를 학대하며 괴롭게 하며, 우리에게 강제노동을 시키므로, 우리가 주 우리 조상의 하나님께 살려 달라고 부르짖었더니, 주께서 우리의 울부짖음을 들으시고, 우리가 비참하게 사는 것과 고역에 시달리는 것과 억압에 짓눌려 있는 것을 보시고, 강한 손과 편 팔과 큰 위엄과 이적과 기사로, 우리를 이집트에서 인도하여 내시고, 주께서 우리를 이 곳으로 인도하셔서, 이 땅, 곧 젖과 꿀이 흐르는 땅을 우리에게 주셨습니다. 주님, 주께서 내게 주신 땅의 첫 열매를 내가 여기에 가져 왔습니다.'(신명기 26:5-10)

고대 이스라엘의 정형화된 신앙고백문은 "내 조상은 떠돌아다니면서 사는 아람 사람으로"라고 시작한다. 옛 이스라엘 사람들은 자신들의 기원과 역사를 신조처럼 암송했다. 자기 역사와 존재를 잊지 않으려는 듯, 머리와 마음에 새기고 또 새겼던 그 신조의 시작이 자신들의 조상은 떠돌이라는 고백이다. 아브라함과 이삭, 야곱 등 떠돌이들의 절실한 삶의 이야기가 이스라엘 사람들의 역사다.

그러나 구약성서에는 이 떠돌이들을 축복받은 부자로 묘사하는 흐름이 있다. 거기에는 이유가 있다. 다윗 왕 때에 이르러 강대한 국가가 되면서 이스라엘이 자기 조상들의 역사를 자랑스럽게 떠벌여야할 필요가 생겼다. 그래서 자신들의 역사를 좀 더 그럴듯하게 부풀리고 과장하여 묘사했다. 그것이 창세기 속에 공존한다. 실제 혹독했던 조상들의 이야기와 그것을 숨기며 흘러가는 또 다른 맥의 두 가지 코드가 창세기를 휘돌아 간다.

성서 안에 '히브리'라는 말은 총 서른다섯 번 언급된다. 이 중 열아홉 번은 족장시대에, 아홉 번은 블레셋과의 대결 때에 등장하며, 나머지도 모두 통일왕국(B.C 1000-B.C 921) 이전의 역사에서만 언급된다. 히브리라는 단어는 왕국 형성 이후에 도태되었는데, 여기에는 역사가들의 의도가 없지 않다. 히브리라는 단어가 사라진 자리는 이스라엘이라는 영광스러운 새 이름이 차지했는데, 이스라엘의 문자적 의미는 "하나님께서 다스리신다" 또는 "하나님과 겨룬다"(창세기 32:28)이다.

그러나 왕조시대의 문을 연 사울과 그의 아들 요나단이 이끈 군대는 히브리들로 이루어진 군대였다. 사무엘상 14장 11절에서 요나단과 병사를 발견한 블레셋 군인들은 "저기 보아라! 히브리 사람들이 그 숨어 있는 굴에서 나온다"라고 외친다. 블레셋 사람들은 히브리 사람이 전에는 자기들의 종이었다는 것을 강조한다.

> 블레셋 사람들아, 대장부답게 힘을 내어라! 그렇지 않으면, 히브리 사람이 우리의 종이 되었던 것처럼, 우리가 그들의 종이 될 것이다. 너희는 대장부답게 나가서 싸워라!"(사무엘상 4:9)

> 블레셋 사람들 편을 들어 싸움터에까지 나왔던 히브리 사람들도, 이제는 돌이켜서 사울과 요나단이 지휘하는 이스라엘 편이 되었다.(사무엘상 14:21)

블레셋의 노예였던 히브리 사람들이 사울과 요나단에 합세하는 장면이 그려진다. 두 그룹이 합세해 새로운 이름 '이스라엘'이라 불리는 세력을 이루게 된다. 전에는 히브리들이 블레셋 사람들의 노예 혹은 용병으로 블레셋을 도왔다. 그 히브리들이 자신의 입장을 바꾸어서 오히려 블레셋에 맞선다. 이제까지 당연히 같은 말로만 여겨 왔던 히브리와 이스라엘이 서로 다른 말임을 분명하게 보여준다. 히브리는 민족의 개념이 아니다. 전에는 블레셋의 종노릇을 하던 종이었다. 그러나 지금은 전에 상전이던 블레셋과 맞서 싸우는 새로운 무리들이다. 그들은 사울과 요나단과 합하여 이제 '이스라엘'이라는 새로운 무리가 되었다.

그렇다면 아브라함의 하나님, 이삭의 하나님, 야곱의 하나님이란 말이 의미하는 바가 무엇인지 이제 자명해진다. 아브라함, 이삭, 야곱은 전형적인 합비루(히브리) 중의 합비루(히브리)였고, 나름대로 일단의 히브리 무리들을 이끌었던 히브리 각 종족들의 영웅이었던 것이다.

조상들의 이야기

'야훼'라는 이름이 공식적으로 처음 계시되는 장면은 모세가 불붙는 가시덤불 속에서 야훼 하나님을 만나는 출애굽기 3장이다. 그러나 '야훼'란 이름은 창세기 2장부터 계속 등장한다. 이 모순은 무엇일까. 이미 널리 쓰이는 이름을 왜 새삼스럽게 모세에게 계시한단 말인가?

구약학자 B.W. 앤더슨은 창세기의 역사를 출애굽기의 서문으로 설명했다. 이스라엘의 본격적인 역사 경험은 출애굽에서부터 시작한다는 뜻이다. 출애굽과 광야시대를 거쳐 가나안에 정착한 야훼공동체가 이스라엘이라는 새로운 국가를 세운 것이다. 하비루, 즉 하층 계급 출신의 공동체는 국가를 출범하면서 자신들의 뿌리를 영광스럽고 거룩하게 묘사하고자 했다. 마치 조선 창건한 후에 세종은 만주에서 농사짓던 조상의 역사를 영광스럽게 떠받치기 위해 '용비어천가'를 쓴 것과 같다. 조상들을 목조, 익조, 도조, 환조, 태조, 태종의 육룡(六龍)의 화려한 족보로 꾸며 쓴 것과 유사하다. 다윗왕조는 조상들의 이야기를 창세기로 편집하여 출애굽 역사의 서문으로 삼았다.

이렇게 고대 근동 지방에서 노예, 떠돌이, 가나안 하층민의 연합으로 출발한 이스라엘은 훗날 자신들의 지파를 형성하였다. 각 지파별로 별개의 전승으로 가지고 있던 별개의 조상들의 이야기 즉 아브라함, 이삭, 야곱, 요셉 등 각각의 부족들의 전승을 자연스럽게 아버지와 아들의 관계로 묶었다. 그리고 이 서사를 새로 형성된 다윗 왕조의 통일성을 강조하는 하나의 국가 기원설화로 소개했다. 바로 이것이 창세기에 나오는 조상들 이야기이다.

실제로 조상들 이야기는 각각 특정하게 한정된 지파의 영역을 배경으로 하고 있다. 예를 들면 야곱은 북쪽 지파의 전승, 아브라함과 이삭은 남쪽 지파의 전승, 요셉은 출애굽 전승을 대표한다. 조상들 이야기는 다윗 왕조에 의해 하나로 묶여졌지만, 각각 깊고 오랜 역사성을 가지고 있다.

아브라함의 출발지인 우르, 하란 등은 B.C 2천 년 이전부터 존재했던 메소포타미아의 도시들이며, 아브라함의 조상 이름으로 언급되는 나홀, 데라, 스룩 등도 그 이전에 존재했던 도시들이다. 그 중 나홀은 B.C 2천 년대에만 존재했던 도시다. 아브라함의 이야기는 북쪽에서부터 시작해서 남쪽으로 '기름진 반달 지형'을 따라 이주해 자리 잡은 사람들의 이야기이며, 오랜 시간 간직해 온 조상의 이야기이다.

요셉 이야기는 이집트의 기원을 말해준다. 요셉 이야기는 이집트의 바타와 아누비스의 설화[3]와 흡사하고, 창세기 40-41장, 47:13-26, 50:26 등은 이집트의 색채가 짙은 이야기다. 여기에는 이집트에서 온 외래어, 꿈 내용, 궁정 관습, 관직과 명칭, 경제 상황, 장례 관습 등 이집트의 흔적이 강하게 나타난다.

이삭과 야곱도 역시 독자적인 전승을 가지고 있다. 하나님을 "이삭이 경외하는 이"(창세기 31:42, 개역)로 부르기도 하며, 또는 "야곱의 전능자"(창세기 49:24), "야곱의 왕"(이사야 41:21)이라고도 부른다. 또한 이스라엘은 "야곱의 집"(누가 1:33)이라 하고, 성소를 가리켜 "야곱의 하나님의 처소"(사도행전 7:46)라고도 한다. 이는 이삭이나 야곱 역시 그들을 조상으로 삼는 한 무리가 독자적으로 존재했다는 것을 보여준다. 이들을 꼭 시대 순으로 배열하긴 어렵다. 각각의 전승이 모두 고대로 거슬러 올라가는 전승이며, 누가 앞에 서고 뒤에 서고가 없이 혼재해 있다.

한 예가 아브라함 이야기에 나오는 블레셋이란 지명이다. 블레셋은 B.C 1200년 이후에나 출현하는 도시이다. 이것을 보면, 가장 오래된 전승을 대표하는 아브라함이 가장 근래의 이야기를 포함하고 있는 셈이다.

성서의 내용으로만 보면 모든 이스라엘이 아브라함의 후손이지만, 실제로는 서로 다른 여러 종족들이 연합한 것이다. 여러 종족이 B.C 2천 년대 초기에 수십 명씩 팔레스타인으로 이주해 와서 서로 뒤섞여 살았다. 실제로 족장들의 작명법은 이 시기에 살았던 아모리족 작명법과

---

3) 이집트의 신 아누비스와 바타는 형제였다. 아누비스의 아내가 바타를 유혹하려다 실패하자 바타를 모함했고, 격분한 아누비스는 바타를 죽이려 했다. 그러자 바타는 자신의 결백을 증명하기 위해 스스로 자신의 목숨을 끊었다.

완전히 일치하며 또 그들의 관습과도 일치하는 것으로 보아, 역사상 실재했던 인물들로 추정된다. 이주에 얽힌 각자의 전승, 서로 다른 부족 전통을 가진 여러 지파가 연합해 이스라엘이라는 하나의 국가를 이루었다.

각 지파의 다양한 근원이 국가 통합에 도움이 될 리 없었다. 따라서 이스라엘은 여러 지파의 이야기를 하나의 조상 아브라함에서 시작해 이삭, 야곱으로 이어지는 혈통의 이야기로 묶었다. 창세기는 출애굽에서 시작한 민족과 왕국의 역사의 서문으로서, 이스라엘을 하나의 역사, 하나의 민족의식으로 묶어주었다.

그러나 이스라엘은 다윗-솔로몬 왕 때 강력한 힘에 의한 통일 왕국 시대를 누렸던 것을 제외하면 하나의 공동체로 지속된 적은 없었다. 그들은 남과 북으로 갈라져 서로 원수가 되어 으르렁 거리고 싸웠다. 세 차례에 걸쳐 남북이 직접, 또는 외세를 불러들여 대리한 전쟁으로 국력을 모두 잃어버렸다. 이들은 끝까지 화해하지 못하고 서로 싸우다가 결국 그 외세에 의해 나라가 망하고 포로로 잡혀갔다. 남 유다와 북 이스라엘 모두의 운명이었다. 이들은 나라가 망한 뒤에야 정신을 차려 하나가 되지 못한 것이 멸망의 가장 큰 이유임을 깨달았다.

족장, 민족의 근원

현대 성서학자들은 성서의 기록 연대를 점점 더 늦게 잡는다. 지금의 성서는 모두 포로기 이후, 그것도 포로기가 한참 지난 후의 문서라고도 한다.

성서는 조상들의 이야기를 포함, 전체적으로 강력한 통합 이데올로기를 담고 있다. 열 두 지파의 근원은 야곱이다. 한 아버지 야곱의 열두 아들이 각각 이스라엘 지파의 시원이었다. 이것은 매우 이데올로기적인 이야기이다. 열두 명이나 되는 아들들이 누구도 함께 살지 않고 모두 골고루 흩어져 한결같이 서로 다른 집단의 시조가 되었다니, 인위적일 뿐 아니라 역사의 현실에서 일어나기는 매우 어려운 일이다. "우리는 하나"라는 강력한 메시지에 기반한 이야기이다. 끊임없이 누군가를 속이며 살았던 야곱이다. 그의 행위가 훌륭해서가 아니라 이스라엘을 '민족'이 되게 하는, 하나로 묶어내는 역할을 하는 조상이기에 위대하다.

이삭은 어떠한가? 그의 아들은 에서와 야곱이다. 에서는 유다와 철천지 원수였던 에돔의 조상으로 추정된다(오바댜 1:18). 유다가 망할 당시, 그들은 자신을 잡아가는 바벨론보다도 옆에서 박수치고 좋아하는 에돔을 더 증오했다. 오바댜서가 '에돔에 대한 저주'를 퍼붓는 것은 그런 이유다. 하지만 그런 미움의 대상인 에돔까지도 한 핏줄이며, 갈등은 동생인 야곱이 형의 권리를 가로챘기 때문에 생긴 것이니 너그럽게 이해하라는 메시지가 담겨 있다.

북왕국은 야곱의 후손인을 자처했고 아브라함 전승은 유대지역에 국한되었다. 하지만 이 모두를 하나의 민족이라는 이데올로기로 묶는 것이 창세기에 나오는 아브라함을 최고의 조상으로 하는 족장들의 이야기 속에 숨겨진 뜻이다.

고대 사회에서 종교의 역할

고대 사회에서 종교는 어떤 역할을 했을까? 이스라엘 사람들의 삶을 좀 더 깊게 이해하기 위해서 간략하게 살펴보도록 하겠다.

첫째, 고대 사회에서 종교는 체제를 유지하는 기능을 했다.

다 같은 사람인데 누구는 왕족으로 호사를 누리며, 누구는 평생 노예로 지내야 한다. 이런 불합리한 현실을 마땅하고 당연한 질서로 받아들이게 하는 기능을 종교가 감당한다. 이러한 불평등을 신으로부터 운명지워진 고정 질서로 받아들이게 하는 일이 바로 종교의 주된 몫이었다. 고대 사회에서 왕의 출생신화들을 보면, 그들의 시작은 대개 하늘로부터 무지개를 타고 오든가, 알에서 나오거나, 바다나 땅 속에서 솟아오른 신적존재이다. 평범한 인간과는 출생부터 다르다. 이런 신화들은 인간이 나면서부터 각각의 신분과 계급을 타고 난다는 생각을 심어주며, 차별을 운명으로 받아들이게 한다. 하늘을 끌어들여, 왕과 노예가 같은 인간이라는 것을 생각조차 못하게 한다. 이것이 바로 인간성 자체에 노예 정신을 심어 놓아, 첩첩구조의 위계질서와 신분서열, 계급질서를 유지하도록 기능한다. 불행하게도 이것이 종교의 으뜸가는 역할이었다.

둘째, 왕의 정책을 지지하는 기능이다.

왕이 중대한 결정을 내릴 때, 그것이 특히 '전쟁 선언'과 같이 백성의 생명과 안녕에 직결되어 있는 문제일 때, 그 결정에 백성들이 동의하지 않으면 이는 무용지물이다. 그래서 왕의 결정을 신의 결정으로 미화하고 신적 권위를 부여하는 종교적 작업을 통하여 왕의 명령이 전체 사회에서 대의명분을 가지고 수행될 수 있도록 한다.

셋째, 왕실 재산을 보존하고 관리하는 역할이다.

고대 사회에서 왕실 재산의 관리는 주로 신전이나 성전에서 맡았다. 솔로몬 성전도 같은 역할을 했다. 바벨론 신전들은 국가가 가뭄이나 홍

수 등 천재지변을 당했을 때 곡식을 방출한다. 왕은 신의 은혜, 신의 너그러움을 대리해서 백성들에게 은혜를 베푼다. 성전과 왕궁은 우리말로는 전혀 다른 단어지만, 히브리어로는 둘 다 '헤이칼'(Heikal)이라는 같은 단어다.

넷째, 헌물을 통해 백성을 가난한 상태에 묶어 놓아 통치를 용이하게 하는 기능이다.

사람이 생산하는 경제의 총량이 열이라고 가정하고 이 중에 생존에 필요한 양이 여섯이라면, 나머지 넷이 인간답게 여유를 즐기며 살 수 있는 몫이 된다. 이 나머지 넷을 누가 얼마나 빼앗아 가느냐하는 것이 인류 역사의 투쟁을 불러왔다.

대체로 왕실이 공식적으로 취했던 양은 '왕의 십일조'(사무엘상 8:15)이다. 그러나 그보다 더 많이, 계속해서 빼앗아야만 확장되는 행정 욕구를 충족할 수 있었다. 하지만 무리하게 하면 반란이 일어난다든가 저항에 직면할 염려가 있다. 그런데 강제성을 띠지 않고 자발적으로 헌납한다면 얼마나 좋겠는가? 그 목적에 가장 부합한 것이 바로 종교적 헌납이다. 이것이 또한 왕실 재산을 신전이나 성전에서 관리하는 이유이기도 하다. 고대 종교의 역할 중 가장 큰 부분은 이렇게 지배자의 이익을 위해 존재하는 종교요, 기존 사회 질서와 체제를 영구히 유지하기 위한 기능이었다. 맑스는 이러한 종교적 기능들에 주목하여 '아편으로써의 종교'에서 벗어날 것을 역설하기도 했다. 이제 다시 성서의 하나님을 살펴보자.

> 가서 이스라엘의 장로들을 모아 놓고 그들에게 일러라. '주 너희 조상의 하나님, 곧 아브라함과 이삭과 야곱의 하나님이 나에게 나타나셔서 말씀하셨다' 하고 말하면서 이렇게 전하여라. '내가 너희의 처지를 생각한다. 너희가 이집트에서 겪는 일을 똑똑히 보았으니, 이집트에서 고난받는 너희를 내가 이끌어 내어, 가나안 사람과 헷 사람과 아모리 사람과 브리스 사람과 히위 사람과 여부스 사람이 사는 땅, 곧 젖과 꿀이 흐르는 땅으로 올라가기로 작정하였다' 하여라. 그러면 그들이 너의 말을 들을 것이다. 또 너는 이스라엘의 장로들을 데리고 이집트의 임금에게 가서 '히브리 사람의 주 하나님이 우리에게 나타나셨으니, 이제 우리가 광야로 사흘길을 걸어가서, 주 우리의 하나님께 제사를 드려야 하니, 허락하여 주십시오' 하고 요구하여라.(출애굽기 3:16-18)

모세가 처음 파라오를 만나는 장면이다. 이스라엘 백성이 파라오에게 노예 해방을 요구했을까? 아니면 독립된 국가를 세우겠다고 했을까? 어림도 없는 소리다. 누구보다 이집트 사회를 잘 알고 있는 모세의 첫 번째 요구는 단지 "광야로 사흘 길을 걸어 나가 자기들의 하나님 야훼께 제사 드리게 해 달라"는 것이었다.

이집트 노예들은 대대로 대규모 건설사업, 피라미드나 궁전 등의 건축에 동원되었다. 비교적 자유로운 상태에서 노동을 했든지, 약간의 임금을 받아가며 노동을 했든지, 혹독한 강제노동을 했든지 결과는 마찬가지였다. 그들은 왕이 죽을 때마다 왕의 무덤인 피라미드 하나를 세워야 했고 피라미드 하나를 세우기 위해서는 20만 명의 노예가 동원되어 20년 동안 일해야 했다. 왕 한 사람의 영생불멸의 소생을 위해 20만 명의 사람들이 희생되어야 했다. 아무리 피라미드를 세워도, 그의 소생에 필요한 모든 것을 준비해 놓아도, 죽은 왕이 영생불멸하여 돌아오지는 않는다. 그러나 이것이 이집트의 종교였고 고대 종교의 역할이었다. 그들의 종교는 하층민을 소모품으로 여기고, 차별과 억압을 운명으로, 자신들의 본디 삶의 모습으로 받아들이게 했다.

그러나 한 무리의 노예들이 여기에 반기를 들었다. 그들을 소모품으로 여기는 이집트 종교의 신이 아니라 '자신들의 하나님', '히브리들의 하나님'을 주장한 것이다. 어느 역사도 가져 보지 못한 혁명이었다. 이 저항에 담긴 메시지는 이러했다. "이제 너희들의 썩은 종교, 체제와 왕족을 위한 거짓 종교를 우리는 받아들이지 않는다. 우리 노예들도 독자적으로 하나님을 모시며, 우리를 위해 역사하시는, 우리들의 하나님 야훼와 더불어 나간다." 실제로 야훼 하나님이 모세를 불러 "내 백성을 구하라"라는 사명을 주실 때, 하나님은 이집트에서 노예 생활하는 사람들을 가리켜 무조건 "내 백성"이라고 명하셨다(출애굽기 3:10).

고대 근동 지방에서의 계약문서에는 증인들의 목록에 각 나라 신들의 이름이 명시하는 관행이 있었다. 그중 히타이트(Hittite) 계약문서에서는 '하비루의 하나님'이란 이름이 증인으로 사용된 경우가 발견되었다. 하층민의 하나님이 존재했다는 것을 역사적으로 증명하는 자료이다.

인류 어느 역사에서도 노예, 하층 계급이 독자적으로 자신만의 신을 가져본 적이 없다. 그러나 출애굽기의 주인공들은 당당하게 "우리들의 하나님이 계시다"고 선언한다. 그리고 그분에게 예배하도록 허락할 것을 요구한다. 이것은 단순한 종교적 요구가 아니라 새로운 혁명이다. 하비루의 하나님, 히브리의 하나님, 고아와 과부의 하나님, 가난한 자와 민중의 하나님이 이 역사에 등장한 것이다. 이것이 우리가 믿는 야훼 하나님의 출현과 관련된 이야기이다. 인류가 가져보지 못한 새로운 하나님, 야훼와 더불어 이제 새 세계와 새 민족의 운명이 그들 앞에 펼쳐질 것이다.

생각나누기

- 성서에서 하나님의 첫 자기 존재 증명 "나는 나다"에 관한 생각을 나눠보자.
- 이스라엘의 하나님이 '하비루의 하나님'이라는 이야기는 우리에게 어떻게 다가오는가.
- 역사의 수레바퀴를 굴리는 인간과 하나님에 관한 느낌을 나눠보자.

가난한 사람은 복이 있다

"너희 가난한 사람은 복이 있다. 하나님의 나라가 너희의 것이다."(누가 6:20)

"마음이 가난한 사람은 복이 있다. 하늘 나라가 그들의 것이다.(마태 5:3)

아씨시의 성자 프란치스코(1182~1226)는 13세기 초반 중세 교권이 한창 기승을 부릴 때 살았다. 그때 교회는 권력의 최고 정점에 있었다. 교회가 권력도 소유하고 돈도 소유하고 있었으며 교권으로 안 되는 일이 없이 모든 것을 호령하던 때였다. 그러나 이미 세상의 단맛을 본 교회에서 기독교의 순수성, 복음의 참 맛은 찾을 수 없었다. 복음의 순수성을 지켜가야 할 교계의 지도자 인물들은 전부 최고 권력의 언저리에 있었다.

그러나 그리스도교의 생명과 복음의 본질은 21세기를 맞이한 지금도 우리에게 흐르고 있다. 순수를 잃은 시대에도 복음의 깊은 본질을 잃지 않도록 지켜나간 이들은 어떤 사람들일까. 교회와 수도원에서도 권력의 피라미드에서 밀려나 힘과 무관한 자리에 서 있는 사람들, 소위 '잘나가는' 사람이 아닌 작고도 보잘 것 없는 사람들이었다. 늘 그렇듯, 하나님의 역사는 묘한 데서 일어난다.

"프란치스코는 잘 사는 상인의 부유한 집안에서 태어났으나 스스로 보장된 길을 멀리하고…" 모든 전기가 프란치스코에 관해 이런 식으로 서술한다. 하지만 어찌보면 그것도 하나의 정형화된 패턴같다. 그가 본디 가난한 출생이고 무식한 집안이었으면 어떤가. '회심'이 꼭 부유한 현실에서 시작되는 것만은 아니니 말이다. 하지만 어찌 되었든 프란치스코의 부모는 상당히 부유한 사람들이었고, 따라서 자신들의 아들인 프란치스코가 잘 나가는 교권의 중심에 서기를 바랐다. 그러나 그는 23세가 되던 해에 참전을 위해 입대하였다가 환시와 메시지를 듣고 그 길로 집으로 돌아왔다. 그가 들은 메시지는 "왜 주인을 섬기지 않고 종을 섬기려느냐? … 집으로 돌아가라. 내가 할 일을 알려 주겠다"는 내용이었다.

다음 해, 성 베드로 대성전을 순례하고 돌아오면서 그는 나병환자를 만나 입 맞추는데, 이후로 가난한 이들에게 가진 것을 나눠주고 기도하는 생활을 하였다. 이런 일에 대해서 그의 가족들은 이해하지 못했다. 친구와 친척들이 그를 발견하고 바보, 미친놈이라 욕설을 하면서 그에게 돌과 진흙을 던지기도 했다. 이런 모습을 지켜보는 부모는 괴로움이 극심했으리라. 그의 아버지에게는 집안의 재산을 가난한 이들에게 나눠주는 아들의 행보도 매우 심기 불편한 일이었다. 아버지는 프란치스코가 집안의 귀중품을 팔아 성당에 내 놓자 그를 방에 가두기도 하고, 계속해서 가난한 이들에게 재산을 나누어주려 하자 아들을 주교에게 데려가 재산 상속권을 포기하도록 하였다. 이에 프란치스코는 자신이 입었던 옷까지 순순히 벗어 아버지에게 넘겨준다. 이후 그는 청빈 선언을 한다. 그 선언을 하는 사람들은 그들이 가진 모든 것을 가난한 사람들에게 주었다. 그들은 안과 밖을 헝겊 조각으로 기운 속옷과 성글게 짠 겉옷에 만족했고 더 이상의 소유를 거부했다. 누더기를 걸치고 노동하고 기도하며 스스로 가난하게 살기를 결심하고 수도원 운동을 시작했다.

그들은 가난한 예수를 삶의 본으로 삼았다. "가서 네 모든 소유물을 팔아라, 그리고 가난한 이들에게 주어라… 그리고 와서 나를 따라라(마태 19:21) 여행할 때 아무 것도 지니지 말아라, 지팡이나 전대도 신발이나 돈도 지니지 말아라.(누가 9:3) 만일 나를 따르려거든, 자기를 버리고, 제 십자가를 지고 나를 따르라(마태 16:24)" 이런 말씀들을 문자 그대로 지키려고 했다.

그는 "먼지라는 형태 그 이상으로 돈을 사용하거나 간주해서는 안 된다"라고 우리로서는 이해하지 못할 말을 했다. 그는 누덕누덕 기운 옷을 입고 길가에서 구걸하는 거지를 만나면 그들 중 한 사람에게 옷을 빌려 바꿔 입은 후, 그들 가운데 끼어 사람들에게 자선을 바랐다. 해질 녘이 되면 그는 다시 자신의 옷으로 갈아입고 예수께 올바른 길을 보여주길 청하면서 아씨시로 돌아왔다.

교회를 지을 때도 길거리와 광장에서 큰 소리로 하나님을 찬양하고, 찬양의 노래가 끝나면 그는 교회를 재건하는데 쓸 돌들을 구걸한다. 그는 "제게 돌 하나를 주시오. 그러면 당신은 하나의 보상을 얻게 될 것이오. 두 개의 돌은 두 가지 보상을, 세 개의 돌은 세 배의 보상을 얻게 될 것이오."라고 외쳤다.

그는 하나님께서 자신을 단순하고 무식한 이가 되라고 부르셨다고 생각했고, 지식은 많았지만 가급적 유식한 말을 사용하지 않았다. 그리고 모든 것을 단순하게 생각하고 처신했다. 적지 않은 이들이 그를 미쳤다고 조롱했으나, 다른 한편의 사람들은 그의 삶과 행보에 감화받았다.

그는 자신을 사회에서 밀려난 자들과 동일시했다. 그들의 눈으로 세상을 보았다. 그는 자신이 하나님께 의존하지 않으면 살아가지 못하는 지극히 작은 존재임을 보았다. 그래서 철저하게 작아지고 가난하고 낮아짐으로 하나님께서 자신의 인생에 개입하시도록 하였다. 그는 자신이 십자가의 고통 가운데 뒤틀어진 그리스도의 모양을 선취함으로써, 하나님께서 자신을 그리스도의 모양으로 빚으시기를 간구했다. 그는 그 시대 사람들같이 활동하지 않았다. 그는 다른 시대, 다른 때에 살았던 사람이었다.

그는 '거룩한 가난'을 말했다. 기도하기 전에 자기 자신이 가치 있고, 완벽하고, 거룩하다고 생각한다면 아마 전혀 기도하지 못하거나, 설사 기도한다 하더라도 그 기도는 자신에게 말하고 있는 자아만족에 불과할 것이라고 여겼다. 그는 "이상화된 자아는 기도 중에 죽는다"고 말한다. 왜냐하면 그 자아는 진실을 견딜 수가 없기 때문이다. 그 진실이란 하나님 앞에 철저하게 가난하고 빈 영혼이 되는 것이다. 기도는 하나님께서 개입하셔야 하는데 우리는 너무 많은 것을 알고 있고, 너무 의롭고, 너무 영적으로 부요하기 때문에 그 자리에 하나님께서 들어오실 수가 없다고 생각했다.

그는 자신이 하나님 나라를 지상에 세워가야할 사명을 가졌다고 생각했으나, 하나님 나라를 건설하려고 안달하지는 않았다. 그에게는 가난하신 그리스도에 대한 사랑으로 자신이 가난하게 되는 것만으로도 충분했다. 왜냐하면 하나님 나라는 하나님께서 우리에게 거주하시기로 선택하실 때 현재화되기 때문이다. 그런데 하나님께서는 우리의 영이 가난할 때라야, 비로소 거주하신다. 프란치스코는 하나님 나라가 오는 것은 우리가 무엇을 하는가가 아니라 하나님께서 우리 사이에 거주하시도록 우리가 무엇을 끌어안는가에 달려있다고 말한다.

중세는 역사상 그 어느 때보다 권력으로서의 종교가 강력한 시기였다. 한 인간의 요람에서 무덤까지의 삶이 그대로 교회 안에 속했다. 온 천하에 기독교를 지키고 수호한다는 사람들로 가득찼다. 그런데 이상하게 기독교는 더없이 타락하고 복음은 빛을 잃어갔다. 하나님의 말씀은 자기들의 입장을 옹호하고 증빙하는 자료들로 날조되었다.

보이는 세계는 모든 것이 기독교의 것으로 가득 찼지만, 예수는 더없이 수난을 당한 시대였다. 보이는 건물의 교회는 가장 화려하고 아름다웠지만, '하나님의 몸'으로서의 참 교회는 가장 빈곤했다. 그러나 시대의 흐름을 거스르는 작은 무리들이 있었다. 바로 가난을 배우 사랑하고 그의 길로 삼아 자연안에서 하나님을 찬미한 프란치스코와 그를 따르던 수도자들이었다. 어찌 보면 보이지도 않는 작고 미미한 존재였다. 그러나 그런 수도원 운동을 통해서 기독교는 지켜졌고 복음은 명맥을 유지할 수가 있었다.

이제는 영혼의 길을 찾는 많은 이가 자신의 뿌리를 성 프란치스코에게서 찾는다. 당시 주류를 이루던 어마어마한 중세 권력은 지금은 극복되었어야할 암흑의 세력으로 평가받는다. 성 베드로 성당 등은 인류 역사에서 가장 웅장하고 화려한 건물의 위용을 가지고 있었으며 일국의 왕도 무릎 꿇릴만한 권력을 자랑했지만, 그들은 자기들의 덩치를 유지하기 위하여 면죄부까지 팔아야 했던 가장 영적으로 타락하고 가난한 세력이었다. 지금은 어느 누구도 그들이 나의 뿌리라고 하지 않는다. 당시 0.01%도 안 되는 작은 탁발승 무리들이 지금은 모든 기독교의 정신적 원천이다.

역사의 숨겨진 진리다. 현재 숫자로, 현재 힘으로 셈하면서 실망할 필요는 없다. 하나님의 역사는 인간의 상태를 있는 그대로 받아들이면서 앞으로 나아간다. 궁핍한 이들은 가난함으로, 도전하는 이들은 실패로, 많은 것을 알지 못한 이들은 단순함으로, 하나님은 그들 각자의 처지를 통해서 그 상태가 아니면 안 될 일들을 준비해 놓으신다. 오히려 건축자의 버린 돌들이 모퉁이의 머릿돌이 되게 하신다. 옳은 길을 걸을 때에, 세상이 주목하지 않는다고 힘 빠져할 필요가 없다. 마음속에 작은 촛불을 켤 때에 이것이 너무나 작은 빛이라고 주눅들 필요도 없다. 홀로 거리에 서서 세상을 향해 목소리를 낼 때에, 세상 사람들이 추구하는 삶과 너무 다른 길을 걷고 있다 느낄 때에도, 수없이 반복되는 실패의 역사 속에서도 절망할 필요가 없다.

우리 안에 그리스도를 따르는 정당성이 살아 있다면 이미 그것으로 모든 것을 가진 것이다. 그러니 신앙의 길은 다른 눈이 필요한 길이다. 먼 곳을 바라보며 한걸음씩 담담하게 현재의 발걸음을 떼는 용기 있고도 깊은 눈이 필요한 길이다.

예수 같은 이, 프란치스코 같은 이들은 세상 누군가에게 외면하고 싶은 존재일지도 모른다. 나만의 행복을 추구하고 싶고, 좀 더 편하고 싶고, 잘 살고 싶은 욕망이 무럭무럭 자랄 때, 자꾸만 뒤를 돌아보게 하고 당신이 있는 거기가 아니라 다른 곳에 진짜 삶이 있다고 손짓하기 때문이다.

성경은 "마음이 가난한 사람은 복이 있다. 하늘나라가 그들의 것이다"(마태 5:3)고 한다. 가난의 본질은 단순히 프란치스코 같은 형태의 삶에 있지는 않다. 가진 것을 버리고, 돈 벌기를 멈추고, 탁발에 나서라"는 단순한 행동지침에 복음의 본질이 있지 않다. 삶의 형태보다 더 깊은 곳에 있는 영혼과 정신의 가난함이 더 힘이 있으며 이것이 진짜 뿌리다. 마음이 가난한 사람이란 욕망에 사로잡히지 않고 거기서 자유로우며 자신의 눈길을 세상이 아닌 저 멀리 하나님께 두는 사람이다. 뿌리에서부터 가난한 이들이라면 그들이 가진 가난함이 복음을 복음답게 지키고 이 세계를 하늘나라로 만들어갈 것이다.

02
야훼 공동체의 형성
히브리들의 탈출, 독립

구약성서에 담긴 핵심 메시지는 출애굽 사건이다. 성서 기자들은 "너희가 이집트 땅에서 노예 되었던 때를 기억하라"라고 반복해서 말하며 출애굽 사건을 회상시킨다. 열 가지 재앙, 바다를 가른 이야기, 구름기둥, 불기둥, 만나와 메추라기의 기적과 다양한 무용담들은 반복되는 '원초적 경험'이다. 하나님은 불붙는 가시덤불 속에서 모세를 부르시고 "가서 내 백성을 구하라"는 명령을 주신다. 이집트 노예들을 '내 백성'이라고 부르며 "그들의 울부짖는 소리가 내게 들렸다"고 말한다.

구약성서는 바로 이 야훼 하나님이 자기 백성이라고 선언한 노예들을 이끌어내어 가나안이란 땅을 주고, 새로운 평등공동체를 세우게 하는 역정의 이야기다. 하나님의 노예 해방의 역사를 뿌리로 점차 인간 해방으로 나아가는 이야기다.

고대사회에서 문명은 물을 확보할 수 있는 강이나 수원지를 따라 형성됐다. 가나안 지방 역시 물을 둘러싸고 문명이 꽃피었는데, 가나안 지방은 산지와 평야가 뒤섞여 있고 거대한 계곡과 강은 그 중심부에 흘렀다. 이 강의 이름이 잘 알려진 요단강인데, 요단강은 갈릴리 호수에서 발원해 사해로 흘러들어간다.

얼핏 생각하면 중심부 강줄기를 중심으로 문명이 생성된다면 중앙집권적 권력이 용이할 것처럼 보인다. 그러나 갈릴리 호수 수면은 해수면보다 200미터가 낮고, 사해는 수면이 무려 해수면보다 400미터나 낮기 때문에, 모여든 물이 쉽게 빠져 나갈 수가 없다. 게다가 건조한 광야지역에 있어 강우량이 매우 적고 염도가 매우 높다. 이 소금 호수에서는 세균을 제외하면 어떤 생명체도 살 수 없다. 그러니 당연히 농업용수로 사용할 수도 없다. 게다가 이곳의 지형은 움푹 파인 계곡으로 강가가 융기한 지형이다. 평지가 아니어서 대규모 주거지나 농경지 확보가 쉽지 않다. 따라서 강을 중심으로 인구가 밀집되고 도시와 문명이 발달하는 전형적인 과정과는 거리가 멀다. 이스라엘은 각지에 흩어져 있는 샘이나 우물 등 물이 나는 곳을 중심으로 세워진 성읍국가의 형태로 존재했다.

구약성서를 읽다 보면 우물을 차지하기 위해 종족이 운명을 건 전쟁을 펼치는 이야기가 종종 등장한다. 저렇게 큰 희생을 치르느니 차라리 땅을 파서 새 우물을 만들면 되지 않나 하고 의아해 할지도 모르겠다. 그러나 가나안은 매우 건조해서 어디서든 파면 지하수를 구할 수 있는 지역이 아니다. 그들에게 사계절 물이 나오는 우물이란 종족의 생사를

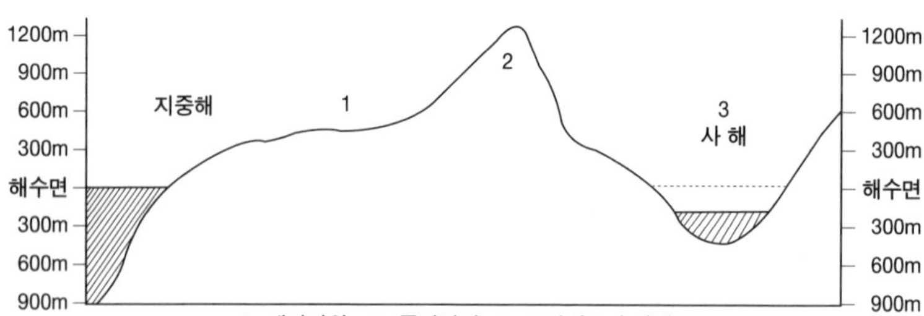

1- 해안평원 2- 중앙산지 3- 요단계곡과 사해

좌우하는 생명의 젖줄이다. 그러니 우물을 차지하기 위한 싸움이 심각할 수밖에. 이 지역의 우물 중에는 땅굴처럼 수 백 미터를 파고 들어가서 물을 길어오는 것도 있었다. 이 우물들에는 각기 '야곱의 우물'이니 '아브라함의 우물' 등의 전설이 전해진다.

성읍국가는 군주와 성곽 안에 정착하고 있는 세력이 주를 이룬다. 이들은 성 밖에 거주하는 주민들을 군사적으로 보호하고 물을 안전하게 확보해주며 종교와 사법 등의 사회체제도 제공했다. 한편 성읍 주변의 촌락은 농업 생산물, 가축, 부역 등을 성읍의 군주에게 바칠 의무를 가졌을 뿐 아니라 동시에 성읍국가를 지배하는 제국을 위한 공물도 준비해야 했다.

가나안의 역사

가나안은 4대 문명 발상지 중 두 지역인 이집트와 메소포타미아를 잇는 이른바 '기름진 초생달' 지역의 통로에 해당한다. 남쪽에는 이집트가, 그리고 동쪽의 메소포타미아에는 앗시리아, 바벨론, 페르시아 제국이 차례로 전성기를 이루면서 영향을 끼쳤다. 대륙과 문명 사이에 있는 지정학적 위치 때문에 주변국 중 어느 한쪽의 힘이 넘치거나 모자랄 때마다 커다란 홍역을 치러야 했다. 지금은 이 지역을 팔레스타인이라고 부르지만, 성서에서 이 이름의 주인공은 이스라엘과 불구대천의 원수인 블레셋(Philistines)에서 왔다.

히브리인들이 이스라엘이라는 국가를 만들기 전에 가나안 지역의 세력 판도를 살펴보자. 역사가들은 대략 B.C. 1780년경에 북방 세력인 힉소스 족이 가나안 지역을 침입한 것으로 본다. 그런데 힉소스 족은 당시로서는 엄청나게 발달한 무기인 마차와 쇠뇌[1]를 상용하고 있었다. 무적의 기동력과 가공할 화력은 훗날 엘리아가 회오리 바람을 타고 하늘로 오를 때 엘리사가 이를 보고 "나의 아버지! 나의 아버지! 이스라엘의 병거이시며 마병이시여!"(왕하 2:12)라고 하며 엘리사가 죽을 때도 이스라엘의 왕 요아스도 엘리사를 보고 같은 고백을 한다(왕하 13:14). 최고의 권위와 위력을 상징하는 말로 쓰일만큼 힉소스 족의 병거와 군마는 강력한 무기였다.

힉소스 족의 침입은 축성법에도 영향을 미쳤다. 병거가 성에 접근하는 것을 막기 위해는 별도로 상당한 토목공사를 해야 했다. 즉, 땅을 돋우어 만든 경사지 위에 다시 강력하게 요새화된 성을 구축한 것이다. 군주들은 병거를 막기 위해 땅을 돋우는 동시에 성곽 주변에 호를 팠다. 이를 위해 자연스럽게 더 많은 부역과 세금 징수가 뒤따랐고 징병제 또한 엄격해 졌다.

B,C. 1570년 이후 가나안은 이집트의 영향 아래 들어갔다. 이집트는 이 지역을 직접적인 행정구역으로 편입시키는 대신 원주민 가운데에서 성읍 군주를 인가하는 간접 통치의 방식을 취했다. 이러한 정책은 이집

평지축성

경사지축성

1) 발사장치가 있는 활로 중세 시대에 주로 사용된 무기.

트에 대항할 가능성이 있는 세력들이 서로 연합하여 통일체를 구성하는 것을 방지하는 한편, 군사력을 분산 배치함으로써 하층민의 반란을 효과적으로 저지하는 데 목적이 있었다.

변화의 징표들

출애굽 시기는 B.C 1240년경으로 추정한다. 40년의 광야 생활 이후 새로운 이스라엘 평등 공동체의 역사가 시작된 시기는 B.C 1200년경이다. 역사는 사회, 역사, 물질의 토대가 무르익었을 때 비로소 변화의 물줄기를 맞이한다. 팔레스타인도 그 예외는 아니었다.

출애굽이 사건이 벌어진 B.C 13세기에 일어난 변화의 징표 중 하나는 회벽처리 기술이었다. 가나안의 지반은 주로 석회암으로 이루어져 있는데, 석회암은 물을 흡수하기에 비가와도 빗물을 저장할 수 없었다. B.C 13세기 무렵 석회암을 잘게 빻아서 열을 가해 방수 처리를 하는 기술을 발명했다. 원시적인 시멘트다. 이제 빗물 저장이 가능해진 것이다. 이 기술 혁신은 성읍국가 주변에 살면서 세금과 부역을 감당해야 했던 농민들에게 사회적 관계를 새롭게 할 수 있는 변화였다. 농민들에게 군주의 손아귀에서 벗어나 독자적인 촌락을 이루어 살 수 있는 절호의 기회가 생긴 것이다. 그들은 산간지로 올라갔다. 거기서 대규모 물웅덩이를 파고 물을 저장할 수 있었다. 더욱이 산간지는 막강한 힘을 지닌 병거대가 자유롭게 접근하기 어려웠다.

가나안은 지중해성 기후로 여름에는 고온 건조하고 겨울에는 따뜻하고 비가 내렸다. 4월부터 9월까지의 6개월이 건기, 10월부터 이듬해 3월까지는 우기다. 북부 지역(레바논 일대와 갈릴리 지역)은 연간 강수량이

800mm이상이었고, 남부(유다와 네겝)로 내려갈수록 강수량이 적었다.

회벽처리 기술로 샘이나 우물이 없는 산간지역에서도 우기에 내린 물을 저장할 수 있게 되면서, 전까지는 살 수 없었던 산간 지역에서도 새로운 주거지가 형성되었다. 이는 성읍국가의 군주세력과 그 주변부에 예속된 농민으로 이루어지는 전형적인 사회체제의 커다란 변화를 가져왔다.

이것이 바로 출애굽에 이어진 히브리인들의 독자적 생존을 가능케 한 사회경제적 배경이었다. 예레미야 2장 13절에는 "참으로 나의 백성이 두 가지 악을 저질렀다. 하나는, 생수의 근원인 나를 버린 것이고, 또 하나는, 전혀 물이 고이지 않는, 물이 새는 웅덩이를 파서, 그것을 샘으로 삼은 것이다"라고 하는데 여기서 말하는 웅덩이가 이스라엘의 거대한 물 저장소인 '시스턴(Cistern)'이다. 현재에도 그 흔적이 남아있다.

> 주님께서 유다지파 사람들과 함께 계셨으므로 그들은 산간지방을 차지할 수 있었다. 그러나 낮은 지대에 살고 있던 거민들은 철병거로 방비하고 있기 때문에 쫓아내지 못하였다.(사사기 1:19)

지금까지 살펴본 역사적 변화와 일치하는 기록이다. 이 기록에 의문이 생길수도 있을 것이다. 여호수아서에서는 가나안 땅을 모두 점령해서 분배까지 마쳤다고 하지 않았는가. 여호수아서의 패기 넘치고 힘찬 보도와는 사뭇 다르다. 이는 여호수아서가 믿음으로 보는 희망의 역사임에 반해 사사기는 냉정한 현실의 역사라는 차이에서 비롯된다. 이 밖에도 사사기에는 그 시대까지도 쫓아내지 못하고 남아있는 원주민들에 대한 보고가 자주 등장한다.

> 므낫세 지파가 벳산과 그 주변 마을들과, 다아낙과 그 주변 마을들과, 돌과 그 주변 마을들과, 이블르암과 그 주변 마을들과, 므깃도와 그 주변 마을들에 사는 주민을 몰아내지 못하였으므로, 가나안 사람들은 그 땅에서 살기로 마음을 굳혔다. 그런데 이스라엘 백성은 강성해진 다음에도 가나안 사람을 모조리 몰아내지 않고, 그들을 부역꾼으로 삼았다. (사사기 1:27-28)

> 가나안 전쟁을 전혀 겪어 본 일이 없는 모든 이스라엘 백성을 시험하시려고, 주님께서 그 땅에 남겨 두신 민족들이 있다. …… 이스라엘 자손은 가나안 사람과 헷 사람과 아모리 사람과 브리스 사람과 히위 사람과 여부스 사람과 함께 섞여 살았다. (사사기 3:1-6).

여기 등장하는 다양한 부족의 이름은 주로 낮은 지대를 장악하고 있던 성읍의 군주들이다. 반면 성읍 주변부 사람들은 성읍군주들의 착취를 피해 산지로 몰려들었다. 평지 군주들이 가진 병거는 산지에 오를 수 없었기에 산지는 예속민들의 해방공간이 되었다. 이때부터 가나안 지역은 평지의 "성읍과 그 변두리 촌락"(havvoth, 여호수아 15:47, 민수기 21:25, 32:33, 42, 사사기 1:27, 11:26)과 산간 지역의 새로 생긴 성곽 없는 촌락(haserim, 창세기 25:16, 레위기 25:31, 여호수아 13:3, 15:20-62, 21:2)이라는 서로 다른 형대의 주거지로 발달한다. 산간지 마을은 새로운 공동체로 발돋움해 후에 이스라엘 국가로 발전한다.

한편 고고학의 발굴은 이 무렵에 산간지역 아이(Ai)와 기르벳 라다나(Khirbet Raddana)에서 포도와 올리브 농사 대신 곡식 농사를 지은 것을 보여준다. 효율성으로 보자면 산지에서는 포도나 올리브를 재배하여 평지의 곡식과 교환하는 것이 훨씬 유리하다. 다른 시대에는 대부분

이러한 효율성에 입각하여 교환이 이루어졌다. 그러나 이 시대에는 산간지에서도 효율성이 훨씬 떨어지는 곡식 농사를 지은 것으로 판명되었다. 이런 고고학적 자료가 주는 메시지는 무엇인가? 이는 이 시대에는 성읍과 산지 사이의 평화적인 관계가 깨지고 대립 한다는 것을 보여준다.

이렇게 처음에 이스라엘은 산지를 중심으로 하여 정주하기 시작했다. 야훼 하나님이 산신이라고 불리기도 하였으며, 이스라엘은 언제나 산악전에 능했다. 블레셋에서 독립하는 과정에서도 역시 산악전을 통해 승리를 거두었다. 지금도 이스라엘의 도시들은 산 위의 길을 중심으로 뻗어 있고, 산간지에 집중되었다. 이런 산간 도시 모습들은 예수님의 산상수훈에도 반영되어 있다.

> "너희는 세상의 빛이다. 산 위에 세운 마을은 숨길 수 없다"(마태 5:14)

누가 땅을 차지했을까

성서는 마치 B.C 1240년에 이스라엘 민족이 전체적으로 출애굽해서 가나안 땅을 점령하고 차지한 것처럼 묘사하고 있다. 하지만 지난 역사를 살펴보면 가나안 땅은 이미 B.C 1570년 경 이집트의 지배 아래에 들어간다. 대체 이게 무슨 소리일까? 이집트의 손아귀에서 벗어난 이스라엘이 다시 이집트가 지배하는 땅에 정착했다는 것일까?

앞서 살펴보았다시피 군주에 예속된 농민들의 산간 지역 이주는 가나안 지방 전체에 급격한 변화를 가져왔다. 당시 산지에 사는 농민들의 가장 큰 희망은 이집트 하급관리라 할 수 있는 성읍 군주들의 손아귀에서 벗어나는 것이었다. 그런데 이 무렵 이집트 본토에서 한 무리가 가나안으로 들어온다. 파라오 밑에서 신음하던 노예들이 제국의 손아귀에서 벗어나 가나안으로 들어온 것이다.

그들이 이집트를 탈출한 무용담, 그리고 그들이 들려주는 야훼 이야기는 매우 감동적이었다. 열 가지 재앙과 구름기둥, 불기둥의 이야기, 만나와 메추라기의 기적 등은 성읍 군주들의 손아귀에서 벗어나기를 갈망하던 산지 주민들에게 가슴 벅찬 희망을 심어주는 해방의 이야기였다. 산지 주민들은 그들의 야훼신앙에 매료되었고, 새로운 신(神), 야훼를 받아들였다. 야훼 하나님을 믿으며 새 세상에 대한 꿈과 희망을 함께 품었다. 산지에 거주하던 농민들과 출애굽한 공동체와의 만남은 평지에 자리잡은 성읍 군주들을 물리치고 새로운 공동체를 세울 수 있다는 가능성을 한껏 고무시켰다. 이 새로운 바람은 특정한 계급이 없고 모두가 자유로운 세상, 모든 사람이 평등하게 대접받는 세상, 서로 협력하고 존경하며 살 수 있는 새로운 세상을 향한 희망이기도 했다.

가나안은 다신 종교를 가지고 있었는데, 그들의 신은 '엘'이었다. 구약성서에는 하나님의 이름으로 야훼 말고도 '엘'과 관련한 '엘로힘', '엘 샤다이', '엘 엘리온', '엘 로이', '엘 올람' 등이 나타나는데, 이는 모두 가나안 토속민이 부르던 신의 이름이다. 그러나 이런 이름들은 훗날 '야훼'라는 출애굽의 하나님 이름에 흡수되어 버렸다. 나중에 '야훼-엘로힘'이라는 통합된 이름으로 나타난다.

히브리어에는 일찍이 가나안의 언어, 제사, 성소, 축제, 종교의식 등이 깊이 배어 있다. 이는 히브리 문화의 주된 배경을 이루는 사람들이 가나안 토착민임을 말해준다. 만약 이스라엘 민족 모두가 출애굽이라는 경험을 한 단일한 집단이었다면, 그들의 배경에 드러나는 것은 더 익숙하고 일반적인 이집트 문화여야 했을 것이다.

여호수아서에는 장엄한 계약의식이 등장한다. 사막에서 방랑생활을 하던 시절부터 이미 야훼를 숭배해온 부족들과 새로 합류한 히브리 사람들이 모두 세겜에 모였다. 거기서 그들은 야훼의 백성이 되고 오직 그 분만을 공경하고 예배하기로 서약한다.

> 여호수아가 백성에게 말하였다. "여러분이 주님을 택하고 그분만을 섬기겠다고 한 말에 대한 증인은 바로 여러분 자신들이오." 그러자 그들은 말하였다. "우리가 증인입니다." 여호수아가 또 말하였다. "그러면 이제 여러분 가운데 있는 이방 신들을 내버리고, 마음을 주 이스라엘의 하나님께 바치시오." 백성들이 여호수아에게 말하였다. "우리가 주 우리의 하나님을 섬기며, 그분의 말씀을 따르겠습니다."(여호수아 24:22-24)

이들은 산지로부터 힘을 규합해 점차적으로 평지 성읍들을 공략하고 그들을 제압해 나갔다. 이 시기는 가나안 땅에 유래가 없었던 대변혁의 격동기였다. 고고학적 발굴을 통해 B.C 13세기 후반부터 12세기 초까지의 짧은 기간 동안 하솔, 베델, 라키스, 에글론, 데빌, 므깃도, 수꼿, 베세메쉬, 아스돗 등 가나안의 견고한 성읍들이 잇달아 파괴된 것이 밝혀졌다. 성 하나를 건축하는데도 오랜 세월이 걸리기에 이는 자연적인 파괴라고 볼 수 없다. 이렇게 짧은 시간에 동시에 여러 성이 파괴된 것은 그 지역에 대 격변이 일어난 것을 말한다. 성서에서는 가나안 원주민과 싸우는 전쟁의 과정을 가나안 '도성'들과 '왕'들에 대한 싸움이었다고 묘사한다.

출애굽 공동체가 가나안에 들어옴에 따라, 그들이 가졌던 야훼신앙은 가나안의 농민과 하층민에게도 새로운 바람을 불러왔다. 그들은 야훼신앙을 통해서 당연한 것으로 여기던 오랜 이집트 제국의 지배체제를 부정하기 시작했다. 또 한편으로는 자기들의 권리와 생존권을 수호하기 위한 새로운 공동체를 꿈꾸었다. 이러한 공동 염원을 담은 야훼신앙은 잠자던 하층민의 의식을 일깨우며 가나안 사회에 새로운 바람을 일으켰다.

출애굽과 야훼 하나님에 대한 이야기는 가나안 농민에게는 새로운 눈을 뜨게 해 준 희망의 메시지였다.[2] 혈통으로 본다면 다양한 족속으로 구성되었지만, 그들의 새로운 연대, 즉 '이스라엘'은 오직 야훼신앙을 중심으로 주위의 다른 민족과 구분되는 특별한 집단이 되었다. 그들은 이 야훼신앙에 의해서 실로 특이하고도 창조적인 민족이 되었다.

평등공동체

고대 근동 지방은 이집트 문명과 메소포타미아 문명이 발생한 곳이다. 이미 오래 전부터 거대한 제국이 형성되어 있었다. 이 제국 체제의 직접적인 희생자, 가장 밑바닥에서 강제노역에 시달렸던 한 무리의 노예가 이집트에서 탈출했다. 그들은 가나안 땅에 들어갔고, 그 곳에서 자신들만의 해방 공간, 평등한 공동체를 형성했다. 이들이 건설한 공동체는 왕이 없는 사회, 계급이 없는 사회였다. 이 시대를 '사사시대'라고 부르면 왕 대신 사사들이 통치한 것으로 오해할 수 있다. 그런데 이는 왕이나 특정 권력 계급을 형성하지 않고자 한 야훼 공동체의 취지에 어긋

2) 멘덴홀(G. E. Mendenhall)은 사회학적 연구결과를 토대로 이스라엘의 초기형성사를 재건했다. 그는 이집트를 탈출한 무리들과 가나안의 하층계급이 연대하여 가나안의 봉건제후에 대항한 농민혁명에 의해 이스라엘이 형성되었다고 보았다.

난다. 따라서 이 시대(B.C 1200-1000년)는 '평등사회' 또는 '평등공동체'라고 부르는 게 더 적절하다.[3)]

사사는 세습하지 않고 특정 계급을 이루지도 않는다. 공동체 전체를 위협하는 어떤 문제가 생겼을 때, 문득 부르심을 받은 사람이 나와서 문제를 해결하고 다시 평범한 생활로 돌아간다. 자신의 공(功)을 이용해서 특별한 지위를 누리지 않는다. 그것이 바로 사사이다. 함께 노예 생활을 하고, 함께 제국 체제 아래 억압당하던 사람들이 이제 막 자신들을 위한 해방공간을 새롭게 마련하였는데, 거기서 또 다시 계급을 만들고 왕을 만들 수는 없었다. 또 다시 인간이 인간 위에 군림하게 해서는 안됐다. 오랜 시간 가나안 군주들과 투쟁하여 얻은 새로운 공동체를 과거의 역사와 똑같은 것이 되게 할 수는 없었다.

사사시대는 원시 부족 체제에서 왕정을 향해 발전해나가는 과정 속에서 필연적으로 겪어야 하는 과도체제가 아니다. 이미 이집트는 B.C 4천 년 전부터 제국을 이루었고 메소포타미아도 B.C 3천 년 전부터 발달한 제국 체제를 형성하고 있었다. 이스라엘은 거대 제국 체제 아래서 노예로 살던 사람들이 그 체제를 부정하고 투쟁하여 이룩한 공동체였다. 일반적인 역사의 흐름으로 본다면 왕정에서 부족 체제로 가는 역방향 사건이 일어난 것이다. 구약학자 고트발트(N.K.Gottwalt)는 이 현상을 '재부족화'(Retribalization)라고 불렀다.[4)]

아비멜렉은 사사들 중에 혁혁한 업적을 세웠던 자신의 아버지 기드온의 공을 힘입어 자신을 왕이라 칭하였다. 그는 형제들을 살해하고 스스로 왕으로 군림하고자 하였다. 이는 이스라엘이 피 땀 흘려 이룩한 평

3) N. K. Gottwald, *The Tribes of Yahweh*, (Orbis books : Marykoll, New York, 1979) 참조.
4) Ibid., 323-328.

등사회에 대한 반란이었다. 아비멜렉은 자기 형제들 곧 기드온의 아들 70명을 한 바위 위에서 죽이고 세겜 성읍에서 자신이 왕임을 선포했다. 그러자 살아남은 기드온의 아들 중 막내인 요담은 세겜 사람들에게 이렇게 외친다.

> 하루는 나무들이 기름을 부어 자기들의 왕을 세우려고 길을 나섰습니다. 그들은 올리브 나무에게 가서 말하였습니다. '네가 우리의 왕이 되어라.' 그러나 올리브 나무는 그들에게 대답하였습니다. '내가 어찌 하나님과 사람을 영화롭게 하는, 이 풍성한 기름내는 일을 그만두고 가서, 다른 나무들 위에서 날뛰겠느냐?' 그래서 나무들은 무화과나무에게 말하였습니다. '네가 와서 우리의 왕이 되어라.' 그러나 무화과나무도 그들에게 대답하였습니다. '내가 어찌 달고 맛있는 과일맺기를 그만두고 가서, 다른 나무들 위에서 날뛰겠느냐?' 그래서 나무들은 포도나무에게 말하였습니다. '네가 와서 우리의 왕이 되어라.' 그러나 포도나무도 그들에게 대답하였습니다. '내가 어찌 하나님과 사람을 즐겁게 하는 포도주 내는 일을 그만두고 가서, 다른 나무들 위에서 날뛰겠느냐?' 그래서 모든 나무들은 가시나무에게 말하였습니다. '네가 와서 우리의 왕이 되어라.' 그러자 가시나무가 나무들에게 말하였습니다. '너희가 정말로 나에게 기름을 부어, 너희의 왕으로 삼으려느냐? 그렇다면, 와서 나의 그늘 아래로 피하여 숨어라. 그렇게 하지 않으면, 이 가시덤불에서 불이 뿜어 나와서 레바논의 백향목을 살라 버릴 것이다.' (사사기9:8-15)

이 우화는 왕정을 부정하는 이야기이다. 나무들이 자기들의 왕을 세우려고 올리브나무, 무화과나무, 포도나무에게 왕이 되어 달라고 청하지만 이들은 자신의 원래 본분을 사랑하고 중요하게 여기며 거절한다.

그런데 그 중에 기름을 내지도, 맛있는 과일을 맺지도 않는 가시나무는 이 제안을 수락한다. 가시나무는 나머지 나무들에게 "나의 그늘 아래로 숨지 않으면 가시덤불에서 불이 뿜어 나와서 레바논의 백향목을 살라 버릴 것이다"라고 위협하면서 왕으로 군림한다.

가시나무는 매우 건조한 지역에서 산다. 수분의 증발을 최소화 하기 위해 잎이 가시 형태이다. 그 아래에 피할 그늘이 없음은 당연하다. 열매를 맺는 것도 아니고, 목재를 쓰는 것도 아니고, 잎도 없어 나무로서는 별 쓰임새가 없다. 가시나무 비유에서 왕은 쓰임새는 없으면서 협박으로 백성에게 으름장을 놓는 존재다. 여기서 왕은 단지 기피의 대상이며 조롱거리일 뿐이다. 노골적으로 왕정의 이념을 조롱하는 우화가 오랜 왕정의 역사를 뚫고 성서 안에 살아남아 있다는 것 자체가 경이롭다. 이렇게 이스라엘 역사에는 반 군주제의 전통이 강력하게 살아있다. 이 가시나무 우화가 성서 안에 생존한 것도 그 증거 중 하나다. 시간이 지난 후에 역사를 잊은 백성들이 자신들에게도 왕이 필요하다고 목소리를 높인다. 이에 관해 사무엘서는 이렇게 기록해 놓았다.

> 사무엘은 왕을 세워 달라고 요구하는 백성들에게, 주님께서 하신 모든 말씀을 그대로 전하였다. "당신들을 다스릴 왕의 권한은 이러합니다. 그는 당신들의 아들들을 데려다가 그의 병거와 말을 다루는 일을 시키고, 병거 앞에서 달리게 할 것입니다. 그는 당신들의 아들들을 천부장과 오십부장으로 임명하기도 하고, 왕의 밭을 갈게도 하고, 곡식을 거두어들이게도 하고, 무기와 병거의 장비도 만들게 할 것입니다. 그는 당신들의 딸들을 데려다가, 향유도 만들게 하고 요리도 시키고 빵도 굽게 할 것입니다. 그는 당신들의 밭과 포도원과 올리브 밭에서 가장 좋은 것을 가져다가 왕의 신하들에게 줄 것이며, 당

신들이 둔 곡식과 포도에서도 열에 하나를 거두어 왕의 관리들과 신하들에게 줄 것입니다. 그는 당신들의 남종들과 여종들과 가장 뛰어난 젊은이들과 나귀들을 끌어다가 왕의 일을 시킬 것입니다. 그는 또 당신들의 양 떼 가운데서 열에 하나를 거두어 갈 것이며, 마침내 당신들까지 왕의 종이 될 것입니다. 그 때에야 당신들이 스스로 택한 왕 때문에 울부짖을 터이지만, 그 때에 주님께서는 당신들의 기도에 응답하지 않으실 것입니다." (사무엘상 8:10-18)

모든 백성이 사무엘에게 간청하였다. "종들을 생각하시고 주 하나님께 기도하셔서, 우리가 죽지 않게 해주십시오. 우리가 우리의 모든 죄에 왕을 구하는 악을 더하였습니다." (사무엘상 12:19)

백성들이 왕을 요구하자 야훼는 사무엘에게 결국을 왕을 허락한다. 그러나 야훼는 이를 자신에 대한 배신으로 여겼다고 하는 이야기는 그만큼 이스라엘 내에서 왕정으로 넘어가는 것을 반대하는 세력들이 존재했음을 보여준다.

주께서 사무엘에게 말씀하셨다. "백성이 너에세 한 말을 다 들어 주어라. 그들이 너를 버린 것이 아니라, 나를 버려서 자기들의 왕이 되지 못하게 한 것이다. 그들은 내가 이집트에서 데리고 올라온 날부터 오늘까지, 하는 일마다 그렇게 하여, 나를 버리고 다른 신들을 섬기더니, 너에게도 그렇게 하고 있다.(사무엘상 8:7-8)

히브리어로는 왕을 '멜렉'(מלך, mlk)이라고 하는데, 이 문자와 같은 표기를 하는 가나안 신 하나가 바로 '몰록'(מלך, mlk)이다. 몰록은 어린 아이의 인신제사를 받는 신으로, 이스라엘이 가장 혐오하는 신이다. 실제로 예루살렘의 서쪽에 있는 힌놈 골짜기에서는 유아의 해골들이 많이 발견되었다. 이는 유아를 인신제사로 바친 흔적으로, 이곳에는 몰록의 신전이 있었던 것으로 추정된다. 왕의 이름과 그들이 가장 혐오하는 '아이를 잡아먹는 귀신'이 같은 문자라는 사실은 우연이 아니다. 사무엘의 말에서도 왕은 당신의 아들과 딸, 나아가서는 당신까지도 잡아먹는 존재라고 경고한다.

스스로 왕이라 칭하며 왕국 건설을 꾀했던 이단아, 기세등등했던 아비멜렉은 결국 데베스에서 전투중에 한 여인이 던진 맷돌짝에 맞아서 죽는다. 가장 평범한 인물에 의해 응징 당한 것이다.

> 아비멜렉은 그 망대에 이르러 공격에 나섰고, 망대 문에 바짝 다가가서 불을 지르려고 하였다. 그러나 그 때에 한 여인이 맷돌 위짝을 아비멜렉의 머리에 내리던져, 그의 두개골을 부숴 버렸다. 아비멜렉은 자기의 무기를 들고 다니는 젊은 병사를 급히 불러, 그에게 지시하였다. "네 칼을 뽑아 나를 죽여라! 사람들이 나를 두고, 여인이 그를 죽였다는 말을 할까 두렵다." 그 젊은 병사가 아비멜렉을 찌르니, 그가 죽었다. 이스라엘 사람들은 아비멜렉이 죽은 것을 보고, 저마다 자기가 사는 곳으로 떠나갔다.(사사기 9:52-55)

*출애굽기 16장을 읽어보자. 하나님께서 만나와 메추라기를 내려주시면서 함께 주신 명령은 무엇인가? 그 명령이 갖는 의미는 무엇인가? 히브리인들이 서로 나눌 수 있었던 까닭은 무엇일까?

이스라엘 자손의 온 회중이 엘림에서 떠나, 엘림과 시내 산 사이에 있는 신 광야에 이르렀다. 이집트 땅에서 나온 뒤, 둘째 달 보름이 되던 날이다. 이스라엘 자손의 온 회중이 그 광야에서 모세와 아론을 원망하였다. 이스라엘 자손이 그들에게 항의하였다. "차라리, 우리가 이집트 땅, 거기 고기 가마 곁에 앉아 배불리 음식을 먹던 그 때에, 누가 우리를 주의 손에 넘겨 주어서 죽게 했더라면 더 좋을 뻔 하였다. 그런데 너희들은 지금, 우리를 이 광야로 끌고 나와서, 이 모든 회중을 다 굶어 죽게 하고 있다." 주께서 모세에게 말씀하셨다. "내가 하늘에서, 너희가 먹을 것을 비처럼 내려 줄 터이니, 백성이 날마다 나가서, 그날 그날 먹을 만큼 거두어들이게 하여라. 이렇게 하여, 그들이 나의 지시를 따르는지, 따르지 않는지 시험하여 보겠다. 매주 엿샛날에는, 거두어들인 것으로 먹을거리를 준비하다 보면, 날마다 거두던 것의 두 배가 될 것이다." 모세와 아론이 모든 이스라엘 자손에게 말하였다. "저녁이 되면, 너희는 이집트 땅에서 너희를 이끌어 내신 분이 주님이시라는 것을 알게 될 것이다. 너희가 우리를 보고 원망한 것이 아니라, 주님을 원망하였다. 주께서 너희가 당신을 원망하는 소리를 들으셨다. 이제 아침이 되면, 너희가 주의 영광을 보게 될 것이다. 우리가 무엇이라고, 너희가 우리를 보고 원망하느냐?" 또 모세가 말하였다. "주께서 저녁에는 너희에게 먹을 고기를 주시고, 아침에는 배불리 먹을 빵을 주실 것이다. 주께서는, 너희가 당신을 원망하는 소리를 들으셨다. 너희가 하는 원망은 우리에게 하는 것이 아니라, 주께 하는 것이다." 모세가 아론에게 말하였다. "주께서 이스라엘 자손이 원망하는 소리를 들으셨으니, 이스라엘 자손의 온 회중에게, 주님 앞으로 가까이 나아오라고 일러주십시오." 아론이 이스라엘 자손의 온 회중에게 말할 때에, 그들이 광야를 바라보니, 주의 영광이 구름 속에 나타났다. 주께서 모세에게 말씀하셨다. "나는 이스라엘 자손이 원망하는 소리를 들었다. 너는 그들에게 '너희가 저녁이 되면 고기를 먹고, 아침에는 빵을 배불리 먹을 것이다. 그렇게 될 때에 너희는, 나 주가 너희의 하나님임을 알게 될 것이다' 하고 말하여라." 그 날 저녁에 메추라기가 날아와서 진 친 곳을 뒤덮었고, 다음날 아침에는 진 친 곳 둘레에 안개가 자욱하였다. 안개가 걷히고 나니, 이럴 수가! 광야 지면에, 마치 땅 위의 서리처럼 보이는, 가는 싸라기 같은 것이 덮여 있는 것이 아닌가! 이스라엘 자손이 그것을 보고, 그것이 무엇인지 몰라서, 서로 "이게 무엇이냐?" 하고 물었다. 모세가 그들에게 말하였다. "이것은 주께서 너희에게 먹으라고 주신 양식이다. 주께서 너희에게 명하시기를, 너희는 각자 먹을 만큼씩만 거두라고 하셨다. 너희 각 사람은, 자기 장막 안에 있는 식구 수대로, 식구 한 명에 한 오멜씩 거두라고 하셨다." 이스라엘 자손이 그대로 하니, 많이 거두는 사람도 있고, 적게 거두는 사람도 있었으나, 오멜로 되어 보면, 많이 거둔 사람도 남지 않고, 적게 거둔 사람도 모자라지 않았다. 그들은 제각기 먹을 만큼씩 거두어들인 것이다. 모세가 그들에게 아무도 아침까지 그것을 남겨 두지 말라고 하였다. 그런데 어떤 사람들은 모세의 말을 듣지 않고, 그것을 아침까지 남겨 두었다. 그랬더니, 남겨 둔 것에서는 벌레가 생기고 악취가 풍겼다. 모세가 그들에게 몹시 화를 내었다. 그래서 그들은 아침마다, 자기들이 먹을 만큼씩만 거두었다. 해가 뜨겁게 쪼이면, 그것은 다 녹아 버렸다.(출애굽기 16:1–21)

광야시대

만나사건은 광야시대를 대표하는 사건 중 하나다. 법궤 안에 율법을 기록한 돌판만 있다고 했지만,(열왕기상8:9, 역대하5:10) 히브리서는 세 가지 신물(神物)이 들어간다고 한다. 아론의 지팡이, 율법이 새겨진 돌판, 그리고 만나가 들어간 금항아리가 그것이다(히브리서9:4). 그만큼 만나는 이스라엘 역사에서 매우 중요한 상징물이다.

이스라엘 백성이 건넌 광야는 시나이 반도다. 이 지역은 시속 70-80km의 속도로 하루 종일 달려가도 끝없는 돌산들이 이어지고 태양은 그 위에서 이글거린다. 풀 한 포기, 물 한 방울 구경하기 어려운 메마른 땅이다. 광야에서 이스라엘 백성의 불평과 원망은 하늘을 찌를 듯했다. "이집트의 고기 가마가 그립다"고까지 했다. 노예 주제에 무슨 고기 가마를 누렸을까. 그러나 지금 당장 먹을 것이 없는 그들에게 주인이 내어주던 음식은 고기 가마의 추억으로 여겨졌을 것이다. 출애굽 당시의 벅찬 감격은 모두 사라지고, 그들은 이제 "차라리 우리를 누가 주의 손에 넘겨서 죽게 했더라면 더 좋을 뻔하였다.(출애굽기 16:3)"라며 아우성을 친다. 이들에게 광야의 길은 '죽느니만 못한 삶'으로, '다 굶어 죽을 것 같은 고통'으로 여겨졌다. 이들은 뒤를 돌아보고 후회했다. 그리고 이 여정의 출발에 자신의 의지는 전혀 없었다는 듯이 모세와 아론을 원망했다.

그런 이들에게 하나님께서는 "내가 하늘에서 너희 먹을 것을 비처럼 내려 줄 터이니"라고 하신다. 기쁜 소식이다. 잔뜩 굶어있는 사람들에게 먹을 것이 비처럼 온다니, 얼마나 신나는 일이겠는가? 그런데 조건이 있다. "그날그날 먹을 만큼만 거두어들이게 하라(출 16:4)"는 것이다. 이렇게 하여 그들이 하나님의 지시를 따르는지 그렇지 않은지 시험하여 보겠다고 한다.

그러나 하나님께서 딱 그날 거둘 만큼만 내려 주셨다면 몰라도, 오래 굶주려 배고픈 사람들이 지천에 먹을 것이 쌓였는데 어떻게 그날의 먹을 것만 거둘 수 있겠는가? 그래서 그들은 밤새도록 거두어들이고 쌓았다. 내일 먹을 것, 모레 먹을 것까지 넘치게 음식을 저장했다. 하지만 다음날, 온 진지에는 썩는 냄새가 진동한다. 백성들은 하나님께 벌을 받는다. 그런데 상식적으로 내일을 알지 못하는 나약한 인간의 불안함과 그로 인한 저장 행위를 죄라고 하는 건 좀 지나치지 않은가.

그날 먹을 만큼만 거두어라

하나님이 그날 먹을 만큼만 거두어들이라고 하신 것은 무슨 까닭이었을까? 왜 지천에 쌓인 음식을 다 놔두고 그날 것만을 거두라고 하셨을까?

이스라엘이 광야에서 받은 훈련은 철저한 믿음, 그리고 나누는 훈련이었다. 훈련의 시간을 거쳐 이들은 마침내 "적게 거두는 사람도 있었고 많이 거두는 사람도 있었지만 적게 거두어도 모자라지 않고 많이 거두어도 남지 않게 되었다."(출 16:17-18)" 이 훈련을 하기 위해 그들은 직선거리로 한 달이면 갈 수 있는 거리를 지나는데 40년이 걸렸다. 무엇이라도 하나 생기고 나면 무조건 제 것부터 채우기에 급급했던 노예생활에서 생긴 근성을 뿌리째 뽑아야 했다. 그런 마음으로는 하나님의 새로운 백성이 될 수 없었다. 그런 마음에 돈과 물질이 생긴다면 오히려 더욱 참담한 재앙이 될 뿐이었다. 마음의 준비가 안 된 사람들에게 물질은 없느니만 못한 참혹한 결과를 가져오기 마련이다. 그러므로 만나 이야기는 단지 하늘에서 먹을 것을 내려 주셨다는 기적의 이야기가 아니다. 몸으로 온 공동체가 철저한 나눔을 생활화하는 훈련의 이야기다.

그런데 이런 철저한 나눔을 위해서는 반드시 전제되는 것이 있다. 그것은 바로 '믿음'이다. 내일을 하나님의 손 안에 맡기는 '믿음'이다. 믿음이 있는 자만이 오늘 함께 나눌 수 있다. 불안에 떨면서 걱정을 하는 이들은 자신의 손 안에 쥐려고 할 뿐, 나눌 수가 없다. 불안은 아주 작은 크기로도 재빨리 인간을 잠식하기 마련이어서 자신의 소유를 늘 부족하다고 느끼게 한다. 두려움과 불안에 휩싸인 이들은 평생 부족하다. 이런 불안은 오늘의 현실을 살벌한 전쟁터로 만들어 버리기도 한다. 인간은 내일 뿐 아니라 모레, 한 달 후, 몇 년 후, 노후생활, 또는 죽은 후의 자손의 삶까지도 염려하고 자신의 미래를 위해 눈에 보이는 탄탄대로를 확보하려고 한다.

그러나 하나님이 만나를 허용하신 분량은 것은 단지 '오늘'이다. 내일은 하나님의 영역 안에 있다. 그리스도인의 내일은 인간의 손이 아니라 철저하게 하나님의 손 안에 있다. 내일은 하나님의 선물이다. 전적으로 하나님의 은총 안에서 맛보는 것이다.

하나님과의 연결을 잃은 인간은 불안하다. 그들은 내일을 소유하고 싶지만, "나는 소유했다"고 생각한다면 착각이다. 내가 가졌다고 생각하는 것을 어느 날 아침 하나님이 한꺼번에 찾아가실 수 있기 때문이다. 문제는 본래 하나님의 것인 내일을 단지 내가 소유하고 내게 붙잡아 두려할 때에 생긴다. 인간의 갈등과 실망의 원인은 본래 내 것이 아닌 것에 대한 집착이다. 본래 내 것이 아님을 깨닫는 게 자유로워지는 길이다.

미래에 대한 걱정이란 사실 끝이 없다. 불안이란 인간을 집어 삼킨다. 불안으로 사는 이들에게는 빛나는 내일도 없지만, 오늘의 평화로움 또한 없다. 오늘을 주신 하나님의 은총을 느끼지 못하기 때문이다.

이스라엘 민족은 출애굽 할 때에 수없이 많은 죽을 고비들을 넘겼다. 애굽 군대가 따라오고 앞은 바다로 막혔다. 먹을 것이 없어 사막에서 허기져 쓰러져 뒹굴었다. 결국은 다 해결되었다. 바다가 갈라지고 만나와 메추라기가 내리고 바위에서 물이 터져 나오기도 했다. 답답하고 야속한 것은 결국 그렇게 해결해 주실 것이면서, 미리 힌트를 주시거나 살짝 알게 해주시면 안되는가? 그러면 그렇게 속을 끓이지도 않을 것이고 백성들도 범죄치 않을 것이고 모세도 마음 졸이지 않고 광야를 건넜을 것이 아닌가.

하지만 하나님은 매번 죽음의 막다른 골목까지 몰고 가서야 그 문제를 해결해 주신다. 그 과정에서 이스라엘은 불안하고 속이 탄다. 모세를 통해 그렇게 많은 계시를 하는 하나님이 어디서 바다가 갈라지고, 어디서 물이 터져 나올 것인가를 미리 알려주셨더라면, 이스라엘은 척박했을지언정 평온한 마음으로 광야생활을 했을지도 모르겠다. 그러나 미래를 안전하게 보장해줌으로 인간을 안심시키는 것은 하나님이 원하는 '믿음의 길'이 아니다. 모든 것이 예고되고 확실히 정해진 코스를 갔다고 한다면 그것은 '확인의 길'이지 '믿음의 길'이 아니다. 믿음이란 보이지 않는 길, 한발 앞이 낭떠러지 일지 어찌 될지 모르는 길을 한 걸음 한 걸음 내 딛는 행위다. 너무나 불안하고 너무나 위험천만하다고 말할지 모르겠다. 그것은 삶 전체를 건 도박이라고 여길지도 모르겠다. 그러나 미래는 원래 인간의 몫이 아니다. 하나님을 신뢰하는 믿음이 있을 때라야 비로소 발걸음을 뗄 수 있다. 믿음이 없다면 광야의 이스라엘 민족처럼 불평하고 한탄하면서 한 발자국도 움직이지 못할 것이다.

이스라엘의 노예근성을 뿌리 뽑고, 믿음으로 살아가는 훈련에 무려 40년이 걸렸다. 가나안으로 들어가는 길을 못 찾았기 때문이 아니다. 그들의 영혼과 정신에 하나님의 백성으로 새로운 땅에 들어갈 준비가 되지 않았기 때문이다. 그들은 광야생활 이년 만에 가나안의 문턱인 가데스바니아에 이르렀다. 여호수아, 갈렙을 비롯해 각 지파에서 선발된 정탐꾼을 들여보낸다. 그들은 이렇게 보고 했다.

> "우리가 탐지하려고 두루 다녀본 그 땅은 그곳에 사는 사람들을 삼키는 땅이다. 또한 우리가 그 땅에서 본 백성은 키가 장대 같은 사람들이다. 거기에서 우리는 또 네피림(전설 속에 나오는 거인족을 말함) 자손들을 보았다.... 우리는 스스로가 보기에도 메뚜기 같았지만, 그들의 눈에도 그렇게 보였을 것이다."(민수기 13:32-33)

기대를 걸고 있던 이스라엘 백성은 큰 절망과 낙담 속에서 그만 풀썩 주저앉아 버렸다. 온 회중이 소리 높여 아우성 치고 백성이 밤새도록 통곡하였다. 그들은 모세와 아론을 원망했다.

> "차라리 우리가 이집트 땅에서 죽었더라면 더 좋았을 것이다. 아니면 차라리 우리가 이 광야에서라도 죽었더라면 더 좋았을 것이다. 그런데 주님은 왜 우리를 이 땅으로 끌고 와서 칼에 맞아 죽게 하는가? 왜 우리의 아내와 자식들을 사로잡히게 하는가? 차라리 이집트로 돌아가는 것이 좋겠다."(민수기 14:2-3)

> "우두머리를 세우자 그리고 이집트로 돌아가자"(민수기 14:4)

그들은 불평한다. 두렵기 때문이다. 그리고 두려움과 불안은 그들의 눈앞에 있는 현실이 아니라 그들 영혼 깊은 곳에 뿌리내린 것이었다. 같은 현실을 두고 시선에 따라 평가는 완전히 달랐다. 황급히 여호수아와 갈렙이 옷을 찢으면서 나와 외친다. 아주 다급한 상황에서, 회개를 요구할 때 이스라엘 백성은 옷을 찢는다.

> “우리가 탐지하려고 두루 다녀 본 그 땅은 매우 좋은 땅입니다. 주께서 우리를 사랑하신다면, 그 땅으로 우리를 인도하실 것입니다. 젖과 꿀이 흐르는 그 땅을 우리에게 주실 것입니다. 다만 여러분은 주를 거역하지만 마십시오. 여러분은 그 땅 백성을 두려워하지 마십시오. 그들은 우리의 밥입니다. 그들의 방어력은 사라졌습니다. 주께서 우리와 함께 계시니, 그들을 두려워하지 마십시오.”(민 14:7–10)

같은 것을 보았는데 해석은 정반대다. 그러니 이 반응은 조건이 문제가 아니다. 바로 믿음 없음이 문제다. “안될 것이다. 우리는 패할 것이다. 앞을 봐도, 뒤를 봐도 우리는 희망이 없다”라고 자포자기하는 그 마음의 시선이 문제다. 그 땅이 황량한 벌판이고 농작물도 시원치 않았다면 그들은 “겨우 이런 곳으로 우리를 이끌어 왔는가”하고 불평했을 것이다. 그들은 그저 두려워하며 타인이 정해주는 미래를 탓하는 노예근성의 사람들이었을 뿐이다. 그리고 그들은 늘 자신들이 이 삶과 역사의 주체가 아니라 ‘피해자’라고 생각했다. 두려움, 피해자, 그리하여 타인과 세상을 탓하는 정신으로는 하나님의 사람들이 될 수 없었다.

그들은 훈련이 필요했다. 지리적인 길을 찾지 못해서가 아니다. 그들은 불과 이년 만에 가나안 코앞에 도달했다. 그러나 새로운 땅으로 들어가는 마음의 길은 준비되지 못했다. 그래서 그 후 38년 동안을 더 광야에 머물러야 했다. 여호수아와 갈렙 외에는 가나안에 들어갈 수가 없었다. 부정적인 마음을 가졌던 사람들은 모두 다 광야에서 삶을 끝내고 사라져야 했다.

마음을 갈아엎는 것이 그렇게 힘든 일이다. 한 사람을 넘어서 전체 공동체가 노예근성을 벗고 새로운 사람이 되기까지 시간은 참으로 길었다. 광야 40년은 하나님께서 그들을 새로운 사람으로 훈련시킨 시간이다. 낡은 세대는 새 것을 경험할 수 없고 부정적인 마음으로는 새 역사를 맞이할 수 없다.

두려움과 불안으로는 약속한 땅에 들어갈 수 없었다. 불신의 세대가 모두 청산된 뒤에야 비로소 새로운 땅으로 들어갈 수 있었다. 거기서 나오는 소유에 관한 욕망을 뿌리째 뽑아내지 않은 자들은, 믿음과 희망의 눈으로 세상을 보지 못하는 자들은 새로운 땅을 밟을 수 없었다. 그 곳에 들어가고자 하는 사람은 내일을 온전히 하나님께 맡기는 믿음이 있어야 했다. 그 믿음으로부터 나오는 평화로움으로 오늘을 살아가는 사람, 그리하여 오늘 내 손을 펴서 곁의 사람들과 기꺼이 나눌 수 있는 사람이 되어야 했다. 우리들 모든 그리스도인은 이 땅에서 분명히 광야의 삶을 살고 있다. 하나님께서 약속하신 땅을 바라보면서 그 땅에 들어가는 믿음의 사람이 되기 위해 훈련을 받으면서 말이다.

출애굽기 16장 5절에서 하나님은 모세에게 "매주 엿샛날에는 거두어들인 것으로 먹을거리를 준비하다 보면, 날마다 거두던 것의 두 배가 될 것이다"라고 알려 주신다. 안식일 때문이다. 하나님 안에서 일상의 일을 멈추고 쉬도록 정하신 날이다. 하나님은 7일에 하루를 성해 먹고 사는 노동에서 벗어나 잠시 멈추어서 자신을 돌아보고 하나님과 깊이 만나도록 하셨다. 인간에게는 멈춤이 필요하다. 노동을 비롯한 일상적 행위와 쉬지 않고 흐르는 생각의 폭풍 속에서 살아가는 인간은 멈추었을 때에 비로소 자기자신으로 돌아온다. 자기 자신으로 돌아온다는 것은 곧 하나님께로 방향을 잡는 것이다. 안식은 인간이 자신이 선 자리가 과연 주님을 향하고 있는지 돌아볼 수 있게 한다. 망망대해에 떠 있는 배가 수시로 나침반을 통해 그 방향을 가늠해야 나갈 수 있듯이 인간 또한 자신이 사랑과 빛인 하나님을 향해 있는지, 그렇게 살아가고 있는지를 살펴야 한다. 죽을 힘을 다해 노를 저었으나 도착한 항구가 어딘지도, 자신이 왜 왔는지도 모르는 삶이 얼마나 많은가. 자신이 어디를 향해 가고 있는지 방향도 모른 채 눈앞의 일들만 보고 달려 나간다면 목적지에 도착했는데 정말 가고자 했던 곳이 아니라면 그 모든 노력과 수고가 무슨 의미일까. 이를 두고 예수께서 말씀하신다.

> "그러므로 무엇을 먹을까, 무엇을 마실까, 무엇을 입을까, 하고 걱정하지 말아라. 이 모든 것은 모두 이방사람들이 구하는 것이요, 너희의 하늘 아버지께서는, 이 모든 것이 너희에게 필요하다는 것을 아신다. 너희는 먼저 하나님의 나라와 하나님의 의를 구하여라. 그리하면 이 모든 것을 너희에게 더하여 주실 것이다. 그러므로 내일 일을 걱정하지 말아라. 내일 걱정은 내일이 맡아서 할 것이다. 한 날의 괴로움은 그 날에 겪는 것으로 족하다." (마태 6:31-34)

내일은 하나님을 믿는 믿음 안에 있다. 성서가 "의인은 믿음으로 살리라"(창세기 15:6, 하박국 2:4)고 말하는 이유다. 많은 사람이 자신이 손에 움켜 쥔 것으로 살아가는 줄로 알지만, 진실은 삶이 눈에 보이지 않는 것들로 움직여진다는 데에 있다.

시간이 흘러 이스라엘이 초기에 이렇게 훈련받은 평등 정신이 깨지고 빈부 격차가 심해지자, 호세아는 "광야로 돌아가자"고 외친다. 도대체 광야에 무엇이 있단 말인가. 아무것도 없는 벌판일 뿐이지만 그 곳엔

'나눔'이 있고, '하나님께 대한 믿음'이 있다. 비록 먹을 것도, 마실 것도 없는 땅이지만 정말 뜨거운 믿음이, 하나님을 향한 믿음이 바로 거기에 있었다. 후대에 풍요로워진 이스라엘로서는 상상할 수 없는 강한 공동체의 믿음이 그 메마른 땅에 있었다.

이스라엘의 삼대절기 중 하나가 장막절(초막절이라고도 한다)이다. 이 절기에는 광야 생활을 기억하면서 백성 모두가 광야로 나가 일주일 동안 공동으로 천막생활을 한다. 그들은 그 곳에서 이집트에서 노예 되었던 때, 처음 광야에서 평등하게 함께 나누던 때를 회상하며 야훼신앙의 진수를 체험하는 '민족 대 수련회'를 갖는다. 이런 엄격한 훈련은 광야시대의 정신을 보존하려는 이스라엘 민족의 노력이었다. 하지만 후대에 그들이 물질적으로 풍요로워지자 이스라엘은 평등을 잊고 다른 사람 위에 군림하기 시작했다. 살만한 이들은 더 부자가 되기 위해 힘없는 자들을 억눌렀다. 부자들은 미투리 한 켤레 값에 가난한 자를 노예로 삼았고 각종 저울을 속여 이득을 취했다. 광야 시대의 정신을 떠나 하나님의 법을 까마득하게 잊고 물질의 노예가 되고 말았다.

광야시대의 이런 전통은 제물을 드릴 때도 "그날 바친 고기는 그날로 먹어야 하고 조금이라도 다음 날 아침까지 남겨두어서는 안된다"는 말씀으로 연결된다. 화목제는 제사음식을 남종이나 여종, 성읍에 있는 고아, 과부, 가난한자, 이방인을 초청하여 함께 나누기 때문이다.(필자의 책, 제1권 『오경-야훼신앙의 맥』 204-205쪽을 참조하라)

아이성 전투

이스라엘은 여리고성을 무너뜨리고 승승장구하며 두 번째 전투지인 아이성으로 진격한다. 그러나 얕보고 덤벼든 이 전투에서 그들은 참패하게 된다. 여호수아가 하나님께 이 조그만 전투에서 패배한 이유를 묻는다. 원인은 내부에 있었다. 아간이 털외투와 동전 몇 닢이 탐이 나서 자기 막사 안에 숨겨두었다.

이스라엘은 전쟁에서 얻은 전리품을 야훼께 바쳐 공동 소유로 하게 하였다. 아니면 몰살의 방법을 통해 전쟁이 물질 획득의 수단이 되는 것을 원천적으로 방지했다. 그런데 아간이 그 규정을 어기고 전리품의 일부를 사유화한 것이다. 한 인간의 아주 사소한 욕망이었을 것이다. 용서받을 수 있을 법한 별것 아닌 작은 욕심이라고 여길 수도 있을 것이다.

그러나 바로 그 털외투 하나와 동전 몇 닢 때문에 이스라엘이 전쟁에서 패하였고 많은 사람들이 죽임을 당했다. 아간 하나만 뽑아내서 벌 주신게 아니었다. 하나님은 수많은 백성들까지도 함께 희생시킨다. 아간도 아골 골짝에서 돌에 맞아 처형되었지만 하나님은 인간의 잘못을 한 개인에게만 묻지 않으신다. 이스라엘 공동체 전체에게 물으셨다. 하나님은 광야에서 온 민족을 훈련시키셨듯이, 잘못에도 연대 책임을 물으신다. 너와 내가 엄연히 구분된 존재이고 삶 또한 개별적이라 여기는 인간에게 익숙하지 않은 방식이다.

인간 사회에서는 한 개인의 잘못이 드러나면 그것을 비난하고 떠벌이기 일쑤다. 우리는 타인의 불의를 말하는 것이 마치 자신의 의가 입증되는 것처럼 생각하기도 한다. 하지만 성서는 연대적으로 책임을 묻는다. 인간은 개별적인 존재가 아니다. 떨어져 있고 상관없어 보이지만 살아있는 모든 존재는 연결되어 있다. 작은 오관과 좁은 생각으로 미처 느끼고 깨닫지 못할 뿐이다. 그리하여 하나님은 한 개인이 아니라 인간 전체를 놓고 말씀하신다.

우리의 역사에서도 이러한 사례가 있다. 쿠데타를 일으켜 집권한 박정희, 전두환, 노태우 심지어는 그 자손인 박근혜의 개인적인 범죄 속에서 우리는 역사의 그늘을 경험했다. 결과는 저 독재정권의 지도자 개인이 아니라 민족 전체의 책임으로 돌아왔다. 이처럼 지금도 하나님은 연대 책임을 물어 우리를 서로에게 책임적인 존재가 되도록 요구하신다. 하나의 범죄를 방치하고 침묵하게 되면 결국 그 결과는 온 공동체, 사회 전체에 미치게 되는 것이다.

생각나누기

하나님께서는 백성들이 배고프다고 하니까 만나를 주셨다. 만나를 달라니까 그냥 주신 것이다. 그들이 고기를 달라고 하니까 하나님께서는 또 고기를 주셨다. 그러나 그것이 하나님께서 좋아서 주신 것은 아니다. 그들은 양껏 만나를 먹고, 고기를 먹고, 만족하여 누웠지만 하나님은 몹시 슬퍼하신다. 우리는 물질적인 증거들을 통해 하나님을 평가한다. 주께서 만나를 주시고 메추라기를 주셨다고 그저 '좋아라!' 한다. 이처럼 하나님께서는 우리의 요구를 들어주시고 물질적인 조건을 바꿔주시기도 한다. 하지만 이러한 조건의 변화만이 중요할까? 하나님께서 기뻐하시는 마음은 무엇일까?

"광야에서 믿음을 찾는다."

너는 또 백성에게 이렇게 말하여라. 내일을 맞이하여야 하니, 너희는 스스로를 거룩하게 하여라. 너희가 고기를 먹게 될 것이다. '누가 우리에게 고기를 먹이려나? 이집트에서는 우리가 참 좋았었는데' 하고 울며 한 말이 주께 들렸다. 이제 주께서 너희에게 고기를 주실 터이니, 너희가 먹게 될 것이다. 하루만 먹고 그치지는 아니할 것이다. 이틀만도 아니고, 닷새만도 아니고, 열흘만도 아니고, 스무 날 동안만도 아니다. 한 달 내내, 냄새만 맡아도 먹기 싫을 때까지, 줄곧 그것을 먹게 될 것이다. 너희가 너희 가운데 계신 주를 거절하고, 그분 앞에서 울면서 '우리가 왜 이집트를 떠났던가?' 하고 후회하였기 때문이다." 모세가 되물었다. "저를 둘러싸고 있는 백성의 보행자가 육십만 명입니다. 그런데 주께서는 '그들에게 내가 고기를 주어, 한 달 내내 먹게 하겠다' 하고 말씀하시나, 그들을 먹이려고 양 떼와 소 떼를 잡은들, 그들이 만족해 하겠습니까? 바다에 있는 고기를 모두 잡은들, 그들이 만족해 하겠습니까?" 주께서 모세에게 대답하셨다. "나의 손이 짧아지기라도 하였느냐? 이제 너는 내가 말한 것이 너에게 사실로 이루어지는지 그렇지 아니한지를 볼 것이다." (민수기 11:18-23)

민수기 11장의 '메추라기 이야기'이다. 이스라엘 백성이 처음에 배고프다고 아우성쳤을 때, 하나님께서 그들에게 만나를 주셨다. 그들이 첫 만나를 받았을 때는 감격해서 집집마다 넘치게 쌓아놓고 좋아하더니 이제는 더 이상 그 만나가 맛나지 않았다. 그들은 "누가 우리에게 고기를 먹여줄까? 이집트에서 생선을 공짜로 먹던 것이 그립구나. 그 밖에도 오이, 수박, 부추, 파, 마늘이 눈에 선한데… 이제 우리 눈에 보이는 것이라고는 이 만나 밖에 없으니, 입맛마저 떨어졌다"(4-6절)라고 불평한다.

만나로 과자도 만들고, 다양한 요리를 해 먹으려고 애를 써 본다. 그러나 그래봐야 만나지! 들쩍지근한 단 맛의 과자를 한두 끼도 아니고 매일 먹으니 아마 목에 넘어가지 않았을 것이다. 그래도 그렇지, 모세는 "백성이 가족별로 각자 자기 장막 어귀에서 우는 소리를 들었다"고 한다. 오죽 만나가 맛없었으면, 먹기가 괴로웠으면 다 큰 어른들이 문 앞에 모여앉아 울었을까. 모세는 너무나 딱했다.

"어찌하여 주님께서는 주님의 종을 이렇게도 괴롭게 하십니까? 어찌하여 저를 주님의 눈 밖에 벗어나게 하시어, 이 모든 백성을 저에게 짊어지우십니까? 이 모든 백성을 제가 배기라도 했습니까? 제가 그들을 낳기라도 했습니까? 어찌하여 저더러, 주님께서 그들의 조상에게 맹세하신 땅으로, 마치 유모가 젖먹이를 품듯이, 그들을 품에 품고 가라고 하십니까?"(민수기 11:11-12)

모세가 한탄한다.

"백성은 저를 보고 울면서 '우리가 먹을 수 있는 고기를 달라!' 하고 외치는데, 이 모든 백성에게 줄 고기를, 제가 어디서 구할 수 있습니까? 저 혼자서는 도저히 이 모든 백성을 짊어질 수 없습니다. 저에게는 너무 무겁습니다. 주님께서 저에게 정말로 이렇게 하셔야 하겠다면, 그리고 제가 주님 눈 밖에 나지 않았다면, 제발 저를 죽이셔서, 제가 이 곤경을 당하지 않게 해 주십시오."(11:13-15)

이에 대해 하나님께서 "고기를 하루 이틀이 아니라 한 달 내내, 냄새만 맡아도 먹기 싫을 때까지, 줄곧 그것을 먹게 될 것이라"고 하시자 모세가 말한다. "주님 지금 보행자가 육십만 명입니다. 그런데 그들이 한 달 내내 고기를 먹는다고요? 그들이 가진 양 떼 소 떼를 다 잡아도 안 되고, 바다의 고기를 다 잡아도 안 됩니다." 모세마저도 하나님의 말씀을 믿을 수가 없다. 그도 터무니없다고 느낀다. 이에 대해 하나님께서 친히 말씀하신다.

"나의 손이 짧아지기라도 하였느냐? 이제 너는 내가 말한 것이 너에게 사실

로 이루어지는지 그렇지 아니한 지를 볼 것이다"(민수기 11:23)

하나님께서는 백성들이 진을 친 둘레 하루거리에 온통 메추라기가 떨어지게 하신다. 바람이 메추라기를 몰고 와서 위로 두 자에 달하는 메추라기가 쌓인다. 백성들은 그날 종일, 그날 밤 종일, 그리고 그 다음날 종일 무박 2일로 메추라기를 모았다. 적게 모은 사람도 열 호멜을 모았다고 한다. 한 호멜이 220리터에 해당하니 한사람 당 2,200리터를 모았다. 메추라기가 영계보다 작은 몸집임을 감안하면 한사람이 5천 마리 정도를 모은 셈이다. 그런데 고기가 채 입에서 씹히기도 전에 주께서 백성에게 크게 진노하셔서 그 백성을 극심한 재앙으로 치신다. 그래서 사람들은 그곳을 "기브롯 핫다와(탐욕의 무덤)"라고 불렀다.

왜 하나님이 그들을 치셨나? 그들의 불신 때문이다. 그러면 '불신의 무덤'이라고 해야 맞는데 왜 '탐욕의 무덤'이라고 했는가? 우리가 왜 하나님을 전적으로 신뢰하고 따르지 못하나? 우리가 가진 그나마의 것들이 우리의 발목을 잡고 있기 때문이 아닐까?

하나님께서는 백성들에게 만나를 주시고 메추라기를 주셨다. 그러나 원하는 것을 주셨다고 해서 하나님의 마음이 기쁜 것은 아니다, 하나님께서는 우리의 요구를 들어주시고 물질적인 조건을 바꿔주시기도 한다. 하지만 그렇다고 해서 하나님께서 기뻐하시는 것은 아니다. 하나님은 우리가 진정 하나님을 신뢰하길 원하신다. 하나님은 진정한 마음을 보길 원하시며, 보다 근본적인 믿음을 원하신다.

민수기 9장의 '구름기둥 이야기'이다.

이 백성이 광야를 지날 때 성막 위에 구름이 머물면 몇 달이고 구름과 함께 머물고 그 구름이 움직이면 그제야 따라 움직였다. 광야에서 구름은 절대적이다. 제가 군에서 훈련을 받을 때이다. 하루 종일 연병장의 땡볕 가운데에 있었다. 갈증이 나서 목이 딱딱 달라붙는데 어디선가 구름 한 점이 저 너머에 나타난다. 모두가 제발 그 구름이 연병장 위로 지나가기를 바란다. 더운 여름날, 그 그림자 속에 잠시라도 들어가 있을 때면 얼마나 감사한지 모른다.

광야의 뙤약볕 속에 있었던 사람들이 어린이, 노인과 함께 짐을 이고 지고 광야를 움직였다면 아마 단 며칠도 견디지 못했을 것이다. 그 때 한 조각구름이 있다면 그것과 함께 따라 움직여야 할 것이다. 그래서인지 직선으로 한 달이면 갈 길을 40년 동안이나 돌았으니, 그 길을 인도한 지도자는 세상의 눈으로 보자면 참으로 대책 없고 무능한 지도자처럼 느껴진다. 그러나 아무리 직선 길이라 하더라도 한 달간 땡볕 아래서만 걸어갔다면 그들은 모두 죽었을 수도 있다. 어쩌면 그들의 행보는 자연 현상을 따르는 것일 수도 있다. 그러나 그들은 이렇게 고백한다.

> "이렇게 그들은 주의 지시에 따라 진을 쳤고, 주의 지시에 따라 길을 떠났다."(민수기 9:23)

단순한 자연현상일지 모르는 일, 지리한 광야의 땡볕과 그들을 식혀주는 한줌의 구름을 구름기둥과 불기둥의 이적으로 고백할 수 있었다면 이것은 또 얼마나 놀라운 신앙인가? 그들이 그 삭막한 광야 길을 "주의 지시에 따라 진을 쳤고"라고 고백하며, "그들의 순간순간을 주의 지시에 따라 길을 떠났다"라고 생각하는 것 자체가 실제로 그들 앞에 나타났을 구름기둥과 불기둥보다도 더 큰 기적이다.

광야에서 왜 백성들이 이렇게 주님을 가깝게 경험했을까? 저는 그들이 가진 것이 아무것도 없기 때문이다. 광야는 그들 삶의 벼랑이다. 거기서 그들이 살아 있다는 것이 기적이고 놀라운 능력이다. 그냥 목숨을 부지하고 살아 있다는 자체가 깜짝 놀랄 만한 하나님의 은혜이다.

우리는 왜 그런 의식을 가지지 못할까? 우리 손아귀에 너무 많은 것들이 주어졌기 때문이 아닐까? 사실 우리가 쥐고 있는 것들이 없다면 우리는 보다 더 하나님을 가깝게 느낄 수 있을 것이다. 내 손에 움켜진 것을 하나님으로 삼는 어리석음을 버리길 바란다. 내 손에 움켜쥐고 있는 것들 덕분이라고, 그것들의 힘으로 인해서 살고 있다고 착각하지 말길 바란다. 오히려 텅 비어 있는 그것으로 모든 것을 채워주시는 하나님을 경험하기를 바란다. 만나건 메추라기건 그 무엇이 되었건 하나님께서는 그것을 우리에게 주시는 것 자체가 목적이 아니다. 하나님은 우리의 마음을 원하신다. 우리의 믿음을 자신에게 맞추기를 원하시는 것이다.

광야는 아무 것도 없지만 그곳에 하나님을 행한 믿음이 존재한다. 우리는 우리의 소유가 많고 적음에 목메지만 하나님께서 요구하시는 것은 오직 '믿음'이다. 우리의 소유가 하나님을 향한 믿음을 방해한다면 "너희 가난한 사람은 복이 있다. 하나님의 나라가 너희의 것이다."(누가 6:20)는 말씀은 진정한 축복이다.

03

이스라엘 평등사회의 구조(1)

야훼신앙에서 가장 기본이 되는 법

출애굽한 공동체는 가나안에 들어와 인류 역사상 유래가 없는 평등한 공동체를 형성하였다. 이를 고대 이스라엘 평등사회라고 부른다. 이 사회의 기반은 토지 평등제도다. 인간의 정착 생활에 땅은 필수 불가결한 요소일 뿐만이 아니라 이스라엘에게 땅은 좀 더 특별한 신앙을 의미한다. 그들은 야훼 하나님을 '땅을 주신 하나님'으로 고백한다.

유산, 기업을 지키는 신앙

이스라엘 사회의 기본적 단위는 성시에서 '아비의 집'이라 일컫는 확대가족이다. 하나님께서 아브라함에게 "네 친척, 네 아비의 집을 떠나"(창세기 12:1, 개역)라고 하실 때, '아비의 집'이란 가장과 그의 아내들, 아들들, 결혼하지 않은 딸들, 며느리들, 어린아이들을 포함하는 혈족단위의 가족을 말한다. 아비의 집은 생산, 분배, 소비 등이 이루어지는 자급자족적 경제 기본 단위였다. 현대사회에서 확대가족이나 대가족 정도의 용어로 이해할 수 있겠다.

이스라엘은 이 확대가족, 즉 아비의 집을 기본 단위로 해서 토지를 분배했다. 이렇게 나눈 토지를 '유산', '기업'이라고 불렀는데, 히브리어로 기업은 '나할' 혹은 '나할라'라고 한다. 삶의 텃밭이 되는 땅은 하나님께서 주신 것, 하나님께서 그들에게 내려주신 선물이다. 따라서 야훼 신앙은 바로 이 기업과 유산을 잘 지켜 나가는 것을 의미했다.

> 땅을 아주 팔지는 못한다. 땅은 나의 것이다. 너희는 다만 나그네이며, 나에게 와서 사는 임시 거주자일 뿐이다.(레위기 25:23)

초기 이스라엘 사회에서는 토지를 사고파는 일이 금지됐다. 이집트에서 노예로 생활한 이들은 누구보다도 땅이 없는 설움을 잘 알았다. 그들에게 땅을 잃는 다는 건 타인에게 예속되어 노예로 사는 것을 의미했다. 야훼 하나님은 이집트에서 자신들을 가나안 땅으로 이끌어 내시고 그들에게 땅을 주셨다. 그런데 땅을 잃는다는 건 노예 생활에서 구출해 주신 하나님의 역사를 거스르고 하나님께 대한 반역이라 여겼다. 그러기에 이스라엘은 땅을 잃어버리는 것을 불경을 범해 천벌을 받을 죄로 여겼다.

성서에는 권좌에 앉은 왕일지라도 땅을 빼앗는 것은 하나님 앞에 큰 죄임을 고발한 이야기가 있다. 북이스라엘의 일곱 번째 왕 아합(B.C 873년경 ~ 852)은 이스라엘 역사상 가장 악한 왕으로 기록되었다. 그의 시대에만 국가의 공식 제사가 바알 신에게 드려졌고, 야훼의 예언자들은 모조리 죽임을 당했다. 성서가 아합의 죄를 적나라하게 드러내는 이야기는 '나봇의 포도원 사건'이다.

그 뒤에 이런 일이 있었다. 이스르엘 사람 나봇이 이스르엘 땅에 포도원을 하나 가지고 있었는데, 그 포도원은 사마리아의 왕 아합의 궁 근처에 있었다. 아합이 나봇에게 말하였다. "그대의 포도원이 나의 궁 가까이에 있으니, 나에게 넘기도록 하여라. 나는 그것을 정원으로 만들려고 한다. 내가 그것 대신에 더 좋은 포도원을 하나 주겠다. 그대가 원하면, 그 값을 돈으로 계산하여 줄 수도 있다." 나봇이 아합에게 말하였다. "제가 조상의 유산을 임금님께 드리는 일은, 주께서 금하시는 불경한 일입니다." 아합은, 이스르엘 사람 나봇이 그 포도원을 조상의 유산이라는 이유로 양도하기를 거절하였으므로, 마음이 상하였다. 화를 내며 궁으로 돌아와서, 침대에 누워 얼굴을 돌리고, 음식도 먹지 않았다. 그러자 그의 아내 이세벨이 그에게로 와서, 무슨 일로 그렇게 마음이 상하여 음식까지 들지 않는지를 물었다. 왕이 그에게 대답하였다. "내가 이스르엘 사람 나봇에게, 그의 포도원을 내게 넘겨주면, 그 값을 돈으로 계산해 주든지, 그가 원하면 그 대신 다른 포도원을 주든지 하겠다고 했는데, 그는 자기의 포도원을 내게 줄 수가 없다고 하였소. 그 때문이오." 그러자 그의 아내 이세벨이 그에게 말하였다. "당신은 현재 이스라엘을 다스리는 임금님이 아니십니까? 일어나서서 음식을 드시고, 마음을 좋게 가지십시오. 내가 이스르엘 사람 나봇의 포도원을 임금님의 것으로 만들어 드리겠습니다."(열왕기상 21:1-7)

아합은 별궁 근처를 걷다가 나봇이라는 시골영감 소유의 포도원을 보고 이를 갖고 싶어졌다. 궁정의 확장을 위해 필요했던 것 같다. 그는 나봇에게 "값을 후하게 쳐주거나 다른 데 있는 좋은 땅으로 바꾸어 주겠다"고 제안한다. 폭군의 제안치고는 합리적이고 정중하다. 그러나 나봇은 감히 왕, 그것도 무시무시한 폭군의 제안을 한마디로 거절해 버린다. "제가 조상의 유산을 임금님께 드리는 일은, 주님께서 금하시는 불경한 일입니다."(열왕기상 21:3) 공동번역은 같은 구절을 "천벌을 받을 것입니다"라고 번역한다.

이 단호한 거절에 아합은 근심하며 식음을 전폐하고 앓아눕는다. 폭군이지만 그는 이스라엘 전통을 잘 알고 있다. 땅을 함부로 팔 수 없는 야훼신앙은 매우 강력한 것이어서 왕도 자기 마음대로 어찌할 수 없었다. 타국에서 결혼동맹을 맺어 아합의 아내가 된 이세벨은 왕의 이런 나약함을 이해할 수가 없었다. 이세벨이 "당신은 현재 이스라엘을 다스리는 임금님이 아니십니까?"라고 묻는 것은 왕의 나약함에 대한 질책이다. 공동번역은 "당신은 이스라엘의 왕답게 처신하십시오"라고 번역했다. 이세벨은 나봇이 야훼를 모욕했다고 모함했다. 결국 이 이방인 왕비는 나봇을 돌로 쳐 죽이고 그의 땅을 빼앗는다. 당시에 왕정은 임의로 범죄로 죽임을 당한 사람의 땅을 왕에게 귀속시키는 법을 만든 듯하다. 물론 원칙적으로 이 법 자체가 야훼의 신앙을 범하는 조항이지만, 이를 근거로 이세벨은 나봇의 포도원을 아합의 소유로 만든다.

'이세벨'이라는 이름은 "바알은 어디 있느냐"이라는 뜻을 지니고 있다. 이세벨은 일찍이 고대 상업이 발달한 해안 도시국가 페니키아(성서에서는 '베니게'라고 표기했다.)의 왕 에드 바알의 딸이다. 앞서 언급한 대로 가나안의 주신(主神)은 '엘'이었지만, 페니키아에서는 바알이 더 널리 숭배되었다. 바알은 비를 내리고 땅을 비옥하게 하는 신이었으나 후대에 풍요로움의 신으로 숭배되었다. 페니키아는 일찍이 지중해 연안의 상권을 장악한 상업국가였다. 영어의 알파벳이 페니키아 문자에서 유래될 만큼 세계와 활발한 교역을 했다. 상업의 원리는 돈을 가진 사람이라면 무엇이든지 마음대로 사고파는 것을 보장하며, 물건을 소유한 사람은 대를 이어 그 권리를 상속할 수 있도록 보장해야 한다.

그들의 신 바알은 농사에서 풍요의 신일 뿐 아니라 교환을 통한 삶의 방식과 문화를 허용하는 신이었다. 이에 비해 이스라엘의 야훼신앙은 왕이 땅을 팔라고 해도 팔 수 없었다. 그것은 하나님께서 주신 유산이고 야훼께서 금하시는 것이기 때문이다. 만약 땅을 팔게 되면 결국 목숨을 잃는다고 믿었다. 또한 희년 제도에 의해 50년마다 본래의 유산, 기업(나할)로 돌아가게 함으로써 기본적으로 필요한 땅인 유산 이외에 부가적으로 취득한 재산에 대해서는 가족에게 상속하지 못하도록 하였다.

> "당신들은 주 하나님이 당신들에게 유산으로 주어 차지한 땅에서 이미 조상이 그어놓은 당신들 이웃의 경계선을 옮기지 마십시오."(신명기 19:14)

이들에게는 하나님께서 조상에게 허락해주신 땅을 지켜 나가는 것이 바로 야훼신앙을 지키는 것이었다. 땅을 버리면 야훼도 버리는 것이다. 남의 땅을 빼앗거나 경계를 옮기는 일도 엄격히 금지되었다. 이웃의 땅 경계를 옮기는 일은 부당하게 남의 땅을 빼앗는 행위였으며 동시에 생명을 빼앗는 일이었다. 고대 농경사회에서 토지는 그들 삶의 전부라 해도 과언이 아니다. 가장 기본이 되는 토지를 지키면서, 당연히 남의 토지를 빼앗지 않는 것이 야훼신앙의 핵심이었다.

신명기 27장에는 이스라엘이 제의에서 제사장과 회중이 주고받는 '저주 예식문'이 나온다. 에발산에서 선포한 이 저주 목록은 이스라엘 백성에게 "~하는 자는 저주를 받는다"라는 형식으로 가장 기본적인 금기를 알린다.

'대장장이를 시켜서, 주께서 역겨워하시는 우상을 새기거나 부어 만들어서, 그것을 은밀한 곳에 숨겨 놓는 자는 저주를 받는다' 하면, 모든 백성은 '아멘' 하고 응답하여라.
'아버지와 어머니를 업신여기는 자는 저주를 받는다' 하면,
모든 백성은 '아멘' 하여라.
'이웃의 땅 경계석을 옮기는 자는 저주를 받는다' 하면,
모든 백성은 '아멘' 하여라.
'눈이 먼 사람에게 길을 잘못 인도하는 자는 저주를 받는다' 하면,
모든 백성은 '아멘' 하여라.
'외국 사람과 고아와 과부의 재판을 공정하게 하지 않는 자는 저주를 받는다' 하면, 모든 백성은 '아멘' 하여라.
'아버지의 아내와 동침하는 것은 그 아버지의 침상을 모독하는 것이니, 그런 자는 저주를 받는다' 하면, 모든 백성은 '아멘' 하여라.
'짐승과 교접하는 자는 저주를 받는다' 하면, 모든 백성은 '아멘' 하여라.
'자매, 곧 아버지의 딸이나 어머니의 딸과 동침하는 자는 저주를 받는다' 하면, 모든 백성은 '아멘' 하여라.
'장모와 동침하는 자는 저주를 받는다' 하면, 모든 백성은 '아멘' 하여라.
'이웃을 암살하는 자는 저주를 받는다' 하면, 모든 백성은 '아멘' 하여라.
'뇌물을 받고 죄 없는 사람을 죽이는 자는 저주를 받는다' 하면,
모든 백성은 '아멘' 하여라.
'이 율법 가운데 하나라도 실행하지 않는 자는 저주를 받는다' 하면,
모든 백성은 '아멘' 하여라." (신명기 27:15–26).

아버지의 아내와 동침하는 것, 자매 곧 아버지의 딸이나 어머니의 딸

과 동침하는 것, 장모와 동침하는 것, 짐승과 교접하는 것 등 모두 기본적인 윤리에 해당하는 조항들이다. 엄격한 금기이기도 하지만 기본적인 인륜에 관한 규정들이어서 민족의 큰 절기에 백성들이 모여서 제사장과 백성들이 주고받으며 사회의 기본적인 규칙과 법을 상기하는 것이다. 그런데 이런 기본적인 저주의 내용 중에는 "이웃의 땅 경계석을 옮기는 자는 저주를 받는다"라는 구절도 있다. 모든 백성이 이에 대해 "아멘"으로 화답한다.

이스라엘은 자기 포도원과 무화과나무 아래서 자기가 농사지은 것을 먹고 마시는 것을 가장 큰 이상으로 삼았다. 그들은 자기에게 부여받은 유산을 지키는 것을 이상향으로 생각했다. 땅이 자기 부족 밖으로 나가지 않도록 하기위해 분배받은 유산을 이동할 수 있는 한계를 지파 영역까지로 보았다.

> "이스라엘 자손의 지파 유산이 이 지파에서 저 지파로 옮겨지는 일이 없어야, 이스라엘 자손이 제각기 자기 조상으로부터 물려받은 지파의 유산을 그대로 간직할 수 있을 것이오." (민수기 36:7)

시형제 결혼법

이스라엘은 결혼을 할 때, 다른 지파에서 배우자를 구해야 했다. 이는 근친혼을 금지하는 오래된 관습에 따른 것이었다. 인류는 오랜 경험을 통하여 근친혼일 경우 선천적으로 기형이나 장애, 정신장애를 가진 아기가 태어날 확률이 높다는 사실을 알고 있다. 유사한 유전자 구조를 가진 남녀가 만날 경우 좋은 점은 더욱 좋아지지만 약한 곳은 더욱 약하게 된다. 예를 들어 머리는 아주 천재인데 운동기능이 너무 떨어져 장애를 가지는 증상이 생기기 쉽다. 서로 다른 유전자 배열을 가진 사람끼리 만나야 부족한 것을 서로 보충해 주어 장애가 없는 건강한 출산이 된다. 인류는 오랜 경험으로 이런 진리를 체득하고 있어 근친혼을 아주 엄격한 사회 도덕률로 금지한다. 이 엄격한 금기는 이스라엘 뿐 아니라 인류의 오랜 전통이기도 하다.

그런데 이스라엘의 결혼법에는 매우 독특한 부분이 있다. 이스라엘은 과부에게 재산을 상속하지 않았다. 대신 과부를 보호하기 위하여 형이 사망할 경우 시형제와 결혼하게 하는 시형제 결혼법을 강력하게 시행하도록 하였다. 부부 중 남성이 죽어서 재산이 부인에게 상속되면 한 지파의 재산이 지파의 경계를 넘어가게 된다. 다른 지파에서 시집온 부인을 통해 토지가 타 지파의 소유로 넘어가고 이스라엘이 시행하는 토지의 평등 제도는 무너지게 된다. 그래서

> "형제들이 함께 살다가, 그 가운데 하나가 아들이 없이 죽었을 때에, 그 죽은 사람의 아내는 딴 집안의 남자와 결혼하지 못한다. 남편의 형제 한 사람이 그 여자에게 가서, 그 여자를 아내로 맞아, 그의 남편의 형제된 의무를 다해야 한다. 그래서 그 여자가 낳은 첫 아들은 죽은 형제의 이름을 이어받게 하여, 이스라엘 가운데서 그 이름이 끊어지지 않게 해야 한다. 그 남자가 자기 형제의 아내와 결혼하는 것을 기뻐하지 않을 경우에, 홀로 남은 그 형제의 아내는 성문 위의 회관에 있는 장로들에게 가서 '남편의 형제가 자기 형제의 이름을 이스라엘 가운데서 잇기를 바라지 않으며, 남편의 형제의 의무도 나에게 하지 않고 있습니다' 하고 호소해야 한다. 그러면 그 성읍의 장로들이 그를 불러다가 권면하여라. 그래도 듣지 않고, 그 여자와 결혼할 마음이 없다고 하

면, 홀로 남은 그 형제의 아내가, 장로들이 보는 앞에서 그에게 나아가서, 그의 발에서 신을 벗기고, 그의 얼굴에 침을 뱉으면서 말하기를 '제 형제의 가문 세우기를 원하지 않는 사람은 이렇게 된다' 하여라. 그 다음부터는 이스라엘 가운데서 그의 이름이 '신 벗긴 자의 집안'이라고 불릴 것이다." (신명기 25:5-10)

과부는 시형제와 결혼할 적극적인 권리를 갖는다. 만약 시동생이 이를 잘 이행하려고 하지 않을 경우 지방의 장로들에게 데리고 가서 권면을 받는다. 그래도 이행하지 않을 경우에는 사람들이 제일 많이 모이는 장소인 성문 앞에서 공개적으로 망신을 준다. 시동생의 발에서 신을 벗기고 얼굴에 침을 뱉게 되면 그 집안은 곧 "신 벗긴 자의 집안"이라고 불리게 되는데, 이는 그 사회에서 아주 수치스럽게 여기는 것이다. 이러한 시형제 결혼의 의무는 시형제가 없을 경우는 가까운 친척에게 확대되었고,(룻의 경우) 심지어는 시아버지에게까지 확대되었다.(창세기 38장 다말의 경우)

마태복음에는 사두개파 사람들이 예수에게 일곱 형제가 한 여자에게 결혼한 시형제 결혼의 예를 들어 부활을 묻는 장면이 나온다.

같은 날, 사두개파 사람들이 예수께 와서, 부활이 없다고 주장하면서, 예수께 물었다. "선생님, 모세가 말하기를 '어떤 사람이 자식이 없이 죽으면, 그 동생이 형수에게 장가들어서, 그의 형에게 뒤를 이을 자녀를 세워 주어야 한다' 하였습니다. 그런데 우리 이웃에 형제가 일곱 있었습니다. 맏이가 장가들었다가, 자식이 없이 죽으므로, 아내를 그 동생에게 남겨 놓았습니다. 둘째도 셋째도 그렇게 해서, 일곱이 다 그렇게 하기에 이르렀습니다. 맨 나중에는 그 여자도 죽었습니다. 그러니 부활 때에 그 여자는 그 일곱 가운데서 누구의 아내가 되겠습니까? 일곱이 다 그 여자를 아내로 맞이하였으니 말입니다." 그러나 예수께서는 그들에게 말씀하셨다. "너희는 성경도 모르고, 하나님의 능력도 모르므로, 잘못 생각하고 있다. 부활할 때에는, 사람들은 장가도 가지 않고, 시집도 가지 않고, 하늘에 있는 천사들과 같다. 죽은 사람들의 부활을 두고서는 말하면서, 너희는 아직도 하나님께서 너희에게 하신 말씀을 읽지 못하였느냐? 하나님께서는 '나는 아브라함의 하나님이요, 이삭의 하나님이요, 야곱의 하나님이다' 하고 말씀하시지 않으셨느냐? 하나님은 죽은 사람의 하나님이 아니라, 살아 있는 사람의 하나님이시다." 무리가 이 말씀을 듣고, 예수의 가르침에 놀랐다(마태 22:23-33).

사두개파 사람들이 시형제 결혼의 묘한 예를 든 것은 부활을 주장하는 것이 얼마나 허망한가를 비꼬기 위해서다. 그 때 예수님께서 "하나님은 산 자의 하나님이시지 죽은 자의 하나님이 아니"라는 단호하고 명쾌한 대답을 주신다. 예수님의 이 말씀은 이 해괴해 보이는 시형제 결혼법의 존재 이유를 밝혀준다. 이 법은 삶의 위기를 당한 사람들이 그 경계선 속에서 생존해 나가기 위한 법임을 간접적으로 말한다.

창세기에는 시형제 결혼법의 한 예인 다말의 이야기가 나온다. 38장의 긴 이야기를 읽어보자.

그 무렵에 유다는 형제들에게서 떨어져 나가, 히라라고 하는 아둘람 사람이 사는 곳으로 가서, 그와 함께 살았다. 유다는 거기에서 가나안 사람 수아라고 하는 사람의 딸을 만나서 결혼하고, 아내와 동침하였다. 그가 임신하여 아들을 낳으니, 유다가 그 아들 이름을 엘이라고 하였다. 그가 또 임신하여 아들을 낳았다. 이번에는 아이의 어머니가 그 아들 이름을 오난이라고 하였다. 그가 또다시 아들을 낳고, 이름을 셀라라고 하였다. 그가 셀라를 낳은 곳은 거십이다. 유다가 자기 맏아들 엘을 결혼시켰는데, 그 아내의 이름은 다말이다. 유다의 맏아들 엘이 주께서 보시기에 악하므로, 주께서 그를 죽게 하셨다. 유다가 오난에게 말하였다. "너는 형수와 결혼해서, 시동생으로서의 책임을 다해라. 너는 네 형의 이름을 이을 아들을 낳아야 한다." 그러나 오난은 아들을 낳아도 그가 자기 아들이 안 되는 것을 알고 있었으므로, 형수와 동침할 때마다, 형의 이름을 이을 아들을 낳지 않으려고, 정액을 땅바닥에 쏟아 버리곤 하였다. 그가 이렇게 한 것이 주께서 보시기에 악하였다. 그래서 주께서는 오난도 죽게 하셨다. 유다는 자기의 며느리 다말에게 말하였다. "나의 아들 셀라가 다 클 때까지, 너는 네 친정 아버지 집으로 돌아가서, 과부로 살고 있거라." 유다는 셀라를 다말에게 주었다가는, 셀라도 저의 형들처럼 죽을지 모른다고 생각하였다. 그 뒤에 오랜 세월이 지나서, 수아의 딸 유다의 아내가 죽었다. 곡을 하는 기간이 끝났을 때에, 유다는 친구 아둘람 사람 히라와 함께 자기 양들의 털을 깎으러 딤나로 올라갔다. 다말은 "너의 시아버지가 양털을 깎으러 딤나로 올라간다" 하는 말을 전해 듣고서, 과부의 옷을 벗고, 너울을 써서 얼굴을 가리고, 딤나로 가는 길에 있는 에나임 어귀에 앉았다. 그것은 막내 아들 셀라가 이미 나 컸는데도, 유다가 자기와 셀라를 짝지어 주지 않았기 때문이다. 길을 가던 유다가 그를 보았지만, 얼굴을 가리고 있었으므로, 유다는 그가 창녀인 줄 알았다. 그래서 유다는 그가 자기 며느리인 줄도 모르고, 길가에 서 있는 그에게로 가서 말하였다. "너에게 잠시 들렀다 가마. 자, 들어가자." 그 때에 그가 물었다. "저에게 들어오시는 값으로, 저에게 무엇을 주시겠습니까?" 유다가 말하였다. "나의 가축 떼에서 새끼 염소 한 마리를 보내마." 그가 물었다. "그것을 보내실 때까지, 어떤 물건이든지 담보물을 주시겠습니까?" 유다가 물었다. "내가 너에게 어떤 담보물을 주랴?" 그가 대답하였다. "가지고 계신 도장과 허리끈과 가지고 다니시는 지팡이면 됩니다." 그래서 유다는 그것들을 그에게 맡기고서 그에게 들어갔는데, 다말이 유다의 아이를 임신하게 되었다. 다말은 집으로 돌아와서, 너울을 벗고, 도로 과부의 옷을 입었다. 한편 유다는 자기 친구 아둘람 사람 편에 새끼 염소 한 마리를 보내고, 그 여인에게서 담보물을 찾아오게 하였으나, 그 친구가 그 여인을 찾지 못하였다. 그 친구는 거기에 사는 사람들에게, 에나임으로 가는 길 가에 서 있던 창녀가 어디에 있느냐고 물었다. 그러나 그들의 말이, 거기에는 창녀는 없다고 하였다. 그는 유다에게 돌아가서 말하였다. "그 여인을 찾지 못하였네. 그보다도, 거기에 사는 사람들이 그러는데, 거기에는 창녀가 없다고 하네." 유다가 말하였다. "가질 테면 가지라지. 잘못하다가는 창피만 당하겠네. 어찌하였든지, 나는 새끼 염소 한 마리를 보냈는데, 다만 자네가 그 여인을 찾지 못한 것뿐일세." 석 달쯤 지난 다음에, 유다는 자기의 며느리 다말이 창녀짓을 하여 임신까지 했다는 소문을 들었다. 유다가 명하였다. "그를 끌어내서 화형에 처하여라!" 그는 끌려 나오면서, 시아버지에게 전갈을 보냈다. "저는 이 물건 임자의 아이를 배었습니다" 하고 말하였다. 다말은 또 말을 계속하였다. "잘 살펴보십시오. 이 도장과 이 허리끈과 이 지팡이가 누구의 것입니까!" 유다는 그 물건들을 알아보았다. "그 아이가 나보다 옳다! 나의 아들 셀라를 그 아이와 결혼시켰어야 했는데" 하고 말하였다. 유다는 그 뒤로 다시는 그를 가까이하지 않았다.(창세기 38:1-26)

다말은 자신의 남편이 죽자 남편의 동생인 오난과 결혼을 한다. 그런데 오난은 아이를 낳지 않기 위해 자신의 정액을 몸 밖으로 흘린다. 이

행위로 오난은 하나님께 벌을 받아 죽게 된다. 하나님이 남의 집 안방 일까지 간섭하시고, 게다가 그런 이유로 사람을 죽이신다니. 납득하기 어려운 이야기처럼 보인다. 정액을 밖으로 흘리든 안으로 흘리든 하나님께서 남의 집 안방 일까지 간섭하시고, 게다가 그런 이유로 사람을 죽이신다면 매우 심각한 일이다. 사람들은 이 이야기는 일반적으로 성생활을 다룬 이야기로 오해했다. 예를들어 오난의 이름에서 '수음(手淫)'을 나타내는 onanism이 유래되었다. 그리고 자위를 금한다거나 아기를 출산할 목적이 아닌 성생활을 금지한다(성 어거스틴)든가하는 성생활의 말씀으로 이해했다. 그러나 오난이 죽임을 당한 이유는 성생활이 아니다. 오난이 죽은 이유는 다른 데에 있다. 그는 이스라엘 공동체의 매우 중요한 삶의 규칙을 어긴 것이다.

민수기에는 이스라엘의 재산 상속 순서가 언급된다. 아들이 없이 죽은 슬로브핫의 딸들이 모세에게 나와서 아들이 없다는 이유로 가족 가운데서 아버지의 이름이 없어져야 하는 억울함을 호소한다. 그리고 아버지의 남자 친족들이 유산을 물려받을 때에 자신들에게도 유산을 달라고 간청한다. 이에 모세는 재산상속의 순서를 말해준다.

> "슬로브핫의 딸들이 한 말이 옳다. 그 아버지의 남자 친족들이 유산을 물려받을 때에, 너는 그들에게도 반드시 땅을 유산으로 주어라. 너는 그들의 아버지가 받을 유산이 그 딸들에게 돌아가게 하여라. 너는 또 이스라엘 자손에게 이렇게 일러두어라. '어떤 사람이 아들이 없이 죽으면, 그 유산을 딸에게 상속시켜라. 만일 딸이 없으면, 그 유산을 고인의 형제들에게 주어라. 그에게 형제마저도 없으면, 그 유산을 아버지의 형제들에게 상속시켜라. 아버지의 형제들마저도 없으면, 그 유산을 그의 가문에서 그와 가장 가까운 친족에

게 주어서, 그가 그것을 물려받게 하여라. 나 주가 모세에게 명한 것인 만큼, 여기에서 말한 것은 이스라엘 자손이 지켜야 할 율례이다.'" (민수기 27:8-11)

고인을 기준으로 하였을 때 상속 순서는 아들→딸→친형제→삼촌→친척 순이다. 이 순서에 따르면 오난이 형의 자손을 낳아주지 않을 경우 형의 유산은 친형제인 자신에게 오게 되어 있었다. 그는 이것을 미리 계산했기 때문에 정액을 땅에 흘린 것이다. 이스라엘에서 이 행위는 형의 재산을 가로채는 행위요, 하나님께 천벌을 받을 죄였다.

한편 시아버지인 유다는 아들의 신방에서 일어난 일을 알 리가 없다. 유다는 영문도 모르는 채 두 아들을 잃었다. 나머지 하나 남은 아들마저도 잘못되지 않을까 하는 염려가 앞섰다. 유다는 다말과 셋째 아들의 결혼을 고의로 기피하였다. 셋째 아들 셀라가 다 클 때까지 친정에 가 있으라고 보냈으나, 그가 성장한 후에도 시댁으로부터 아무 소식이 없었다. 기다리다 못해 다말은 결국 비상수단을 쓴다. 창녀로 변장하여 시아버지인 유다를 유혹한다.

아무 계획 없이 길을 나섰다가 젊은 여인의 유혹에 얼떨결에 하룻밤을 같이 한 시아버지는 대가로 줄만한 것이 없었다. 유다는 새끼 염소 한 마리를 약속하고 담보로 그의 인장과 지팡이를 맡긴 후 떠난다. 그리고 다말은 시아버지인 유다의 아이를 갖게 된다. 그렇지 않아도 셋째 아들을 보호하려고 결혼을 기피하던 유다는 임신을 구실로 다말을 처리하려고 했다. 그는 다말을 불러 신문한 후 "끌어내어 화형에 처하라!" 라고 소리쳤다. 그 순간 다말은 "잠깐! 여기 이 인장과 지팡이가 누구 것인지 보십시오" 하며 간직했던 시아버지의 지팡이와 인장을 제시한다. 아뿔

싸, 유다는 아이가 바로 자신의 아이임을 알게 된다.

이 극적인 이야기에서 에발산의 저주 목록에 등장했던 두 상황이 부딪힌다. 다말은 시아버지를 유혹하여 아이를 가신, 기본적인 인륜을 범하는 죄를 지었고, 이는 사형에 해당한다.

> 시아버지가 며느리와 동침하면 둘 다 반드시 사형에 처해야 한다. 그들이 한 짓은 망측한 짓이다. 그들은 자기 죄값으로 죽는 것이다. (레위기 20:12)

일은 복잡하게 꼬였다. 유다가 며느리를 죽이려면 자기 자신도 죽어야 할지 모른다. 정황상 유다는 며느리에게 당한 셈이나 다말은 의도적으로 시아버지에게 접근했으니 다말의 죄는 분명했다. 반면 유다는 시형제 결혼법을 어긴 것이 분명하다. 이 난관 앞에서 유다는 "그 아이가 나보다 옳다! 나의 아들 셀라를 그 아이와 결혼시켜야 했는데(창세기 38:26)"라며 다말을 지지한다. 가족 관계를 깨는 어떤 금기 조항보다도, 토지의 평등제도가 더 우선한다는 판단을 내린 것이다. 본래 정상적인 가족 관계에서는 형수나 제수와 같이 살면 이 또한 사형에 해당하는 죄였다.

> 형수나 제수를 데리고 살면, 이것 또한 역겨운 짓이나. 자기 형제의 몸을 부끄럽게 한 것이므로, 그들 역시 자손을 보지 못할 것이다. (레위기 20:21)

그러나 시형제 결혼은 토지의 평등제도를 위한 법이기에 이를 적극 권장한다. 시형제 결혼이 일반적인 결혼제도가 아니라 상속자를 제공해서 토지의 평등제도를 유지하는 데에 초점이 맞추어지기 때문이다.

이렇게 이스라엘은 가장 기본적인 인륜을 범하는 죄일지라도 이를 넘어서 토지의 평등제도를 우선으로 하고 있다.

결혼한 딸이 아버지의 재산을 상속받는 경우도 다른 지파의 남자에게 재산이 넘어가는 일이 벌어진다. 근친혼 금지에 따라 딸의 남편은 다른 지파의 사람이 되기 때문이다. 이에 관해 민수기 36장은 딸이 재산을 상속받은 경우는 같은 지파 내에서 결혼하라고 한다. 결국 토지의 평등제도는 고대 사회에서 엄격하게 금기로 여겼던 근친혼까지도 뛰어넘는다.

> 주께서는 슬로브핫 딸들의 경우를 두고 이렇게 명하셨다. 그 딸들은 자기들의 마음에 드는 남자가 있으면 누구하고든지 결혼할 수는 있다. 그러나 그들이 속한 조상 지파의 가족에게만 시집갈 수 있다. 이스라엘 자손의 지파 유산이 이 지파에서 저 지파로 옮겨지는 일이 없어야, 이스라엘 자손이 제각기 자기 조상으로부터 물려받은 지파의 유산을 그대로 간직할 수 있을 것이다. 이스라엘 자손의 지파 가운데서 유산을 받은 딸들은 누구나, 자기 조상 지파의 가족에게로 시집가야 한다. 그래야만 이스라엘 자손이 지파마다 조상으로부터 물려받은 유산을 간직할 수 있을 것이다. 지파의 유산이 한 지파에서 다른 지파로 옮겨지는 일이 없어야, 이스라엘 자손 각 지파가 제각기 물려받은 유산을 그대로 간직할 수 있을 것이다.(민수기 36:6-9)

이러한 사회 풍속들은 초기 이스라엘 사회의 가장 움직일 수 없는 기본근간이 바로 토지의 평등제도에 있다는 것을 보여준다. 어떤 것을 희생해서라도 야훼공동체는 토지의 평등제도 만큼은 반드시 지키려고 하였으며, 그 제도 자체가 야훼 신앙의 타협할 수 없는 마지노선이고, 배타적인 법으로 강조되었다. 이렇게 평등사회에 대한 강한 열망이 바로 야훼 신앙을 지키는 조건이었다.

우리나라의 경우를 살펴보자. 우리나라 경제가 급성장을 한 1970년대부터 약 20년 동안의 통계를 보면, 이 기간 동안 임금 상승률은 38배였고, 주택 값의 상승률은 107배였다. 그리고 땅값의 상승률은 138배였다. 이 기간에 열심히 일한 사람은 38배의 열매를 거두었고, 땅을 사놓고 빈둥빈둥 논 사람은 138배의 열매를 거두었다는 뜻이다. 이런 사회에서는 사람들이 일하지 않는다. 열심히 생산하고 일한 기업은 38배의 열매를 거두는 반면, 간판 걸어 그 구실로 자금 융자받아서 땅 투기한 기업은 138배의 열매를 맺고 결국은 열심히 일한 기업을 삼킬 수 있게 된다. 남한의 땅값을 계산하면 미국 본토의 땅값에 육박한다고 한다. 땅의 소유자들이 자기들끼리 사고팔면서 땅값만 올려놓으면 결국 건강한 기업들에는 원가 상승이라는 부담이 남는다. 이런 거품이 경제위기 상황을 가져온다.

'땅은 사고 팔 수 없다'는 법에는 인간의 삶과 사회구조에 관한 깊은 성찰과 가치가 담겨있다. 땅은 누구에게나 필요하다. 인간에게는 먹을 식량을 생산하고 지친 몸을 뉘일 수 있는 땅이 필요하다. 누구에게나 필요한 것을 몇몇 사람이 독점하면 안 된다. 공기를 사고팔면 안 되듯, 누구에게나 꼭 필요한 것은 누구든지 똑같이 누릴 수 있어야 한다.

국토교통부에서 2017년 2월에 발표한 자료에 의하면 2015년도 우리나라 주택보급률은 102.3%이다. 가구수는 19,111,000 가구이고, 주택수는 19,559,000호 이다. 그럼에도 불구하고 우리나라 전체의 무주택률은 44%이며 특히 서울은 50.4%가 무주택 가구이다. 주택자산을 보유한 가격으로 따져 상위 20%가 보유한자산은 전체의 51.7%이다. 상위

25.5%는 2채 이상의 가구를 보유하고 있고 8만 가구는 5채 이상의 주택을 보유하고 있다. 이런 통계로 볼 때, 오늘 우리 사회의 제도는 야훼 정신에 가까울까 아니면 바알을 좇는 제도에 가까울까?

다주택 소유자 중에는 당연히 그리스도인도 있을 것이다. 그들은 개인이 도둑질하거나 간음하는 것은 엄청난 죄로 여기지만, 마땅히 골고루 돌아가야 할 주택을 투기목적으로 사들이고 개인이 다수의 집을 가지는 것에 대해서는 죄의식조차 느끼지 않는다. 교회는 그리스도인의 경제생활에 관해 논하지 않고 부의 추구에 관한 기준을 말하지 않는다. 야훼 신앙이 가장 중요하게 생각한 법은 기억조차 하지 않는다. 야훼신앙이 핵심으로 여긴 공동체적 삶의 가치와 방식을 이야기하지 않고 신앙을 말하기는 어렵다.

> 너희가, 더 차지할 곳이 없을 때까지, 집에 집을 더하고, 밭에 밭을 늘려 나가, 땅 한가운데서 홀로 살려고 하였으니, 너희에게 재앙이 닥친다! 만군의 주께서 나의 귀에다 말씀하셨다. "많은 집들이 반드시 황폐해지고, 아무리 크고 좋은 집들이라도 텅 빈 흉가가 되어서, 사람 하나 거기에 살지 않을 것이다.(이사야 5:8-9)

이사야가 경고한 모습대로, 오늘날의 교회도 오히려 앞장서서 투기를 부추긴다. "교회를 위해서"라고 말한다. 방주를 크게 하면 하나님께서 그에 걸맞게 교인들을 채워주신다며 멀쩡한 건물을 때려 부수고 더 크게 지으려고 안간힘을 쓴다. 교인 확보를 위해 경쟁하며 더 큰 주차장과 수양관, 온갖 편의시설을 만든다. 요람에서 무덤에 이르는 완벽한 서비스를 제공함으로써 사람을 모은다. 부목사, 전도사의 치밀한 조직으로, 대형버스로, 골목을 찾아다니며 교인을 끌어 모으는 모습들도 보인다. 역시 "복음 전파를 위해서"라고 말한다. 그러나 그 수많은 교회가 밤을 새워가며 뜨겁게 하나님을 부를지라도 그곳에 하나님은 계시지 않다. 그들이 부르는 이름은 하나님이며 야훼지만, 이름 너머의 신은 바알의 형상을 하고 있으니 말이다.

지금까지 이스라엘의 왕들을 평가하는 기준은 단 하나였다. 그것은 그 왕이 '이방신을 섬겼는가?', 아니면 '야훼를 섬겼는가?' 였다. 참으로 '단순한' 역사 평가의 틀이다. 통치기간에 백성은 평안했는가, 업적이 무엇인가, 외교와 자주적인 주권을 어떻게 지켜 나갔는가 하는 것들은 전혀 고려와 평가의 대상이 아니다. 단지 어느 신을 섬겼는가가 유일한 기준이다. 어느 왕이라고 제의에 나가서 "오! 야훼 하나님이시여"하고 소리치지 않았겠는가. 아합 때를 제외하면 그래도 모든 왕들이 공식적으로 섬기는 신은 당연히 야훼였다. 하지만 성서 기자는 야훼를 섬긴다는 것은 단지 목소리를 높여 그의 이름을 부르는 것과는 다른 것임을 말한다. 그 정신에 승복하고 그에 따른 제도를 지키는가가 문제인 것이다.

왕들은 야훼 신앙으로는 왕정에 필요한 물적 자원을 확보할 수 없었다. 나봇의 포도원 사건에서 보듯이 왕이 아무리 좋은 조건을 제시해도 그들의 신앙으로는 땅을 팔 수 없었다. 그것이 야훼 신앙이었다. 결국 왕도 제 땅 붙여먹고, 백성도 제 땅 붙여먹고 사니, 왕 앞에서 과하게 굽실거릴 일도 없다. 왕정을 유지하려면 왕이 나누어 줄 토지도 있고 자신에게 충성하는 사람들의 생활을 책임져 줄 물적 토대가 필요했다. 하지만 야훼 신앙으로는 도저히 그런 물적인 토대를 형성할 수 없었다. 처음부터 왕정과 야훼 신앙은 궁합이 맞지 않았다. 그래서 역대 왕들은 이방신들을 섬기고 바알 제도를 수입하여 야훼 신앙을 '물타기' 해 나갔다.

왕정은 토지를 자유롭게 매매할 수 있는 바알 신앙을 따라 대규모의 토지를 사들이고 대토지 소유자가 됨으로 왕정에 필요한 물적 토대를 확보해 나갔다. 다윗은 이방인 아라우나의 토지를 매입하여 예루살렘 성을 세웠다. 이는 남왕국의 토대가 되었고, 북왕국의 오므리 역시 이방인 세멜에게서 토지를 사서 그의 이름을 따 사마리아 성을 건축했다. 이는 북왕국의 수도가 되었다.

이스라엘은 왕정이 시작되자마자 앞장서서 이방신을 받아들였다. 솔로몬의 궁정엔 이방신을 위한 처소가 마련되었다. 수천 궁녀를 거느린 솔로몬이 외국 여성들을 왕비로 맞이한 것도 이런 정치적인 이유에서였다. 왕들은 표면상 대부분 야훼 제의의 신봉자였지만, 성서는 히스기야와 요시아를 제외하고는 어느 왕도 야훼를 섬겼다고 평가하지 않는다. 왕이 야훼를 섬겼는가 이방신을 섬겼는가는 단지 제의에서 어느 신을 호명하느냐의 문제가 아니라 근본적으로 어떤 사회제도를 따르는가의 문제였기 때문이다.

십계명 중 첫 번째 계명 "나 외의 다른 신을 섬기지 말라"는 것은 바로 어떤 사회제도를 갖는가 하는 선택의 문제이다. 야훼의 제도를 따르는가, 바알의 제도를 따르는가, 그 사회나 왕이 어떤 사회적 가치를 추구하느냐는 것이 야훼 하나님을 섬기는 가장 기본적인 전제이다. 이런 신앙은 예언자들을 통해서 귀에 못이 박이도록 강조되고 있다.

생각나누기

이스라엘 사회는 농경사회였으므로 야훼 신앙이 토지의 평등제도로 나타났다. 그렇다면 오늘과 같은 다양한 산업사회에서는 어떠한 평등제도로 야훼 신앙이 나타날 수 있을까. 한편 자본주의 사회에서는 평등이라는 이념과 맞서 자유를 강조한다. 그런데 평등을 토대로 하지 않은 자유가 가능할까? 모든 것이 자유라고 하는 우리사회에서 과연 우리들은 자유로운가? 참된 자유에 대해서 각자의 경험을 토대로 이야기 해보자.

자유인으로 사십시오

> 주의 영이 내게 내리셨다. 주께서 내게 기름을 부으셔서, 가난한 사람들에게 기쁜 소식을 전하게 하셨다. 주께서 나를 보내셔서, 포로 된 사람들에게 자유를, 눈먼 사람들에게 다시 보게 함을 선포하고, 억눌린 사람들을 풀어 주고, 주의 은혜의 해를 선포하게 하셨다." 예수께서 두루마리를 말아서, 시중드는 사람에게 되돌려 주시고, 앉으셨다. 회당에 모인 모든 사람의 눈이 예수에게로 쏠렸다. 예수께서 그들에게 말씀하셨다. "이 성경 말씀은 너희가 듣는 가운데서 오늘 이루어졌다." (누가복음 4:18-21)

매주 예배의 끝머리에 우리는 "자유인으로 사십시오"라는 파송사를 나눈다. 자유라는 말은 오늘 우리 사회에서 최고의 가치로 존중받는 이념이다. 이는 거역할 수 없는 대명제이며 인류의 이상이다. 자본주의 사회의 최강국인 미국은 자유의 여신상이 횃불을 들고 맞이한다. '자유'는 보수와 진보를 넘어 최고의 가치로 존중받는 언어인 듯하다. 우리나라에서는 보수단체들 마저도 자유총연맹, 자유한국당 등의 단체명과 당명을 짓는다.

성서에 '자유'라고 번역된 용어들

구약성서의 "자유" 또는 "해방"이란 말로 쓰이는 것은 드로르(deror)와 호프시(hopshi)가 있다.

> 너희는 오십 년이 시작되는 이 해를 거룩한 해로 정하고, 전국의 모든 거민에게 자유(deror)를 선포하여라. 이 해는 너희가 희년으로 누릴 해이다. 이 해는 너희가 유산, 곧 분배받은 땅으로 돌아가는 해이며, 저마다 가족에게로 돌아가는 해이다.(레위기 25:10)

> 주 여호와의 신이 내게 임하셨으니 이는 여호와께서 내게 기름을 부으사 가난한 자에게 아름다운 소식을 전하게 하려 하심이라. 나를 보내서 마음이 상한 자를 고치며 포로된 자에게 자유(deror)를 갇힌 자에게 놓임을 전파하여 여호와의 해와...(이사야 61:1)

> 시드기야 왕이 예루살렘에 있는 모든 백성과 언약하고 자유(deror)를 선언한 후, 히브리 남녀 노비를 놓아 자유케 하고...(예레미야 34:8)

> 왕이 만일 그 기업으로 한 종에게 선물로 준 즉, 그 종에게 속하여 희년(자유

의 해:The year of deror)까지 이르고 그 후에는 왕에게 돌아갈 것이니…(에스겔 46:17)

위에서 보는 대로 드로르는 희년(레위기 25:10, 에스겔 46:17), 면제년(예레미야 34:8,15,17), 또는 여호와의 은혜의 해(이사야61:1) 때에 선포되는 것으로 나타난다. "자유"란 말로 번역된 드로르의 정체는 과연 무엇일까? 그것이 어떤 내용을 가진 것이기에 희년, 면제년(안식년의 신명기적 용어) 또는 여호와의 은혜의 해 등, 성서에서 인간해방의 가장 핵심을 이루는 중요한 때마다 선포되는가?

드로르는 아카디안어의 안드라룸(Andurarum), 또는(durarum)을 어원으로 하고 있다(밑줄 친drr에 주의해 보자. 히브리어는 자음만 표기한다). 이것은 문자적으로는 "어머니에게 돌아간다"는 의미를 가지고 있다.

그런데 이 durarum 또는 Andurarum은 고대 바빌론 시대의 왕의 칙령이 가지고 있는 사회적 해방의 성격을 가리키는 말이다. 이것은 노예의 해방, 부채의 탕감, 자유인들에게 부과된 부역을 취소시키는 행위를 말하며, 이러한 제도는 고대 바벨론으로부터 바벨론 제국에 이르기까지 폭넓게 쓰였다. 이것은 최소한 기원전 2,450년대의 엔트메니(Entemema) 서사시에 까지 소급하여 이 제도의 기원을 잡고 있는데 이것은 신 바벨론 시대(600 B.C.)까지 존재했다고 한다.

바벨론 왕들이 왕위에 오를 때 그 지역에 공의의 칙령(Misarum)을 내리곤 했는데 이 때 자유(Andurarum)를 확립하라는 내용을 선포했다. 이 칙령은 원래 새 왕의 즉위와 관련되어 발표되었지만 왕의 통치기간의 늦은 시기에 있기도 했다. 이것은 왕의 즉위를 기념하여 행하는 일종의 사회적 이데올로기로서 왕의 통치를 확고히 하며 동시에 사회적 균형을 재확립시키기 위한 것이었다. 칙령의 선포는 가난한 사람들의 생계와 복지를 위해 그들의 신에 의해서 왕들에게 부과된 의무로 여겨졌다. 이러한 제도는 동방의 통치자들에게 확립되어 있었으며 그 제도적 가능성이 왕의 계승자로 지목받은 새 왕에게 기대되어졌다.[1] 드로르가 주로 바벨론 포로기 문서에 나타나는 것은 바벨론 칙령과 깊은 관계가 있다는 것을 보여준다.

> 네가 히브리 종을 사면 그가 6년 동안 섬길 것이요 제7년에는 값없이 나가 자유(hopshi)할 것이며…(출애굽기 21:2)

> 종이 진정으로 말하기를 내가 내 상전과 내 처자를 사랑하니 나가서 자유(hopshi)하지 않겠노라(출애 21:5).

> 사람이 그 남종의 한 눈이나 여종의 한눈을 쳐서 상하게 하면 그 눈 대신에 그를 놓을(hopshi) 것이며 남 종의 한 이나 여종의 한 이를 쳐서 빠뜨리면 그 대신에 그를 놓을(hopshi) 지니라(출애 21:26-27).

> "내가 기뻐하는 금식은, 부당한 결박을 풀어 주는 것, 멍에의 줄을 끌러 주는 것, 압제받는 사람들을 놓아 주는 것(hopshi), 모든 멍에를 꺾어 버리는 것, 바로 이런 것들이 아니냐?" (이사야 58:6)

이 밖에도 해방된 노예를 가리키는 의미로 신명기 15:12,13,18 예

---

1) North, "deror" *The Theological Dictionary of the Old Testament*, vol 3, p. 266

레미야 34:9,10,11,14,16 욥기 3:19 등에서 "호프시"가 쓰였으며 삼상 17:25에서는 세금과 부역에서의 면제의 의미로, 이사야 58:6에서는 압제와 억류로부터의 자유를 의미하기도 한다.

그러나 이렇게 "자유"라는 추상적 언어로만 번역되던 "호프시"에 대해 새로운 해석이 대두되고 있다. 그것은 최근 고고학의 발달로 고대근동지방의 많은 토판문서들이 발견되었고 그 문서들 가운데 호프시(hopshi)와 같은 단어인 후프수(hupshu)에 대한 자료들이 나왔기 때문이다. 이러한 보고는 아마르나 문서와 앗시리아 법전, 후기 앗시리아 사본, 우가릿 사본, 그리고 알라라카 토판 등등에서 발견되었는데 여기서 후프수는 특정한 사회계층이나 사회적 신분을 가리키는 말로 쓰이고 있다.

이 후프수라는 계층의 사회적 위치는 대다수의 농민계층을 가리킨다. 후프수는 왕이나 귀족 소유자를 대신해서 땅을 경작하던 사람들이었다. 이들은 집, 연장, 가축들을 소유할 수 있었고 여기에 따라 그들의 의식과 자유가 확장되었다. 이점에서 이들은 노예와 구별되었다.

출애굽기 21장과 신명기 15장은 호프시 신분으로 노예해방을 말하고 있고 레위기 25장은 드로르를 기반으로 한 해방을 말하고 있다. 구약성서가 말하는 자유와 해방은 생명활동에 필요한 자기소유를 가진 상태의 자유이고, 자립할 만한 경제적 토대를 갖추는 자유이며, 빚진 것이 없는 상태, 법적으로 아무에게도 예속되지 않은 상태를 말한다. 자유인은 토지, 노동도구, 기술등 자기 삶의 기반이 되는 생산수단을 소유한 사람들이다.

구약의 자유는 막연한 자유, 추상적 자유가 아니다. 그것은 부쳐 먹을 만한 땅을 가진 자유, 자립할 경제적 토대가 확립된 자유, 빚진 것이 없는 상태의 자유, 부당한 노역과 노동으로부터 해방된 상태의 자유,

법적으로 아무에게도 예속되지 않은 상태의 자유를 말한다.

미국의 이념 '자유' 그 실상은?

프랑스 대혁명을 거친 후 근대 사회를 관통한 서구 사회 최고의 이념은 자유와 평등이다. 이 개념은 서구 사회를 특징짓는 중요한 철학으로 그들은 "자유가 아니면 죽음을"이라고 격정적인 외침으로 오늘의 사회를 건설했다. 미국이 독립전쟁의 이념과 구호로 삼았던 것도 바로 자유다. 그들은 미국의 관문에 자유의 여신상을 세우고 "세계의 자유를 지킨다"고 말한다.

그러나 요즈음 미국은 그 어느 때보다도 자유롭지 못하다. 그들은 요즈음 공포에 떨고 있다. 9.11 사태로 미국 본토가 최초로 공격당했으며, 요즈음은 예루살렘을 이스라엘의 수도로 선언하는 평지풍파를 일으킴으로 이슬람권의 표적이 되고 있으며, 북한으로부터 핵공격의 위협을 받기도 하는 지경에 이르렀다. 미국은 전세계 개발도상국들에서 수많은 전쟁을 일으켜 무기를 팔아왔으나 요새는 처음으로 아메리카 본토에서도 부자유를 경험한다. 이에 소수의 미국 지성인들은 자성의 목소리를 내기도 한다. 소수의 양심 세력은 미국민의 자유를 보장하기 위해 외국에서 행한 일들, 미국의 독선적인 정책들을 재검토해야 한다는 주장에 목소리를 높인다.

왜 이슬람권 사람들이 저들 스스로의 목숨을 버리면서까지 기꺼이 자살 테러에 나서고 있는지, 무엇이 그들을 그렇게 한이 서리게 했는지를 살펴보아야 할 것이다.

세계 제 2차 대전의 승전국인 미국은 세계의 주도권을 쥐게 되었다. 제 2차 대전 이전에 식민지 확장을 꾀했던 서구 열강들이 식민지를 반환하고 자기 나라로 철수하는 분위기지만 미국은 특히 석유 자원이 무궁무진한 중동이 탐났다. 그때 마침 독일 나치 하에 고통을 겪은 유태인들이 자기들의 땅과 독립된 국가를 필요로 했다. 미국은 이에 때를 맞추어 그들에게 무기를 제공하고 국제사회에서 절대적으로 그들을 지지하고 옹호하면서 결국 1948년에 이스라엘을 세우게 한다.

그 땅은 주후 70년에 이스라엘이 로마를 상대로 한 항쟁에서 패하자 로마에 의해 '유대인 추방령'이 내려 쫓겨났던 땅이다. 유대인들은 팔레스타인 사람들이 1900년간 살던 땅을 무력으로 차지하고 그들을 내쫓았다. 수많은 팔레스타인 사람들이 죽임을 당했다. 그러면서 그들은 "이 땅은 성서에 자신들에게 약속한 땅이니 우리가 원래 땅 주인이다"라고 했다. 1900년 전이면 우리나라로 보면 마한, 진한, 변한이 있었던 삼한 시대 정도이다. 어떤 사람이 무장하고 갑자기 나타나 내 땅을 빼앗고서, 왜 그러느냐고 하니 "우리 조상들이 마한 때 살던 땅이니 나가라"라고 한다면 얼마나 기가 막히겠는가?

이스라엘 사람들은 팔레스타인에 하나 둘씩 이주해 살다가 어느 날 갑자기 땅을 빼앗고서는 성서에 기록된 "약속된 땅"이라며 종교적 근거를 대었다. 그 이후로 팔레스타인, 아랍계 사람들은 이슬람교에 귀의하고 이슬람 신앙에 매달리게 된다. 미국은 이스라엘을 통해 중동에 근거를 마련하는 한편, 이란에 팔레비왕이라는 군사 독재사를 세워 30년을 넘게 독재를 배후지원하며 자신들의 이권을 챙겼다. 이 때 이란 민중은 이슬람 신앙으로 민족정신을 일깨우면서, 해외에 망명한 호메이니를 중심으로 뭉쳐 독재 정권, 친미 정권과 싸운다. 군사 독재자를 이용한 미국의 중동 정책은 이란 뿐 아니라 이집트, 사우디아라비아, 쿠웨이트, 오만 등에서도 거점을 마련한다. 그러나 이슬람 민중은 유대-기독교권의 친미 독재 지도자들과 맞서 투쟁을 계속한다. 이슬람 신앙은 외세로부터 해방을 얻는 중심점이 된다. 이러한 투쟁은 급격하게 이슬람 종교를 확산시키는 구심점을 제공하고 있으니 실상은 이스라엘과 미국이야말로 사실상 제일 공로가 큰 이슬람 신앙의 전도사들이다.

우리가 히브리 민족이 혈통 중심의 민족이 아니고 당시 가난하고 보호받지 못하는 사회적 약자들의 연대임을 공부했다. 아마 약자인 히브리들의 하나님이셨던 야훼께서 오늘 세상에 오신다면 혈통을 가지고 아브라함의 자손임을 주장하는 사람들에게 세례요한처럼 하나님은 "돌들로도 아브라함의 자녀를 삼으실 수 있다"고 하실 것 같다. 야훼께서는 오늘 자기 삶의 자리를 빼앗기고 고난당하는 팔레스타인 난민들의 편을 드실 것이라 필자는 확신한다. 하나님은 지역이나 종교에 매이지 않으신다.

유럽은 유태인에게 저지른 참혹한 과오 탓에 침묵했고, 미국은 적극적으로 이스라엘의 대변자가 된다. 그 이후 이스라엘은 미국 무기의 최대수입국 중에 하나가 되었다. 지금은 한국이 그들과 순위를 다투는 무기수입국이다. 미국 군수산업은 유대인들이 경영하는 산업이다. 그러므로 지금 이런 충돌을 '문명의 충돌'이니 '종교간 충돌'이니 하는 것은 사건의 본질을 가리는 말이다. 이것은 중동을 유린하는 식민지 외세와 중동 민중 간의 싸움이다.

자유를 중시한다는 명분은 새로운 세계질서로 나타났다. 각 나라의 장벽을 넘어 자본이 자유롭게 드나들게 하자는 소위 '신자유주의'가 나타났다. '신자유주의'라는 이름을 달고 나타난 새로운 세계질서가 펼치는 정책은 무엇인가?

첫째는 에너지 비용의 상승이다. 우리가 IMF 때, 피부를 통해 제일 먼저 경험한 것이 무엇이었나? 에너지 값의 상승이다. 왜 에너지 값이 갑자기 뛸까? 그것은 국내 산업의 유통 비용을 높여 경쟁력을 떨어뜨리기 위해서이다. 갑자기 늘어난 물류비용으로 국내 산업이 경쟁력을 잃게 되는 반면 외국의 수입품들이 유리하게 국내 시장을 점유하게 되는, 제 1단계 조치이다.

둘째는 국영기업의 민영화이다. 이것은 외국자본이 그 나라의 기간산업인 국영기업을 그냥 국영인 상태로 사들일 수는 없으니 일단 민영화해서 헐값에 사들이기 위한 수순이다. 국영기업이란 그 나라에서 꼭 필요한 산업이므로 매우 경쟁력이 높은 탐나는 기업임에 틀림없다.

셋째는 우리가 마지막까지 버티며 막아보려고 했던 금융 시장의 개방이다. 금융에서마저 외국 은행들이 들어오게 되면 그들은 그 막강한 자본력을 통해 담보로 잡는 재산들을 마음대로 요리하게 된다. 그동안 그나마 우리의 땅 덩어리를 지킬 수 있었던 것은 외국인들이 부동산을 취득하지 못하도록 제한한 조치 때문이었다. 그러나 외국의 은행이 들어오게 되면 담보로 잡는 모든 부동산은 그대로 그들의 수중에 넘어간다. 우리 땅이 일본 땅이나 미국 땅이 될 지도 모른다. 게다가 제 마음먹는 대로 돈줄을 죄고 풀어 그 나라의 산업을 마음대로 주무를 수 있다. 국내 유수의 기업도 부도나게 할 수 있으며 이를 통해 빼앗을 수 있다. 이런 방식으로 거대제국은 아시아의 수많은 국가들을 털어갔다. 지금도 계속 털리고 있다. 이미 아시아 각국의 기간산업은 이미 미국의 부품공장이 되어 미국이 기침하면 몸살을 앓는 경제 체제가 돼 버렸다.

신자유주의라는 이름으로 아시아 금융·산업이 무력화되고 유수한 기업들이 헐값에 팔렸다. 수많은 기업이 신자유주의 경제, 세계화의 품에 들어갔다. 아시아와 라틴 아메리카 각국에서는 신자유주의로 인해 실업, 파산, 해고를 당해 죽음에 내몰리는 사람들이, 전쟁으로 죽는 인원보다 훨씬 더 많은 실정이다.

그들이 말하는 자유는 무엇인가?

자유란 헌법에서 보장한 인간의 천부권이다. 그저 인간이어서 나면서부터 갖는 당연한 권리로서 행복추구권과 더불어 '자유'를 말한다. 헌법은 이 '불가침'의 기본권을 확인하고 보장하는 게 국가의 의무라고 선언한다. 이 자유로울 권리에는 생명권, 신체를 훼손당하지 아니할 권리, 신체의 자유 등 인신에 관한 자유권, 사생활의 비밀과 자유의 불가침, 주거의 자유, 거주·이전의 자유, 통신의 자유 등 사생활에 관한 자유권, 양심의 자유, 종교의 자유, 언론출판의 자유와 집회결사의 자유, 학문과 예술의 자유 등 정신적 활동에 관한 자유권, 직업선택의 자유, 재산권 등 경제생활에 관한 자유권 등이 구체적으로 열거되어 있다.

자유가 범람하는 세상에서 여기서 열거된 인간의 기본권을 하나하나 짚어가다 보면 어쩔 수 없이 자유롭지 못한 사람들이 떠오른다. 주택보급률이 100%를 넘었는데도 여전히 남의 집을 전전하는 국민이 50%에 이른다면 이들은 과연 자유로울 수 있는가? 젊은이들은 받는 수입의 평균 35%를 월세나 전세금으로 낸다고 한다. 이런 현실에서 이들은 자유로운가? 농촌인구 중 그나마 소작농으로 전락한 반수가 넘는 농민들은 어떨까. 제 땅을 가지고 농사짓는다고 하더라도 매년 수입농산물에 치여 빚만 늘어나는 농민들은 자유를 누리고 있는가? 하루 벌어 하루의 삶을 이어가는 노동자들은 자유로우며, 천만이 넘는 비정규직들은 자유로운가? 은행으로, 새마을금고로, 사채업자에게로 뛰어다니며 은행결

재 시간을 맞추기 위해 초조한 샐러리맨들은 어떠한가? 대학학자금을 융자받았지만 졸업 후 취직이 되지 않아 사회 첫 관문부터 빚에 시달리다 신용불량자가 되는 젊은이들에게 자유란 무엇인가?

지난 세월 우리 사회에서 자유는 가진 자들의 자유, 권력자들에게 한정된 자유였다. 그들은 자신의 권력과 부를 더 가질 수 있는 자유를 말했고 그것을 누렸다. 낡은 사회의 모순들을 고수하자는 자유, 지배계급들이 누리는 배타적인 특권을 수호하자는 자유, 자신이 가진 특권에 다른 사람들이 범접하지 못하도록 하는 강제력이 자유라는 미명 안에 감추어진 발톱이었다. 약자의 자유와 강자의 자유는 같은 것이 아니었다.

"자유를 달라"는 외침이 봉건제 사회에서 새롭게 등장한 자유로운 시민계급에 의해 던져졌고 역사는 자본주의 사회로 발전해 왔다. 그 결과 우리는 괄목할 만한 자유의 신장을 경험했다. 보통선거 제도, 1인 1표 제도의 확보, 발전된 자본주의 국가에서의 언론, 출판, 결사의 자유 등 등 제도적, 법적인 자유를 확보하였다. 흔히 자본주의 체제를 '자유'로, 사회주의 체제를 '평등'으로 의미 구별하기도 하여 "자유"는 자본주의 사회의 특징적인 용어처럼 쓰이기도 한다.

한 실업자가 있다고 하자. 그는 자유롭다. 그는 공장이나 사무실에 달려있는 시계로부터 자유롭다. 일상업무의 중압에 구속받지 않는다. 그러나 그는 동시에 노예이다. 그는 가난과 억압에서 벗어날 수 없기 때문이다. 이 '자유로운 노예'(?)는 일자리가 없고, 따라서 생활에 필요한 돈도 없다. 그에게 시간은 많지만 주머니가 비어서 할 수 있는 것이 별로 없다. 그에게 주어진 자유는 오히려 엄청난 고통이고 부자유다. 그는 자유롭다. 그는 공원에도 갈 수 있고, 한가하게 어린 시절의 생활을 회상할 수 있고, 또 몇 개의 지하철 노선 중에 어느 것이든지 마음대로 선택할 자유가 있다. 그러나 사실 그가 할 수 있는 것은 극히 제한됐다. 그는 아무 것도 가지지 못한 자는 '한 푼 어치'의 자유도 없다는 것을 잘 안다.

이러한 자유는 엄격히 말하면 유통영역에서 만의 자유다. 생산영역에서는 여전히 최대이윤을 남기려는 자본가의 이해와 필요임금과 휴식을 확보하기 위한 노동자들과의 살벌한 전쟁이 존재한다. 이런 적대가 필요 없는 사회를 꿈꾼다. 서로를 완전한 인간으로 받아들일 수 있는 인간의 얼굴을 한 체제를 말이다. 의미 없는 노동에 자신의 노동력만을 팔아넘기고 젊은 시절의 꿈과 낭만을 모두 소진해버리는 무의미를 극복할 수 있는 사회를 끊임없이 갈망한다. 최대노동을 끌어내기 위하여 적당량의 임금으로 생색을 내야하는 가장된 웃음을 온 몸이 시원해지는 통쾌한 기쁨으로 바꿀 수 있는 사회를 희망한다.

진정한 자유는 해방이 이루어지는 자유이다. 진정한 자유는 예수님께서 선포하셨듯이 가난한 사람이 기쁜 소식을 듣고, 상한 마음은 싸매어 주고, 포로에게 자유함을, 갇힌 사람은 석방을, 슬퍼하는 사람은 위로를 받는 자유를 말한다. 지금 이 불합리한 현상의 질서가 뒤집어지는 자유를 말한다. 이것이 성서의 자유이다. '호프시'의 자유이건 '드로르'의 자유이건, 이것은 가진 자의 횡포를 자유라는 이름으로 포장한 거짓 자유하고는 거리가 멀다. 노예나 가난한 자들이 살만한 토대를 갖게 하는 구체적인 자유이고 해방이다.

남이 자유로울 때만 나도 자유로울 수 있다. 남이 부자유하게 되면 나도 부자유할 수밖에 없다. 국민의 대다수인 민중을 강하게 억압하고 착취해서 누리는 자유는 강도의 자유이며, 살인자가 마음대로 살인할 수 있는 자유를 말한다. 우리는 그런 자유를 자유라 하지 않는다. 진정한 자유는 우리 이웃의 얼굴에 행복이 가득하고 웃음이 넘칠 때라야 우리에게 찾아올 수 있다. 예수는 바로 이 자유를 선포하기 위해 세상에 오셨다. 그것은 모두가 주님의 은혜를 입는 자유이다. 이것이 진정한 자유이다. 자유가 상생의 기반 위에 서 있지 않을 때 그것은 아주 기만적인 자유이고, 죄의 종이 되는 길에 불과하다.

04
이스라엘 평등사회의 구조(2)
씨족, 지파, 이스라엘

지난 장에서 이스라엘 평등사회의 기초단위인 아비의 집과 토지제도에 대해서 살펴보았다. 이스라엘 평등사회의 다음 단위는 '미스파하(mishpahah)' 혹은 '엘레프(éleph)'다. 우리 말 성경에는 씨족, 혹은 문중, 갈래 등으로 번역되었다. 즉 미스파하는 확대가족인 아비의 집들의 연합체다. 미스파하는 확대가족이 문제 상황에 직면했을 때 정상적인 기능을 회복하도록 도와주는 긴급한 방책이며 최후의 안전장치였다. 보호를 위한 연대체는 이스라엘의 각 개인이 안정석이며 더 강한 공동체 의식 속에서 살게끔 했다.

이스라엘 평등사회에 미스파하는 '친척의 의무'를 이행하는 단위였다. 오늘날은 예금이나 보험이 예기치 못한 삶의 재난이나 몰락으로부터 막아주는 안전장치 역할을 담당한다. 하지만 이런 안전장치란 경제적인 여유가 있는 사람들에게는 보장책이 되지만 당장의 삶을 영위하기 어려운 사람에게는 그림의 떡이다. 정작 사회보장이 필요한 벼랑의 사람들에게는 아무 소용이 없다. 더군다나 그 옛날 이스라엘 사회에 예금이나 보험 같은 제도가 있을리 없었다. 그 대신 이스라엘은 친척 간에 강력한 연대의 의무를 부여했다. 이들에게 부여되었던 친척의 의무 사항은 다음과 같다.

1. 피의 복수 제도
2. 잃어버린 땅의 회복
3. 노예를 회복해 줄 의무
4. 이자 없이 꾸어 줄 의무
5. 상속자를 이어 줄 의무 : 시형제 결혼의 의무

첫째, 피의 복수를 해주는 것이다. 고대 사회에는 지금같이 발달한 법률제도나 공권력이 없었으므로 결국에는 친척 공동체가 서로를 지킬 수 밖에 없었다. 구성원 중에 누군가가 상해를 입었을 경우, 상해를 입은 만큼 반드시 가해자에게 보복해주어야 했다. 자신의 공동체를 함부로 대하지 못하도록 복수를 하는 것이다. 그래서 "이에는 이, 눈에는 눈"이라는 법칙이 존재했다.

이런 의무사항은 이중적인 의미를 갖는다. 반드시 보복함으로 피해자를 보호한다는 의미도 있지만, 동시에 가해자를 보호한다는 의미도 있다. 많은 경우 보복에는 격한 감정이 앞서기 때문에 받은 것보다 더 큰 상해를 가할 수 있다. 복수심에 눈이 멀면 지나치게 폭력을 행사해서 목숨을 앗아가는 경우가 많다. 의무사항은 "이를 다쳤을 경우는 이를 다친 만큼만, 눈을 다쳤다면 눈을 다친 만큼만 보복해야 한다"는 의미이기도 하다. 만약 억울한 죽음을 당했을 경우에는 친척이 피의 복수를 통해서 억울한 죽음을 풀어주어야 한다.

의도치 않았으나 실수로 사람을 죽인 경우에는 상대의 보복을 면할 수 있었다. 일종의 과실치사를 보호하는 이 제도는 바로 도피성이었다. 고대 이스라엘에서는 전국에 여섯 개의 도피성이 마련되어 있었다. 이 도피성에 피신한 사람은 이유가 합당할 경우 제사장의 보호아래 있을 수 있었다. 미처 도피성까지 대피하지 못했다 해도 제단의 뿔을 잡으면 더 이상 그 사람을 해할 수 없었다.

한번 범법자가 되면 일생 꼬리표가 붙어 다니는 현대 사회에 비해 도피성이나 제단의 뿔과 같은 제도는 우발적으로 죄를 지은 사람이 숨을 돌릴 수 있도록 하는 인간적인 제도이다. 우리나라에도 '의도하지 않은' 잘못이나 '실수'에 관해 처벌하는 규정이 있다. 이런 처벌 규정이야 시대와 법률에 따라 조금씩 변화하게 마련이지만 중요한 것은 사회가 잘못을 저지른 한 개인을 바라보는 시선이다. 사실 우리 사회에서는 사법적으로 유죄 판결을 받은 개인이 죄 값을 치룬 뒤에도 평생 공동체에 정상적인 복귀가 쉽지 않다. 그 중에는 사회로부터 격리되어야 하는 강력범죄자도 있지만 그렇지 않은 경우의 사람들도 많다. 그릇된 행위를 하고 처벌을 받은 한 개인을 사회가 어떻게 다시 수용하는가, 한 인간의 회복은 어떻게 가능한가에 관해서는 여전히 공동체가 함께 고민해야 할 숙제다.

둘째, 한 아비의 집이 천재지변 등으로 몰락하여 생계유지를 위해 부득이하게 땅을 처분해야 했다면, 친척은 잃어버린 땅을 다시 사서 되돌려 주어야할 의무가 있다.

> "너희는 유산으로 받은 땅 어디에서나, 땅 무르는 것을 허락하여야 한다. 네 친척 가운데 누가 가난하여, 그가 가진 유산으로 받은 땅의 얼마를 팔면, 가

까운 친척이 그 판 것을 무를 수 있게 하여야 한다. 그것을 무를 친척이 없으면, 형편이 좋아져서 판 것을 되돌려 살 힘이 생길 때까지 기다려야 한다. 판 땅을 되돌려 살 때는, 그 땅을 산 사람이 그 땅을 이용한 햇수를 계산하여 거기에 해당하는 값을 빼고, 그 나머지를 산 사람에게 치르면 된다. 그렇게 하고 나면, 땅을 판 그 사람이 자기가 유산으로 받은 그 땅을 다시 차지한다."(레위기 25:24-27)

이렇게 선매권, 즉 땅을 다시 무를 때 우선적으로 살 권리를 본인은 물론 그 친척이 가지므로, 친척은 하루 빨리 잃어버린 땅을 다시 사주어야 한다. 그렇게 되지 않을 경우에는 희년까지 기다려서 땅을 되돌려 받아야 한다.

남왕국 유다가 멸망할 당시 예언을 한 예레미야는 땅을 잃게 된 자신의 친척을 돕는다. 그는 친척 하나멜이 잃어버린 토지를 되사주었다.(예레미야 32:6이하) 비록 나라가 망해 쓸모없게 된 땅이지만 친척이 땅을 잃었을 때 되사주는 것은 오래전 평등사회에서 통용되던 야훼의 법이다. 그는 하나멜의 토지를 사서 그 토지문서를 항아리에 밀봉하여 그 땅에 묻어둔다. 이는 나라를 다시 찾게 되는 먼 훗날 그들의 자랑이었던 평등사회의 법을 다시 회복하여 야훼 공동체를 실현하리라는 믿음을 보여주는 상징적 행위였다. 또한 룻기에서 보아스는 룻과 결혼할 때에 이 우선권에 의해 룻의 남편이었던 엘리멜렉의 토지를 구입하고 룻과 결혼한다.(룻기 4:3-6)

셋째, 친척이 노예로 전락했을 때 그의 몸값을 지불하고 자유를 되찾아 주어야할 의무가 있었다. (제1권, 『오경-야훼 신앙의 맥』, 9장 노예

해방법 참조)

넷째, 몰락한 사람이 다시 일어날 때까지 이자 없이 꾸어주는 일이다. 이것이 후에는 7년 마다 돌아오는 안식년에 빚을 탕감하는 면제년법으로 발전하게 되었다. (제1권, 『오경-야훼 신앙의 맥』, 8장 채권채무 관계법, 면제년 법 참조)

다섯째, 후손이 없이 죽은 친척에게는 그를 대신해서 상속자를 이어줄 의무가 있다. 이것은 전장에서 살펴본 시형제 결혼의 의무에 해당한다.

이러한 것들이 이스라엘 평등사회에 존재했던 '고엘(גאל, Go'el)의 의무'다. 고엘이란 히브리어는 '친척', '속량자'라는 의미를 지닌다. 친척과 속량자라니. 한 단어에 전혀 의미가 통하지 않는 두 의미가 들어있는 듯하지만, 이는 현대 사회의 상식이 당시 사회와 판이하게 다르기 때문이다. 이스라엘 평등사회에서는 이 두 의미가 동일한 단어로 쓰이는 것이 당연했다. 친척의 의무를 행하는 것이 곧 속량의 행위였기 때문이다.

친척은 정상적인 생활이 가능하도록 경제, 사회에서 구체적인 속량 행위를 해야 할 의무가 있었다. 몰락한 가족을 일으켜 세워주는 위의 다섯가지 친척의 의무가 바로 '속량, 속죄함, 구속함, 구원'의 내용이다. 추상적인 이 단어는 사실 이스라엘 평등사회의 경험에서 유래한 말로써 매우 구체적인 행위를 수반한다.

죄와 구원

한 개인이 사회적 통념에 해당하는 '죄'를 지었다고 하자. 이 때 이 죄의 원인이 그 사람의 본성이 근본적으로 악하기 때문이라고 단정하기는 어렵다. 자본주의 사회에서는 돈이 수많은 죄를 불러온다. 물질적인 가난으로 '사람 구실'을 하지 못하거나 거짓말을 하게 되는 경우가 허다하다. 돈 때문에 신용을 못 지키고, 돈이 멀쩡한 사람을 거짓말쟁이로 만든다. 인간의 삶을 송두리째 뒤흔드는 물질세계의 거대한 힘을 외면하고 인간의 본성과 영혼에 국한지어 죄를 논하는 건 동전의 한쪽 면만을 바라보는 것과 같다. '죄'와 '구원' 같은 말들은 모두 인간 사회에서 만들어진 사회적 관계의 말이다. 그런데 이것들이 사회성을 상실하면서 하나의 관념이 되어 버렸다. 지금 교회에서 사용되는 속량, 속죄함은 사회적 관계라기보다는 심리적 차원에서만 사용된다.

그리스도교 전통에서 예수의 십자가 사건을 속량, 혹은 대속으로 해석하는 것은 바벨론 포로기 때의 문서인 제2이사야(이사야 40–55장)에서 유래한다. 그런데 제2이사야의 중심 메시지인 하나님께서 '속량한다, 구원한다, 구속한다'는 의미의 동사는 '가알(Ga'al)'이다. 이 동사의 분사형은 앞서 설명한 '고엘'(친척, 속량자)이다.

> 그러나 이제 야곱아, 너를 창조하신 주께서 말씀하신다. 이스라엘아, 너를 지으신 주께서 말씀하신다. "내가 너를 **속량하였으니**, 두려워하지 말아라. 내가 너를 지명하여 불렀으니, 너는 나의 것이다." (43:1)

> "내가 너의 죄를, 짙은 구름을 거두듯 없애 버렸으며, 너의 죄를 안개처럼 사라지게 하였으니, 나에게로 돌아오너라. 내가 너를 **구원하였다.**" 주께서 이

> 일을 하셨으니, 하늘아, 기쁘게 노래하여라. 땅의 깊은 곳들아, 함성을 올려라. 산들아, 숲아, 그리고 그 속에 있는 모든 나무들아, 소리를 높여 노래하여라. 주께서 야곱을 **구원하심으로써**, 주께서 이스라엘을 **구원하심으로써**, 위대하신 영광을 나타내셨다. (44:22-23)

> 너희 예루살렘의 황폐한 곳들아, 함성을 터뜨려라. 함께 기뻐 외쳐라. 주께서 당신의 백성을 위로하셨고, 예루살렘을 **속량하셨다.**(52:9)

구원은 추상적인 말이 아니다. 속량은 인간의 영혼 세계에서만 일어나는 신비한 변화만을 일컫는 게 아니다. 몰락한 친척에게 삶의 자리를 되찾아 주듯이, 노예 된 사람에게 자유를 주듯이, 바벨론에 포로로 잡혀간 이스라엘 백성들에게 땅과 자유를 되찾아 주는 역사 안에서의 구체적인 구원 행위를 말한다. 제2이사야를 비롯해서 욥기, 시편 등에는 하나님을 아예 '고엘-친척', '속량자', '구원자'라고 고백한다. (이사야 41:14, 43:14, 44:6, 44:24, 49:7, 52:9, 욥기 19:25, 시편 19:14, 78:35, 예레미야 50:34).

동사 '가알'과 그에서 파생된 언어들은 희랍어로에서도 역시 동일한 말로 번역된다. '땅 무르는 것'을 뜻하는 레위기 25:24의 희랍어 70인역 번역은 '뤼트라'(λυτρα)로, 사람의 '속량, 대속'을 뜻하는 레위기 25:48은 '뤼트로시스(λυτρωσις)'로 번역하고 있다. 두 단어 모두 같은 어원을 가진다.

"예수께서 우리의 속량자가 되셨다"는 고백에는 몰락한 인간을 삶의 밑바닥에서 건져내고 구원하는 구체적 행위가 포함된다. 몸과 행위를 모두 삭제하고 삶의 어떤 구체적인 책임도 지지 않는 구원은 참 복음이 아니다. 인간의 영혼과 마음의 구원은 본질적이며 중요하지만 그것이 실현되는 것은 인간 세상에서의 구체적인 삶의 모습이다. 예수께서는 아파하는 사람을 구체적으로 만지시고 밑바닥 인생들의 삶 속에 들어가 함께 살아가셨다. 그분이 한 사람의 손을 잡고 "네가 구원받았다"라고 선언하실 때, 그것은 "죽은 뒤 네 영혼은 천국에 갈 것이다"라는 의미가 아니었다. 예수의 깊은 연민과 사랑은 한 인간의 구체적인 삶을 변화시키는 데 닿아 있었다. 예수의 구원을 마음과 영혼의 것으로 국한하고, 구체적 증거인 사회적 책임을 별개의 영역으로 분리할 수 없다. 인간 사회에 관한 책임은 그리스도인에게 선택이 아니다. 마음과 영혼 뒤에 따라오는 부차적인 것도 아니다. 그것은 예수께서 하신 구원에 포함되는 일이다. "하나님 나라가 바로 여기에 임했다"는 예수의 선포는 지금 여기라는 세상에 완전히 집중한 말이다.

오히려 구약성서에서는 심리적 속죄나 그에 이어지는 구원에 대한 확신에 관해서는 거의 다루지 않는다. 초기 평등사회에서 구체적인 행위였던 것과 마찬가지로, 초대교회에서는 구원이 공동소유하고 공동생활을 하는 사회적 행동으로 나타났다. 하나님의 구원 행위는 그 사회 속에서 구체적이고 제도화된 형태로 나타났다. 구원은 죄를 속량할 수 있는 구체적인 장치, 죄를 극복할 수 있도록 돕는 사회 제도적 장치와 더불어 이루어졌다.

죄는 사회 안에서, 사람들 사이의 왜곡된 관계에서 발생한다. 그런데 그리스도인들은 엉뚱한 곳에서 해결책을 찾는다. 죄는 사람들 사이에서 저질러 놓고 용서는 하나님께 구한다. 죄를 발생시킨 근본 원인을 외면하고 발생지의 꼬인 매듭은 하나도 풀지 않은 채, 자신의 죄책만을 면제받으려고 한다. 자신의 책임에 직면하기 두려워 회피하는 것이다. 죄는 사람들과의 관계에서 발생하므로 구원도 관계에서 풀어야 한다. 예수께서 산상수훈을 통해 말씀하신다.

> 그러므로 네가 제단에 제물을 드리려고 하다가, 네 형제나 자매가 네게 어떤 원한을 품고 있다는 생각이 나거든, 너는 그 제물을 제단 앞에 놓아두고, 먼저 가서 네 형제나 자매와 화해하여라. 그런 다음에, 돌아와서 제물을 드려라. 너를 고소하는 사람과 함께 법정으로 갈 때에는, 도중에 얼른 그와 화해하도록 하여라. 그렇지 않으면, 고소하는 사람이 너를 재판관에게 넘겨주고, 재판관이 옥리에게 내주어서, 그가 너를 감옥에 가둘 것이다. 내가 진정으로 너희에게 말한다. 너희가 마지막 한 푼까지 다 갚기 전에는, 거기에서 나오지 못할 것이다." (마태 5:23-26)

타인과의 관계에서 발생한 죄는 그들과의 관계를 회복함으로만 풀 수 있다는 말씀이다. 당시 유대교가 당사자와 화해 없이 종교행위로 면책 받으려는 태도를 지적하셨다. 잘못된 관계는 반드시 사회적 관계를 복원하고 회복하는데서 출발해야 한다. 타인과의 관계가 해결되지 않고 나 혼자 구원받았다고 할 수는 없는 일이기 때문이다. 한때 이른바 개인 구원이 우선이냐 사회 구원이 우선이냐 하는 논쟁이 있었다. 지금도 다수의 교회와 많은 그리스도인에게 사회를 바꾸는 일은 부수적인 책임이고 개인의 영혼 구원이 전부인 것처럼 여긴다. 하지만 본래 성서는 '개인구원'이니 '사회구원'이니 하는 말 자체를 모른다. 이러한 구분은 인간이 만들어낸 관념일 뿐이다. 성서는 나누어지지 않은 총체적인 구원을 말한다.

지파의 형성

이집트를 탈출한 노예들과 가나안의 히브리들이 연합하여 지파를 형성하는 과정은 오랜 세월의 노력과 시행착오, 그리고 공동체의 경험을 통해서 이루어졌다. 그것을 지파라는 혈연적 명칭으로 단순화하는 것은 이스라엘 지파 공동체의 본질을 부분적으로만 알게 한다.

지파 형성에 대해서 성서는 야곱의 12아들인 르우벤, 시므온, 레위, 유다, 잇사갈, 스불론, 단, 납달리, 갓, 아셀, 요셉, 베냐민이 각지파의 조상이며 이들의 이름을 딴 12지파로 보는 전승이 있다. 창세기 29:31-30:24, 신명기 27:12~13은 여기에 따른다. 그런데 또 다른 전승은 레위를 빼고 요셉 대신 그의 두 아들 므낫세와 에브라임이 이끄는 지파를 열두 지파라고 한다. 민수기 26:4-51절의 전승은 이를 뒷받침한다. 레위 지파가 땅을 분배 받지 못했으므로 나중에 영토가 없는 지파의 명단은 제외되었다. 대신 요셉의 두 아들이 지파로 들어왔다. 이를 성서는 레위 지파가 하나님의 소유가 되면서(민1:47~54, 3:12) 제외되었다고 한다.

두 전승 모두 이스라엘의 열 두 지파가 모두 야곱의 자손이라는 것은 변함이 없다. 명단이 바꾸어지더라도 이들이 12이라는 숫자를 고수하는 것은 고대근동에서는 12를 완전 숫자로 보기에 민족을 구성하는 지파도 열두 개로 구성하는 경향이 있었다. 이는 창세기 22장 20-24절에는 아람인의 열두지파 목록, 창세기 25장 13-16절에는 이스마엘 사람들의 열두지파 목록, 창세기 36장 10-14절에는 에돔 사람들의 열두지파 목록, 창세기 36장 20-28절에는 호리 사람들의 열두지파 목록에서 알 수 있다. 실제로 이렇게 하면 왕실에 물건을 대는 역할을 일 년 12달을 한 지파씩 맡기에 용이한 것도 중요한 원인이다.

더욱 중요한 것은 각기 다른 뿌리로 발전해온 자연부족이 한 나라로 합하면서 전체를 통괄하는 통합성이 필요했기 때문이다. 조상들의 이야기는 각각 다른 역사와 전통을 가진 부족들이 연합해서 이스라엘로 결집하면서 그들의 하나됨을 강조하는 역할을 위한 이데올로기이다. 각 지파는 보다 오래된 전통을 가지고 있으며 각각의 부족을 형성하면서 살아온 오랜 역사를 가지고 있다. 지파가 형성되는 경로는 다음과 같았다.

첫째, 가나안 성읍국가, 블레셋 동맹국들을 물리치기 위한 투쟁의 공동 경험을 바탕으로 형성된다.
둘째, 지형, 지세, 숲, 해협 등의 지리적 환경을 중심으로 형성된다.
셋째, 가나안 성읍국가들에 의해 둘러싸인 고립된 지역 내의 사람끼리 연합하여 생겨난다.
넷째, 색다른 토양이나 강수량 또는 같은 농업 형태로 결합되기도 한다.

그리고 지파는 다음과 같은 기능을 가지고 있다.

첫째, 제의를 공동으로 실시한다.
둘째, 각 지역, 각 지파의 이야기들을 모으고 형성, 선날해 나간다.
셋째, 지파별 민병대에 의해 군사적 자체방어 임무를 수행한다.
넷째, 지역 법정에서 위탁된 사항들을 결정하기 위한 법률공동체 기능도 수행한다.
다섯째, 지파는 기근, 질병, 전쟁 등으로 약해진 '미스파하'(씨족, 문중)들을 위한 사회경제적인 상호협조체로서 지파 장로들의 회의를 통해 다른 '미스파하'의 잉여 농산물을 나누어 주기도 했다.

다시 말해서, 고대 이스라엘 사회 체제의 근간이 되었던 지파는 수많은 다양한 집단들과의 전쟁 경험과 그로부터의 생존해 가기 위한 연대의 경험, 역경, 자연 환경과의 투쟁의 과정에서 생성되며, 왕권을 배제한 체제를 가능케 하는 동일한 이념을 가진 연대로 생기기도 했다. 또한 유사한 경제, 법률적 토대를 기초로 만들어졌다. 지파를 단순히 혈연을 기반으로 해석하는 것은 야훼 신앙을 토대로 건설했던 가장 독특한 사회 체제를 충분히 설명해주지 못한다.

이스라엘

이스라엘은 각각 자율적 기능을 가진 지파들의 연합체였다. 이들은 야훼 신앙을 중심으로 뭉쳐있고 사회 경제적으로는 평등한 관계로 결합했다. 이스라엘은 이 공동체의 가장 상위의 사회 단위다. 이렇게 형성된 이스라엘의 구성원에게는 야훼 신앙의 제사, 의식, 도덕 훈련, 이스라엘 구성 원리에 대한 전적인 헌신이 요구되었다. 야훼 공동체인 이스라엘 사회의 두드러진 특징은 사회경제적 평등주의의 실천이다.

각 부족간 상호 연대체로서 서로를 속량해 나가는 친척의 의무는 각 지파 간에도 작용한다. 이스라엘은 7년마다 각 지파간 회의인 계약 갱신을 위한 축제를 열고 서로의 부채를 탕감하며, 지파회의에서 인구 변화에 따라 토지를 재분배했다.

> 모세가 그들에게 명령하였다. "일곱 해가 끝날 때마다, 곧 빚을 면제해 주는 해의 초막절에, 온 이스라엘이 주 너희의 하나님을 뵈려고 그분이 택하신 곳으로 나오면, 너희는 이 율법을 온 이스라엘 백성 앞에서 읽어서, 그들의 귀에 들려주어라. 너희는 이 백성의 남녀와 어린 아이만이 아니라 성 안에서 너희와 같이 사는 외국 사람도 불러 모아서, 그들이 율법을 듣고 배워서, 주 너희의 하나님을 경외하며, 이 율법의 모든 말씀을 지키도록 하여라. 너희가 요단 강을 건너가서 차지하는 땅에 살게 될 때에, 이 율법을 알지 못하는 너희의 자손도 듣고 배워서, 주 너희의 하나님을 경외하게 하여라." (신명기 31:10-13).

이들은 가나안의 농민들을 예속 상태로 살게 했던 불평등의 문제를 극복했고, 경제적으로 노예상태에 빠져있는 농민들이 자신들 만의 공동체를 구성하고 평등사회를 지켜나가고자 이중, 삼중의 안전장치를 사회 제도화했다. 이들을 묶어주는 구심점은 야훼신앙이었다.

친척의 의무 혹은 속량자의 의무는 몰락한 '아비의 집'을 돕는 의무이기도 하였고, 그보다 근 단위인 몰락한 '미스파하'를 돕기 위하여 작동되는 사회적 구제 장치이기도 하였다. 그리고 그것은 최종으로는 몰락한 지파를 지원하기 위하여 주변의 지파가 갖는 의무로 발전되기도 했다. 이러한 이중 삼중의 보호 장치는 이들을 든든하고 뿌듯한 마음으로 사회 속에서 살 수 있게 하는 안전 장치였으며, 이러한 제도 자체가 야훼신앙으로 밑받침되었다.

한편 가나안 사회변혁의 주도 세력은 레위인 그룹이었다. 우리가 알다시피 이스라엘은 모두 12지파로 구성되었는데, 레위족을 제외한 나머지 지파들은 가나안 땅을 고르게 분배받았다. 그러나 레위족은 야훼 공동체를 세운 주도세력이면서도 땅을 분배받지 않았다. 그것은 나머지 지파에 고르게 흩어져 개개의 지파를 이스라엘이라는 하나의 공동체로 묶어 내는 역할을 감당해야 했기 때문이다. 그 대신 전체 이스라엘은 십일조 제도를 통해 레위인들을 부양하도록 했다.

그들은 흩어진 각각의 지파들에게 야훼 하나님을 섬기는 법을 가르치면서, 야훼 신앙을 통해서 각 부족과 부족 간의 '연대'를 보장하는 요소(cross-cutting factor)를 강화했다. 이런 연대가 없었다면, 필요와 때에 따라 모이기도 하고 흩어지기도 하는 지파들을 그냥 '집단'이라고는 할 수 있어도 하나의 '공동체'라고는 볼 수 없다. 그런 점에서 레위지파의 삶의 형태가 어떠한가는 이스라엘이 견고한 공동체로 결속해 있느냐를 판단하는 중요한 척도이다. 그러므로 이스라엘의 공동체 의식이 희박해지면, 레위인들은 야훼 신앙 공동체를 세우는 일등 공신이면서도 사회적 약자로 전락했다. 그래서 신명기에는 고아, 과부, 이방인 보다 우선하는 약자로 레위인을 언급한다. 후대에는 아예 레위지파라는 말조차 사라졌다. 그리고 그 빈자리를 요셉의 아들 므낫세와 에브라임이 차지했다.

하비루들의 하나님이었던 야훼는 이제 가나안에 새롭게 시작한 이스라엘을 평등공동체로 지키시는 하나님이시다. 야훼는 엄격한 평등질서를 요구한다. 이 평등사회를 유지하기 위한 기본 법칙이 침해되는 것은 곧 야훼 신앙에 대한 반역으로 여겼고, 여기에는 준엄한 형벌이 부과되었다.

고트발트(N. K. Gottwald)의 『야훼의 부족(The Tribes of Yahweh)』은 초기 이스라엘의 평등사회에 대한 방대한 연구 결과를 집대성한 역작이다. 그는 이 책에서 이스라엘의 '선민의식'에 대해서 말한다. 현대 사회에서는 팔레스타인의 갈등을 일으키는 이 선민의식이 원래는 특권의식이라기 보다 강한 책임의식에서 나온 것이라고 했다. 어떤 역사에서도 이루어보지 못한 평등한 사회를 이룬 그들의 자부심과 평등사회를 반드시 지켜가야 한다는 책임의식이 선민의식으로 나타났다는 것이다.[1)]

이스라엘의 모든 신앙운동의 핵심은 초기 평등사회의 모습으로 돌아가려는 움직임이다. 초기의 평등사회 경험은 왕권 제도에 의해 붕괴되었지만 율법을 통하여 평등사회로 돌아가려는 유토피아적인 법들이 오경 안에 자리잡았고, 한편으로는 예언자들의 사회비판을 통하여, 언제나 야훼 공동체로의 귀환을 강력히 요구하는 힘이었다. 예수님의 사역도 이러한 평등사회의 이상인 '주의 은혜의 해(희년)'의 선포와 실현이었으며 예수는 이를 "하나님 나라"로 선포했다(누가 4:16-18). 또한 초대교회 공동체 역시 모든 것을 공동으로 소유하고 함께 나누는 이스라엘 초기 평등사회의 재현이라고 볼 수 있다(사도행전 2:43-47, 4:32-37).

1) N. K. Gottwald, *The Tribes of Yahweh* (Orbis books : Marykoll, New York, 1979). 702-3.

생각나누기

인간에게 영혼이란 본질적인 것이어서 내면으로부터의 구원과 속량은 참으로 중요하다. 인간은 결국 자신이 마음먹은 대로 현실을 보고 경험하고 만들기 때문이다. 따라서 세상에서 하나님의 자녀로 살아가려면 내면의 정화는 매우 중요하다. 그러나 인간은 또한 몸을 입고 이 세상에서 구체적으로 살아간다. 삶의 실천이 없는 속량, 몸으로 부딪히지 않는 구원이란 그 자체가 어불성설이다.

- 본래 사회적 회복을 목표했던 속량이 오늘날 사회 속에서 그 역할을 하려면 우리는 어떤 삶을 지향해야 할까. 또 교회는 어떤 모습으로 사회 속에서 존재해야 할까.
- 오늘날 우리 주변에서 일어나는 어떤 사건이 '속량'에 해당하는 사건인가를 이야기해보자.

죄를 사하는 권세

그 날, 곧 주간의 첫날 저녁에, 제자들은 유대인들이 무서워서, 문을 모두 닫아 걸고 있었다. 그 때에 예수께서 오시어, 그들 가운데 서서 "너희에게 평화가 있기를!" 하고 인사하셨다. 이 말씀을 하시고, 두 손과 옆구리를 보여 주셨다. 제자들은 주를 보고 기뻐하였다. 예수께서 다시 그들에게 말씀하시기를 "너희에게 평화가 있기를 빈다. 아버지께서 나를 보내신 것과 같이, 나도 너희를 보낸다" 하셨다. 이렇게 말씀하신 뒤에, 그들에게로 숨을 내뿜으시고 말씀하셨다. "성령을 받아라. 너희가 누구의 죄든지 사해 주면 사해질 것이요, 사해 주지 않으면 그대로 남아 있을 것이다." (요한복음 20:19–23)

지난 이천년 동안 그리스도교는 이 땅에 평화와 사랑의 씨앗을 뿌려왔을까. 이 질문에 흔쾌히 그렇다고 대답할 수가 없는 현실이 슬프고 아프다.

돌아보면 그리스도교의 역사는 전쟁과 정복의 역사와 다르지 않다. 그리스도교는 십자군 전쟁으로부터 시작해 '이교도들에게 복음을 전한다'는 미명하에 아시아, 아프리카, 남미 지역을 자신의 식민지로 편입했다. 이런 정복과 전쟁이 과거에만 있었던 일은 아니다. 세계 최강대국인 미국의 개신교 우파는 공화당의 배후세력으로 미국정치에 적극적으로 개입했다. 과거 "대(對) 테러전쟁은 '십자군전쟁'이다"라고 한 부시 대통령의 발언은 개신교 우파 세력의 생각과 크게 다르지 않다. 미국 개신교 우파들과 군수산업체, 보수당은 뗄레야 뗄 수 없는 산업파트너가 되었다. 그들은 세상을 선과 악으로 나누고 '악의 축'과의 전쟁을 신포한다. 세계 어느 곳에선가 전쟁이 일어나 주어야 한다. 국력이 너무 막강해서 미국에게 위협이 되지 않는 나라들, 그리고 너무 약하지 않아 그들이 생산한 무기의 값을 치를 수 있는 정도의 자원이나 부가 있는 나라에서는 끊임없이 전쟁을 획책한다. 대통령 취임식에서 성서에 손을 얹고 선서를 하는 소위 기독교 국가가 양민학살을 계획하는 셈이다. 하지만 교회는 이렇게 밖으로 행하는 어마어마한 죄에 관대하게 눈을 감는다. 그리고 죄를 인간 내면에서만 찾아왔다. 그러나 이런 구조적인 거대악을 외면하고 한 인간의 윤리적인 면에서만 죄를 이야기할 수 있을까.

교회는 끊임없이 사람들에게 죄의식을 강요하고 멀쩡한 사람을 죄인으로 만들면서 역사를 유지해 왔다. 그리고 '고백'이라는 도구를 통하여 사람들을 교회 안의 순한 양으로 길들여 왔다. 하지만 민중 신학자 서남동 목사는 "죄는 지배자의 용어이고 민중의 언어는 한(恨)이다" 라고 정의했다. 죄를 지으면 피해자가 있다. 살인을 하든지 도둑질을 하든지 성폭행을 하든지, 사기를 치든지 모두 다 그 행위로 인해 피해를 입는 피해자가 있다. 그러나 그동안 교회의 신학은 피해자가 입은 한 덩어리, 그들이 가진 응어리를 풀어주는 목회는 별로 염두에 두지 않았다.

교회는 내면에서 이루어지는 구원의 확신보다는 실제에서 이루어지는 구원을 전할 수 있어야 한다. 죄가 사람들 간의 잘못된 관계에서 오는 사회적 행위이면 구원 역시 사회적인 것이어야 한다. 가해자의 구원이 아니라 그로 인해 피해를 입은 사람들을 보호하고 구원해야 하며, 그들의 한(恨)을 치유해야 한다. 구원을 선포하는 교회의 목회 방향도 그와 같아야 한다.

제2의 종교개혁은 내면적인 죄책과 함께 본래 죄의 자리를 해결하는 것이어야 한다. 인간은 사회적이고 구조적인 존재이므로 약자를 괴롭히는 불의에 대해서까지 저항하는 기독교가 되어야 한다. 죄의식을 가볍게 해주는 개인적인 기독교가 실제 사회적 죄를 없애는 종교가 될 때 그리스도의 '구원'은 자기 본연의 의미를 되찾게 될 것이다.

오늘 본문의 사죄의 선언자로 부름 받은 제자들은 무서워서 문을 닫아걸고 있다. 그들은 아직 예수를 십자가에 단 군중이 무서웠겠지만 한편으로는 예수 자신을 두려워하는 것이다. 그들은 자신들의 배신이 두려웠다. 그들은 감히 예수를 볼 면목이 없다. 은돈 30냥에 스승을 팔고, 부인하고, 모두 도망간 나약함을 보였다. 그들 자신도 허탈함에 빠졌다. 무엇보다도 그들 자신에 대한 배신감이 괴로웠다. 그들은 예수께서 부활하셨다는 소식을 전해 듣고도 감히 예수를 찾아 나서지 못한다. 예수를 볼 면목이 없고 그렇게 충성을 맹세한 예수를 하루아침에 모르쇠로 도망간 자신이 두려웠다.

그러나 예수는 그들에게 나타나시어 "너희에게 평화가 있기를"하고 말한다. 잔뜩 겁을 먹고 있는 이들을 위로하고 감싼다. 그리고 그 비겁자들을 불러 사죄의 선언자로 하늘의 권세를 부여한 사람으로 세운다. 이것은 특정한 인물 사도들에게만 국한된 것은 아니다.

예수는 오늘 이 말씀을 읽는 사람을 그 자리에 세운다. 주님은 감히 부끄러워 얼굴도 못 드는 사람들에게 하늘을 여는 열쇠를 준다. 제자들 자신이 예수를 대하기에 면목없는 죄책감 따위는 묻지 않으신다. 그들이 해결해야 할 더 큰 죄악들과 대면하게 하신다. 자신의 문제조차도 해결하지 못해 타는 가슴을 가진 사람들에게 이 세상의 죄를 사해주라는 엄청난 권세를 부여한다. 그대의 문제는 주께서 맡으실 테니 타는 가슴을 가진 사람들의 쉼터가 되라고, 이 역사의 짐 덩어리, 우리 사회의 짐 덩어리로 인해 힘겨워하는 이들을 자유케 하라고, 누군가 치워야할 짐 덩어리를 치우는 그 일에 주인이 되지 않겠느냐고 주님은 우리를 부른다. 이것은 곧 죄와 죽음을 물리치고 사죄를 선언하는 권세이다. 그 권세는 이 땅에 만연한 죄의 죽음의 문화를 생명의 문화, 살림의 문화로 바꾸어 놓을 것이다.

누군가가 치워야할 역사의 짐 덩어리, 우리 사회의 걸림돌이 되는 짐 덩어리들이 여기저기 널려 있다. 누군가가 팔 걷고 나서서 치우지 않으면 안 된다. 이것이 속죄이다. 사죄의 선언이다. 우리 죄를 용서하신 십자가는 그 은혜로 구원받은 작은 예수들의 십자가 행진을 요구한다.

05
왕정의 시작
제한된 왕권

이스라엘 지파연합의 시작은 고대 이집트와 메소포타미아를 지배하던 대제국의 질서와 봉건적 착취 구조에 저항한 농민의 혁명이었다. 그들은 약 200년 동안 왕이나 귀족 계급이 없는 평등한 동맹체를 유지하였다. 인류 역사에서 매우 드문 놀라운 체제였으나, 이 평등 공동체에도 붕괴 요인들이 생겨나기 시작했다.

블레셋의 침입과 내부 분열

외부 요인은 해양민족 블레셋의 침입이었다. 팔레스타인이라 부르는 현대의 지명은 이들의 이름에서 유래했다. 이들은 이 지역에 최초로 철기문화를 들여왔으며, 발달한 무기가 주는 군사력으로 이스라엘 평등사회를 끊임없이 괴롭혔다. 게다가 블레셋은 상비군과 용병제도로 무장하고 있었다. 블레셋의 구성원은 대다수가 에게해(Aegean Sea) 출신의 호전적 귀족층이었다. 단일한 왕조 체제는 아니었으나 도시 군주들의 매우 긴밀한 동맹관계에 의해 단결된 행동을 취할 수 있었다.

반면 이스라엘은 상비군 없이 때에 따라 각 지파에서 동원된 민병대 연합이 방어를 담당했다. 민병대가 상비군으로 무장한 블레셋을 상대하는 것은 아마츄어가 프로와 맞서 싸우는 것 같이 벅찼다. B.C 1050년 직후 아벡에서 벌어진 블레셋과의 전투에서 이스라엘은 참패했고, 그들의 심장과도 같은 법궤마저 빼앗겼다. 법궤가 있던 종교 중심지 실로 또한 블레셋에 점령되어 파괴되었다. 그 충격으로 제사장 엘리가 사망하고 뒤를 이은 홉니와 비느하스 마저도 전사하였다.

내부 균열도 생겼다. 각 지파 사이에 경제, 군사, 문화적인 면에서 불평등이 발생하면서 내부의 골이 깊어졌다. 야훼의 법은 지켜지지 않았다. 에브라임 산지에 살던 한 레위인이 여행 중 베냐민 지파의 영역인 기브아에서 머물다가 자신의 첩이 기브아 사람들에게 윤간을 당하고 살해당한 일이 생겼다. 이에 온 이스라엘이 베냐민 지파를 응징하기 위해 지파간 전쟁이 벌어졌다.(사사기 21장) 이방인 환대의 의무는커녕 나그네를 욕보이고 죽인 사건으로 베냐민 지파와 타 지파들 사이의 전쟁이 터지고 베냐민 지파가 멸문에 이르게 되자 이스라엘 공동체는 크게 갈등한다.

> 이스라엘 사람들은 이미 미스바에서 "우리 가운데서는 아무도 딸을 베냐민 사람과 결혼시키지 않도록 하자!" 하고 맹세한 일이 있었다. 이스라엘 백성은 베델에 이르러, 거기에서 저녁이 되도록 하나님 앞에 앉아 소리를 높여 크게 통곡하였다. 그들은 울부짖었다. "주 이스라엘의 하나님, 어찌하여 이런 일이 이스라엘에서 일어났습니까? 오늘 한 지파가 끝내 이스라엘에서 없어지고 말았습니다." (사사기21:1-3)

뿐만 아니라 이 지파간의 전쟁을 치르는 동안 전쟁에 참여하지 않은 부족에 대한 응징의 문제도 생겨나 이스라엘 내부의 균열은 심각해진다. 베냐민 지파와의 전쟁이 야베스 주민에 대한 전쟁으로 확산되어 이스라엘은 만신창이가 되어 버렸다.

> 그들은 이스라엘 지파 가운데 어느 지파가 미스바에 올라오지 않았는지, 주 앞에 나아오지 않았는지를 알아보았다. 그러자 길르앗의 야베스에서는 한 사람도 진으로 오지도 않고, 이 총회에도 참석하지 않은 사실이 드러났다. 그들이 백성을 일일이 살펴보니, 정말 길르앗의 야베스 주민은 한 사람도 없었다. 그래서 회중은 가장 용감한 군인 만 이천 명을 그리로 보내면서, 명령하였다. "너희는 가서 길르앗의 야베스 주민을, 여자나 어린 아이 할 것 없이, 칼로 쳐서 죽여라.(사사기 21:8-10)

이렇게 지파 간의 대 혼란을 겪은 후에 사사기를 마무리하는 구절은 다음과 같이 말한다. "그 때에는 이스라엘에 왕이 없었으므로, 사람들은 저마다 자기의 뜻에 맞는 대로 하였다.(사사기 21:25)"

마침내 백성들은 왕을 요구하기에 이른다. 야훼 신앙에 충실해서 평등공동체를 지켜 나가고자 했던 사람들은 이런 요구에 반대하였다. 사무엘은 왕을 요구하는 백성들에게 왕정이 가져오는 피해에 대해 역설했다. 왕정은 결국 그들의 아들과 딸은 물론 그들의 밭에서 십일조도 떼어갈 것이며, 양떼 가운데서도 열의 하나를 가져갈 것이라고 경고했다. 뿐만 아니라 나중에는 그 밭과 함께 자신들마저도 노예가 될 것이라는 말도 잊지 않았다. 그 때에 와서야 백성들은 스스로 택한 왕 때문에 울부짖을 터이지만, 그 때에 주님께서는 백성들의 기도에 응답하지 않으실

것이라고 사무엘은 처절하고 엄격하게 경고하였다.(사무엘상 8:10-18)

주변 제국에 반발하며 어렵게 산간지를 중심으로 평등한 나라를 세웠던 이스라엘은 이렇게 내부의 분열과 블레셋이라는 외부 적의 침입으로 무너져 내렸다. 결국 이스라엘은 왕정을 받아들일 수밖에 없었다. 월등한 무기와 상비군 체제를 가진 블레셋에게 매번 약탈을 당할 수만은 없었기 때문이다. 이렇게 하여 200년 간 생명을 유지해온 평등공동체는 막을 내리게 되었다. 그러나 이들이 새로 시작한 왕정은 주변국의 왕정과는 판이하게 다른 제도였다. 말하자면 자신들이 이룩했던 평등공동체의 경험이 그대로 녹아있는 왕정이었다. 이것을 우리는 '제한된 왕권'이라고 표현할 수 있겠다.

제한된 왕권

이스라엘 최초의 왕은 베냐민 지파에 속한 사울이었다. 그런데 사사기 말기에 지파 간 전쟁을 겪은 베냐민 지파는 거의 멸문(滅門)의 위기에 처한 가장 약한 지파였다. 게다가 사울은 그중에서도 가장 약한 문중(미스파하) 출신이었다. 사무엘이 사울에게 이스라엘 백성을 다스려달라고 하자 사울이 대답한다.

> 저는 이스라엘 지파 가운데서도 가장 작은 베냐민 지파 사람이 아닙니까? 그리고 저의 가족은 베냐민 지파의 모든 가족 가운데서도 가장 보잘 것 없는데, 어찌 저에게 그런 말씀을 하십니까? (사무엘상 9:21).

왕을 이렇게 약한 미스파하에서 뽑은 것은 다 이유가 있었다. 바로 왕권을 견제하기 위해서였다. 왕은 그 위치만으로 매우 막강한 권력을 행사하는 존재였다. 왕의 배경에 강력한 집안까지 있다면 그는 무소불위의 권력을 누리게 될 터였다. 사울을 택한 것은 이를 사전에 막고 견제하기 위해서였다. 그러나 이 선택을 이해하지 못하는 사람들도 있었다.

> "이런 사람이 어떻게 우리를 구할 수 있겠느냐?" 라며 그를 업신여기고, 그에게 예물도 바치지 않았다(사무엘상 10:27).

그러나 권력의 속성이 그렇듯, 이렇게 등장한 이스라엘의 첫 번째 왕 사울도 결국은 왕권을 강화하고자 했다. 이런 일로 사울은 사무엘과 갈등을 겪는다. 이스라엘의 왕권을 제한하기 위해 이스라엘은 다음과 같은 장치를 두었다.

첫째, 이스라엘의 왕은 예언자에 의해서 임명되었고 또한 폐위당하기도 하였다.

고대 근동에서 왕권은 아들로 세습되었다. 안정된 세습과 권력 승계는 튼튼한 왕권의 판단 기준이기도 했다. 그러나 이스라엘은 왕을 세운 조기에 예언자가 왕을 임명했다. 야훼 종교의 지도자에게 임명권을 부여한 것은 이스라엘 평등사회의 정신을 살리고 왕권을 제한하기 위해서다. 그러나 얼마 지나지 않아 다윗왕 시대부터 이러한 시도는 거의 무너졌다. 다윗은 주변의 반대에도 불구하고 밧세바의 아들 솔로몬에게 왕위를 넘겨준다.

사울은 사무엘에 의해 왕으로 임명받았다. 그러나 후에 사무엘은 사울에 대한 지지를 철회한다. 사무엘은 사울이 두 눈 뜨고 살아있는데도 다윗을 새로운 왕으로 임명한다. 제한된 왕권은 후에 북왕국의 예언자들을 통해 계승된다. 예언자 아히야는 솔로몬의 아들 르호보암을 왕으로 인정하지 않고 공사장 감독관 출신인 여로보암을 왕으로 지목한다. 솔로몬 사후에 이스라엘은 남북으로 분열되었다. 북 이스라엘의 첫 번째 왕, 여로보암은 이스라엘의 12지파 중 유다지파와 베냐민 지파를 제외한 10지파를 다스렸다. 남 유다의 왕, 르호보암은 솔로몬의 왕위를 세습했다. 남 왕국은 다윗-솔로몬-르호보암으로 이어지는 세습 왕조가 자리 잡았다. 이스라엘은 두 개의 왕국으로 갈라져 서로 돌이킬 수 없는 길을 갔다.

그러나 북 왕국 이스라엘에서는 옛 평등공동체를 계승하는 전통이 살아남았다. 예언자 아히야에 의해 왕이 된 여로보암 역시 시간이 흐르면서 권력의 본성을 따랐지만, 북 이스라엘에서는 예언자가 왕을 임명하는 전통이 간헐적으로 이어졌다. 후에 예언자 엘리사는 예후를 왕으로 세워 이스라엘 최고의 폭군인 아합 정권을 전복시키기에 이른다. 이런 엘리사의 행동은 지금으로 치면 내란음모 혹은 국가변란에 해당한다. 왕이 실질적인 통치를 하던 당시는 이런 죄가 더욱 엄격하게 다스려졌다. 그럼에도 불구하고 예언자들은 계속 왕정의 잘못한 점들을 혹독하게 비판했다. 하나님의 뜻을 행하지 않아 정의가 무너지는 곳에서는 목에 칼이 들어오더라도 올바른 하나님의 말씀을 선포하는 것이 바로 예언자의 자리였으며, 이것은 야훼 신앙의 전통에서 온 것이었다.

둘째, 왕의 권한은 군사적 임무로 제한되었다.

사울은 왕이라기보다는 블레셋에 대항하기 위한 총사령관에 가까웠다. 두 번째 왕인 다윗은 '멜렉(מלך, melek, 왕)'이라 칭했지만, 사울은 '나기드(נגיד,nagid, 총사령관)'라고 불렸다. '나기드'는 하나님께서 직접 선택해서 세우시는 카리스마적인 지도자로, 주로 군사 지도자를 의미했다. 이스라엘이 왕정으로 전환한 근본적인 이유는 블레셋을 물리치기 위한 것이었기 때문에 왕의 가장 큰 임무는 약탈자들을 물리치고 백성의 안전을 지키는 것이었다. 초기에 이스라엘이 왕에게 요구한 역할은 이렇게 외부의 적을 물리치기 위해 전투를 책임지는 장군 혹은 총사령관이었다. 하지만 다윗은 자기 신변상의 안전을 위해 전쟁에 나가지 않는다. 왕조 역사가는 "백성들의 거듭되는 간절한 요구에 의해 다윗이 전쟁에 출전하지 않게 되었다"는 진술을 강조한다.

> 온 백성이 외쳤다. "임금님께서 나가시면 안 됩니다. 우리가 도망을 친다 하여도, 그들이 우리에게는 마음을 두지 않을 것이며, 우리가 절반이나 죽는다 하여도, 그들은 우리에게 마음을 두지 않을 것입니다. 임금님은 우리들 만 명과 다름이 없으십니다. 그러니 임금님은 이제 성 안에 계시면서, 우리를 도우시는 것이 더 좋겠습니다." 그러자 왕은 그들의 의견을 따르겠다고 말하고…(사무엘하 18:3 이하)

> 다윗의 부하들이 다윗에게, 다시는 자기들과 함께 싸움터에 나가지 않겠다고 약속을 받고서 그에게 말하였다. "임금님은 이스라엘의 등불이십니다. 우리는 우리의 등불이 꺼지지 않도록 지키고자 합니다." (사무엘하 21:17)

다윗이 전쟁에 나가지 않은 이유가 "백성들의 간청에 의한 것"이라고 왜 이렇게 여러 곳에서 강조할까? 구약에 기록된 역사는 왕조사임을 기억하자. 왕조의 녹을 먹는 사관들이 기록한 역사다. 당연히 왕에게 우호적인 기록을 할 것이다. 불행히도 야훼 하나님께서 '내 백성'이라고 명하셨던 민중은 기록을 남기지 않았다. 그들은 기록을 남길 만한 지식도 없다. 고대 사회에서 대부분은 문맹이었다. 또 글을 안다고 하더라도 기록할 만큼의 경제적 여유도 없다. 하지만 우리는 권력자들의 기록에서도 민중의 미세한 음성을 들을 수 있다. 권력자는 기록을 통해서 자신의 정당성을 변호한다. 민심이 들끓는 가운데 나오는 의구심과 비난에 답하고 변명한다. 사무엘서의 거듭되는 답변으로 우리는 당시 민중의 목소리를 들을 수 있다.

우리는 왕조사의 이면을 통해 민중의 역사를 복원할 수 있다. 민중이 던진 외마디 욕설, 속담, 노래, 민담 속에서도 왕조전승에 대립하는 해방전승, 민중전승을 찾아 낼 수 있다. 기록된 역사가 모두 그렇듯, 성서 안에도 이런 상반되는 전승들이 꽈배기처럼 얽혀져 있어 분별하기가 쉽지 않다. 이 분별에 도움을 주는 것이 역사비평 성서 연구방법이다. 이 방법은 실제 일어난 역사를 기반으로 성서를 해석하면서 그 안에 일관되게 흐르는 야훼신앙의 정신을 되살린 민중전승 코드를 분리해 낼 수 있게 해준다.

다윗이 우리야의 아내와 정사를 벌인 뒤 이를 은폐하기 위해 그를 살해한 사건은 다윗을 궁지로 몰아넣은 최대의 스캔들이었다. 한 나라의 왕이 자신의 충실한 부하가 전선에 나가 싸우는 동안 궁중에 남아있으면서 사건을 벌였으니 이스라엘 민심이 분노하며 물었을 터이다.

왜 왕은 전쟁에 나가지 않는가?
애초의 왕정은 블레셋을 물리치기 위해 출발하지 않았나?

왕을 세운 것은 전쟁을 수행하기 위한 목적으로 만든 것이 아니던가?

다윗 왕정은 이런 민심을 의식하지 않을 수 없었을 것이다. 이런 이유에서 성서는 여러 번 다윗이 전쟁에 나가지 않게 된 이유를 변명한다.

셋째, 전쟁을 선포하는 것도 왕의 권한이 아니라 종교지도자의 권한이었다.

블레셋과의 전투가 벌어진 현장에서 사울과 민병대는 사무엘을 일주일이나 기다렸다. 사무엘이 오지 않자 군대는 뿔뿔이 흩어지기 시작했다. 사무엘을 더 이상 기다릴 수 없었던 사울이 제사를 지낸다. 이를 단순히 왕이 제사권을 침범한 사건으로 보는 것에 그치지 말고 그 제사가 과연 무슨 제사였는가에 주목할 필요가 있다. 이 제사는 전쟁을 선포하는 종교 의식이다. 본래 전쟁을 선포하는 것은 종교지도자의 권한인데 왕이 이를 침범한 것이다. 이 사건으로 사무엘은 사울에 대한 지지를 철회한다.

사실 이스라엘의 사정은 막강한 상비군으로 무장한 블레셋 군대와는 사뭇 달랐다. 블레셋은 고도의 군사훈련으로 단련된 정규군이었다. 하지만 이스라엘은 전투상황이 생겼을 때, 각 지파에 파발을 내려 군대를 구성하는 민병대였다. 게다가 적군은 '바다의 모래알과 같이 많은 수'다. 군대의 질이나 숫자로 보아 상대가 되지 않는 불리한 싸움을 해야 한다. 이럴 때 이유 없이 전쟁을 시작할 시기마저 늦추는 것은 치명적이다. 무슨 이유에서인지 사무엘이 일주일이나 지나도 오지 않고, 다급해진 사울은 독자적으로 제사를 드리게 된다.

사울의 행동은 당시 군의 체제와도 관련이 있다. 상비군 체제가 이미 오래전부터 가족과 격리되어 있어 모든 주변 상황을 정리한 상태에서 전투에 임하는 것에 비해서, 이스라엘 민병대처럼 갑자기 차출된 군대는 자연히 개인적으로 많은 사연을 안고 전쟁에 임하게 된다. 우여곡절 끝에 소집에 응했는데, 전투 상황에 돌입하지 않고 오랫동안 대기 상태가 되면 군의 사기는 차츰 떨어진다. 결혼하고 첫날밤을 못 치루고 온 사람, 어머니가 쓰러진 것을 보고 온 사람, 집에 일거리를 쌓아 두고 온 사람…. 시간이 지날수록 각자 사정에 따라 급한 일을 처리하고 오겠다며 빠져나가는 사람도 생긴다. 이는 남아 있는 사람들의 마음을 몹시 동요시킨다. 사울로서는 이러한 상황을 수습하기 힘들었을 것이다. 더군다나 신명기에는 민병대의 개인적인 사정을 고려하여 전쟁에 임하도록 법으로 정하고 있다.

> 이스라엘아, 들어라. 오늘 너희가 너희의 대적과 싸우러 나갈 때에, 마음에 겁내지 말며, 무서워하지 말며, 당황하지 말며, 그들 앞에서 떨지 말아라. 주 너희의 하나님은 너희와 함께 싸움터에 나가서, 너희의 대적을 치시고, 너희에게 승리를 주시는 분이시다. 그 다음에, 장교들은 군인들에게 다음과 같이 지시하여라. '너희 가운데 누구든지, 집을 짓고 준공식을 하지 못한 사람이 있으면, 집으로 돌아가거라. 그가 전사함으로써 다른 사람이 준공식을 하는 일이 없도록 하여라. 또 누구든지, 포도원을 만들어 놓고 아직 그 열매를 맛보지 못한 사람이 있으면, 그런 사람도 집으로 돌아가거라. 그가 전사함으로써 다른 사람이 그 열매를 맛보는 일이 없도록 하여라. 또 너희 가운데 여자와 약혼하고 아직 결혼하지 못한 사람이 있으면, 그런 사람도 집으로 돌아가거라. 그가 전사함으로써 다른 사람이 그 여자와 결혼하는 일이 없도록 하여라.' 장교들은 군인들에게 또 이렇게 지시하여라. '어느 누구든지, 전쟁이 두

려워서 겁이 나면, 집으로 돌아가거라. 그런 사람이 있으면 다른 형제의 사기만 떨어진다.' 장교들이 군인들에게 이런 지시를 다 끝마치면, 군인들 위에 지휘자를 임명하여라.(신명기 20:3–9)

전쟁을 수행할 책임이 있는 사울에게는 이런 저런 사정을 다 고려해 줄 만한 여유가 없다. 그는 조급하지만 아마도 사무엘은 이런 율법의 사항을 충분히 고려하여 지킬 수 있는 여유를 주고 싶어 일부러 일주일을 지체했을 수도 있다.

사무엘이 사울의 지지를 철회하게 되는 또 하나의 이유가 있다. 이스라엘은 거룩한 전쟁(聖戰)의 관습에 따라 아말렉과의 전쟁에서 모든 것을 몰살시켜야 했는데 사울은 전리품을 챙겼다. 양 떼와 소 떼 가운데서도 가장 기름진 짐승들을 골랐고, 그것들을 아깝게 여겨 진멸치 않았다.

그런 다음에 사울은, 하윌라에서부터 이집트의 동쪽에 있는 술 지역에 이르기까지, 아말렉 사람을 쳤다. 아말렉 왕 아각은 사로잡았고, 나머지 백성은 모조리 칼로 쳐서 없애 버렸다. 그러나 사울과 그의 군대는, 아각뿐만 아니라, 양 떼와 소 떼 가운데서도 가장 좋은 것들과 가장 기름진 짐승들과 어린 양들과 좋은 것들은, 무엇이든지 모두 아깝게 여겨 신멸하지 않고, 다만 쓸모없고 값없는 것들만 골라서 진멸하였다. (사무엘상 15:7–9)

우리 관점에서 본다면 오히려 사울이 정당해 보인다. 왜 그렇게까지 잔인하게 동물들을 몰살시키려 하는지 의문이 들기도 한다. 여기서 고대 사회의 전쟁이 어떤 모습이었나를 잠깐 살펴보자.

왕정의 존속을 위해 물질적 기반 확보는 필수 조건이다. 일반적으로 물질을 확보하는 수단은 조세와 전쟁이었다. 그런데 조세는 즉각적인 저항을 불러일으킨다. 조세에 의존하는 왕은 자주 반란에 직면한다. 그에 비해 전쟁은 잘 훈련된 상비군만 있다면 얼마든지 필요한 것들을 얻을 수 있으며, 인력과 토지를 단시일 내에 확보할 수 있다. 상해를 입을 수는 있으나 전쟁에서 살아남은 자들은 많은 전리품을 획득함으로써 떼부자가 되기도 한다. 뿐 만 아니라 점령지에서 생포한 젊고 예쁜 여자들을 얻거나 단번에 팔자가 펴는 횡재를 할 수도 있다. 전쟁으로 불만을 가질 사람들은 이미 이 세상 사람이 아니기에 불만 세력이 될 기회조차도 갖지 못한다. 따라서 손쉽게 물질을 확보하기 위해 왕들은 끊임없이 민중을 전쟁터로 밀어 넣었다. 전쟁의 참화는 그칠 줄을 몰랐고 왕들은 전쟁광이 되었다.

고대 사회에서 생산력이 획기적으로 발전하기는 어려웠기에 왕들은 전쟁을 통해서 왕권에 필요한 물적 기반을 확보하려는 유혹에 쉽게 빠졌다. 전쟁이 국민의 생명을 지키고 보호하는 수준에서 통제되어야 함에도 불구하고 왕들의 늘어나는 욕심을 채우기 위한 도구로 이용되면서 군대는 합법적인 강도떼가 되었다. 왕들의 이런 욕망은 정복 전쟁의 형태를 통해 성취되었다. 그 대가로 징병과 부역, 전비 조달 뿐 아니라 민중의 피가 요구되었다. 이런 악순환에서 벗어나고자 이스라엘은 전쟁을 선포하는 기능을 왕에게 주지 않고 야훼 종교 지도자가 가지도록 했다. 또 부득이하게 전쟁을 하게 되더라도 전리품을 완전히 소멸시키는 이른바 '거룩한 전쟁'(聖戰)을 수행했다. 이는 왕들이 물자 획득의 수단으로 빈번하게 전쟁을 일으키는 것을 방지하려는 목적을 가진다. 그러나 이런 종교지도자의 권한은 다윗 이후로는 철저하게 왕에게 귀속되었고, 단지 전쟁 전에 왕실 예언자에게 그 전쟁의 승패를 자문하는 정도로 축소되고 말았다.

> 이스라엘 왕은 예언자 사백 명 가량을 모아 놓고서, 그들에게 물었다. "내가 길르앗의 라못을 치러 올라가는 것이 좋겠소, 아니면 그만두는 것이 좋겠소?" 그러자 예언자들은 대답하였다. "올라가십시오. 주께서 그 성을 임금님의 손에 넘겨주실 것입니다." 여호사밧이 물었다. "이 밖에 우리가 물어 볼 만한 주의 예언자가 또 없습니까?" (열왕기상 22:6-7)

> 다른 예언자들도 모두 그와 같은 예언을 하면서 말하였다. "길르앗의 라못으로 진군하십시오. 승리는 임금님의 것입니다. 주께서 이미 그 성을 임금님의 손에 넘기셨습니다." (열왕기상 22:12).

넷째, 왕의 통치는 철저하게 하나님의 법에 근거해야 했다.

고대 근동의 왕들은 자신이 곧 법이었다. 왕 자신이 입법자이기 때문에 그들의 통치 근거 또한 자기 자신에게 있었다. 그러나 이스라엘의 모든 법은 철저하게 야훼 하나님께로부터 나왔다. 입법자는 언제나 야훼였다. 왕 역시 법아래 있는 존재로서, 왕은 법을 두루마리에 베껴 항상 자신의 옆에 두면서 그것이 발하는 대로 나스리고 실천해야 했다.

> 왕위에 오른 사람은 레위 사람 제사장 앞에 보관되어 있는 이 율법 책을 두루마리에 옮겨 적어, 평생 자기 옆에 두고 읽으면서, 자기를 택하신 주 하나님 경외하기를 배우며, 이 율법의 모든 말씀과 규례를 성심껏 어김없이 지켜야

합니다.(신명기[1] 17: 18–19)

이스라엘은 블레셋이라는 강력한 상비군의 위협 앞에서 부득이하게 왕정으로 전환하긴 하였으나, 초기에는 평등사회의 정신을 이어나가고자 했다. 이는 노예에서 탈출하여 평등한 사회를 누렸던 자신들의 경험과 주변 사회의 왕정을 절충한 독특한 개념이었다. 그러나 후대에 이스라엘은 제한된 왕권의 개념마저 지켜나가지 못했다. 그들은 이방 왕국과 다름없는 왕정으로 전락했으며, 이런 이유로 나라가 망하게 되었다고 생각했다. 결국 이들은 포로기에 와서야 자신들이 하나님의 법을 어긴 죄로 인해 나라가 망하고 포로생활을 하게 되었다고 생각했고, 자기들이 저지른 반역의 역사를 반성하였다.

1) 신명기(Deuteronomy)는 '복사된 법'이란 의미이다. '듀트로(deutero)'는 복사본(copy)이란 뜻이고 '노미(nomy)'는 법이란 뜻이며, 이는 왕이 반드시 옆에 두고 보아야 할 책이란 의미이다.

왕은 외부의 적으로부터 자기 백성을 편안하게 돌보고 지켜나가라고 세워졌다. 그러나 왕들은 곧 바로 백성 위에 군림하는 자가 되었고, 자신의 명예와 욕심을 위해 백성을 도구로 삼았다. 이들은 항상 온갖 권력과 금권을 손에 쥐고 더욱 자기에게 유리한 조건을 만들어 갔다. 하지만 참다운 왕권은 최소한 노블리스 오블리제를 지킬 수 있어야 한다. 즉 사회지도층은 그 위치에 걸맞은 사회적 의무를 가져야 한다.

전쟁의 참화에서 벗어난 이후 우리 민족은 급격한 경제성장과 사회변동의 격동 속에서 이러한 정신적 가치를 생각해볼 여유도 없이 살아왔다. "꿩 잡는 게 매"라는 식으로 과정의 정당성 보다는 결과만을 중시한 채 달려왔다. 그러다보니 우리 사회 각 층, 특히 지도층에게서 나는 역겨운 냄새가 하늘을 찌른다. 지도층에게 요구되는 덕목이 무엇인지 이야기해 보고, 우리의 권리를 실현할 수 있는 방안이 무엇인지, 특히 가장 기본이 되는 선거제도의 부당함은 무엇인지, 어떻게 바뀌져야 할지 이야기해 보자.

새 술은 새 부대에2)

"생베 조각을 낡은 옷에다가 대고 깁는 사람은 없다. 그렇게 하면 새로 댄 조각이 낡은 데를 당겨서, 더욱더 심하게 찢어진다. 또 새 포도주를 낡은 가죽

2) 2017. 7. 21일에 "국민참여개헌 범 시민대토론회"가 여의도 국회의원회관에서 있었다. 필

부대에 담는 사람은 없다. 그렇게 하면 포도주가 가죽 부대를 터뜨려서, 포도주도 가죽 부대도 다 버리게 된다. 새 포도주는 새 가죽 부대에 담아야 한다."(마가 2:21-22)"

새 술은 새 부대에 담아야 한다. 우리들은 아직 가야할 길이 있다. 민주주의를 담을 새 부대를 만들어야 한다. 국민이 주도하여 새로운 헌법을 개정해야 한다. 국민참여개헌을 넘어 국민주도의 개헌이 되어야 촛불혁명이 완성된다. 제정에 가까운 개정이 되어야 하고 민주주의가 완성되어야 한다. 민(民)이 주인되는 세상을 완성하고 국민주권의 위대한 시대를 열어야 한다.

촛불혁명으로 정권이 바뀌었으나 아직 가야할 길이 멀다. 국회에는 아직도 국민의 개혁의 열망과는 거리가 먼 적폐세력들이 자리잡고 있고 법원, 검찰, 정부의 각 부서는 구 시대 부정 부패를 앞장서서 만들어내던 조력자들이 여전히 자리하고 있다. 새 술은 담갔지만 그를 담을 부대는 마련되지 못한 셈이다. 적폐청산을 통해 철저한 인적 쇄신이 이루어져야 함은 물론 촛불혁명의 열망을 담아낼 헌법 개정이 이루어져야 한다. 촛불혁명의 결과물이 법제화되어야 한다.

얼마 전 한 청년이 색깔과 재질이 다른 천으로 기워낸 무늬의 옷을 입고 있었다. 권사님 한 분이 "옷을 저렇게 기우면 다 못쓰게 되는데…"라고 하시기에 "삼베 조각으로 낡은 옷을 기워서는 안된다"는 성경 말씀이 생각나서 그 이유를 여쭈었다.

자도 토론자로 참여해서 '국민 참여를 넘어 국민주도의 개헌이 되게하자'는 취지로 발제를 했다. 이 주제를 "새 술은 새 부대에"(마가 2:21-22)라는 제목으로 들꽃향린교회 주일 예배에서 설교했다.

"바느질을 저렇게 하면 빨래 후에 건조과정에서 문제가 생겨요. 재질이 다른 천들은 수축 정도가 달라서 옷 모양이 틀어지거나, 새 천으로 기운 주변부분이 찢어지지요."

막연하게 이해했던 성서 구절이었다. 경험해 본적이 없어서다. 경험해보지 않고 머리로만 안 지식은 실상 진짜 아는 것과 차이가 있다. 그런데 예수께서는 그 2000년 전 가부장제 사회에서도 이미 빨래와 바느질에 능하셨던 게로구나. 이런 말씀이 자연스럽게 평소 이야기의 소재로 나온다니 말이다.

유대인들은 포도주를 만들 때 양가죽 부대에 담아서 자연적으로 발효시킨다. 발효가 끝난 포도주는 헌 가죽 부대에 담아두어도 괜찮다. 하지만 새 포도주는 발효 과정에서 가스를 내뿜고 팽창하기에 신축성이 없는 낡은 가죽 부대는 견디지 못하고 터져 버린다. 새 술은 새 부대에 담아야 한다. 예수님은 적어도 이런 일상의 노동을 늘 가까이 하고 술도 직접 담가보시고 양조에도 능숙한 분이었던 것 같다.

지난 5월, 대한민국은 촛불혁명에 의해서 새로운 정부를 세웠다. 추운 겨울 매주 토요일에 광화문 광장에 모였던 수많은 사람들은 자연스럽게 혁명이라는 말을 쓴다. 혁명은 일반적으로 단순한 정치 변혁을 넘어서서 사회·경제·문화 등을 포함하는 구체제의 붕괴와 사회 체제의 근본적인 변혁을 가져오는 신체제를 형성하는 것이다. 혁명이 완성되려면 구체제를 엎고 새로운 체제를 세워야 한다. 그러자면 구체제에 대한 전복과 단절이 이루어져야 한다. 낡은 체제의 정부를 교체하고, 국회를 해산하고, 시민에 의한 제헌 의회를 수립해서 새로운 헌법으로 전적으로 새로운 국가체계를 만들어가는 것이 혁명일 것이다. 그러나 우리는 일시에 힘으로 뒤집은 것이 아니라 구체제의 법질서 안에서 촛불의 압력으로 하나씩 혁명을 만들어 가고 있는 과정이다. 그 과정을 살펴보자.

첫째, 박근혜 정부를 내리고 그에 부역했던 자들을 감옥으로 보내는 적폐청산의 단계이다.
둘째, 정권을 교체하고 새 정부를 구성하는 단계이다. 여기까지는 지금 진행형이고 성공단계로 나아가고 있는 중이다.
셋째, 새로운 국회를 구성하고 새로운 헌법을 제정하는 일로 이어져야 한다. 그래야 명실상부한 혁명이 될 수 있다. 우리는 지금 그 과정을 하나씩 밟아가고 있다. 낡은 정치세력과 언론의 저항, 그들의 훼방질이 만만치 않지만 촛불을 들었던 국민들은 끝까지 침착하게 움직여가며 촛불혁명으로 완수해야 하는 시대적 사명 앞에 있다.

결정적인 순간, 역사의 기회가 언제가 있는 것은 아니다. 지금 우리 사회는 몇 백 년에 한 번 맞이할 '카이로스의 시간', 결정적인 때를 맞이했다. 시민의 힘으로, 촛불의 힘으로 혁명의 두 번째 과정까지 온 셈이다. 이제 세 번째 과정인 개헌의 과정과 국회를 혁신하는 과제를 남기고 있다.

민(民)은 여전히 여러 분야의 산적한 적폐청산을 요구하고 있지만 국회, 특히 야당은 촛불민심을 외면하고 당리당략에 빠져 민심을 읽지 못하고 있다. 그들은 자기들의 논리에 갇혀서 민심을 읽으려하지 않고 민심을 읽어내는 능력마저 퇴화되었다. 적폐청산의 끝자락에는 새로운 정치세력을 구성하는 여의도 물갈이가 될 것이다.

개헌의 시기는 어떠한가?

민(民)의 온전한 염원을 담아내려면 국회구성부터 새롭게하고 개헌을 해야겠지만 지금은 기존 법에 따라 여론으로 밀고가는 국면이다. 혁명의 갑작스러운 충격과 야기되는 폭력을 피하기 위한 민의 지혜로운 선택이다. 그러나 3년 후 총선을 마치고 개헌을 하게 되면 촛불의 열기가 식을 수도 있고 그 과정이 너무 길어 피로감에 잡티가 끼기 쉽다. 대통령 공약이 2018년 6월 지방선거 때 개헌을 한다는 것이기에 그 일정을 맞추는 것이 좋다.

개헌의 절차는 어떠한가?

개헌안은 대통령이나 국회가 발의할 수 있다. 그 다음 국회에서 2/3 이상의 찬성을 얻어야 한다. 이 후 한 달 내에 국민투표에 붙여서 국회의원 선거권자의 과반수이상이 참여하고 과반이상의 찬성을 얻게되면 대통령이 바로 새로운 헌법을 공표함으로 완성된다.

그런데 여론형성과정에서 보수언론의 파고도 넘어야 하지만 국회의원 2/3의 동의를 얻어야 하기에 지금 여소야대의 국면에서 일을 이루려면 국민이 계속 촛불을 들고 거세게 정치권을 압박하는 것이 필수적이다. 동시에 '국민개헌논의기구'를 통하여 국민주노의 개헌이 이루어지도록 투트랙으로 접근해야 할 것이다. 그렇게 하려면 신속하게 '국민개헌논의기구'가 구성되어야 한다.

헌법의 제정 권한은 국민만이 갖을 수 있다.

국회는 당연히 국회가 주관해서 개헌안을 마련하려고 할 것이다. 그들은 당연한 자신들의 특권으로 안다. 그러나 헌법 학자의 의견은 달랐다. 헌법은 국가의 기본 틀을 만드는 것이기에 국민만이 제정 권한을 갖는다는 것이다. 법률을 제정하는 권한은 국회가 갖지만 그것은 국민이 만든 헌법의 틀 안에서 진행되어야 한다. 헌법이란 것은 국회가 준수하고 활동하는 기본 틀인데 그 틀거리 자체를 스스로 만드는 것은 기본 법리에 위배된다. 그러므로 헌법의 발의는 국민 자신에게서, 국민 스스로의 권력에서 나와야 한다. 그런 원칙에 충실하려면 '국민참여개헌'을 넘어서 '국민주도의 개헌'이 되어야 한다.

헌법은 주권자인 국민들만이 기본적인 룰을 정할 권리를 갖는다. 헌법은 국가 사회에서 생산되고 소비되는 자원, 재산, 명예, 권력을 어떻게 배분하거나 재분배할 것인지에 대한 기본 규칙을 정하는 법규범이다. 이런 정신에 의한다면 헌법은 우리사회에서 소유의 문제 즉 경제체제의 문제까지 거론해야 한다. 이날 발제자인 건국대 황도수 교수는 국가의 생산과 소비의 시스템에 대한 언급을 비중있게 했다. 필자는 누구보다도 그런 논의가 되어야 한다고 생각하는 사람 중 하나이다.

실제적인 민주주의는 경제민주주의가 되어야 하며 모두가 자신의 경제력으로 인해 구속받지 않는 사회가 되어야 한다. 보수주의자들이 말하는 자기들만이 더 가질 자유가 아니라 모든 민(民)이 경제적으로 자유로운 시민이 되는 사회를 이루어야 한다고 생각한다. 경제민주주의가 단지 재벌의 지배구조 정도 손보는 것으로는 택도 없다. 갈 길이 멀다.

하지만 지금 우리는 민주주의마저도 제대로 확립이 되지 못한 상태이다. 이번 개헌에 우리사회의 경제체제의 논의까지 하게되면 배가 산으로 갈 우려가 많고 보수세력들에게 판 자체를 뒤집는 명분을 주기 쉽다. 그런 논의는 우리 사회의 생산력과 민주주의 수준이 상당히 진보되었을 때 가능하다. 그래서 이번 개헌논의에 시민사회가 집중할 것은 촛불과정에서 국민의 의견이 합치된 '국민주권의 시대'에 걸맞는 헌법 개헌이다. 즉, 직접민주제도의 도입, 국민 소환, 국민 발안, 선거법 개정, 권력의 지방분권 등이 관철되어야 한다. 우리 사회의 소유문제는 아쉽지만 다음의 국민적 과제로 삼아야 역풍을 맞지 않을 수 있다.

다행히 문재인 정부에서 내년 6월 개헌에 대한 의지를 분명히 하고 100대 국정과제에 위의 과제들을 포함하고 있으며 국민주권의 시대를 열겠다는 의지를 보이고 있다. 현행법에 의하면 개헌안의 발의는 정부나 국회가 주체가 되어 발의할 수 있으니 정부 주최로 국민개헌기구를 만들고 거기에서 실제적으로 민이 주도하여 개헌안을 만들어 이를 정부의 안으로 제출하는 방식이 유효할 것이다. 정부가 의지를 가지고 있을 때 국민이 이를 적극 돕고 견인해 내면서 국민주권의 시대를 만들어 가야 한다.

모든 권력은 국민으로부터 나온다

현행헌법은 제1조 제1항에서 "대한민국은 민주공화국이다.", 제2항에서 "대한민국의 주권은 국민에게 있고 모든 권력은 국민으로부터 나온다."라고 규정하여 대한민국이 공화국이며 민주주의국가로서 주권이 국민에게 있음을 선언하고 있다. 그러나 헌법 제40조는 입법권은 국회에 속한다고 규정하여 국민주권은 명목상 권리에 불과하고 실제는 국회가 모든 권리를 행사하도록 되어있다. 그래서 국회가 선거라는 관문만 통과하면 국민의 권한을 모두 움켜쥐고 자기 멋대로 해도 아무런 견제장치가 없다.

지금의 헌법은 대의민주주의를 기반으로 한다. 촛불이 한참 진행될 때, 당시 새누리당 원내대표가 "대한민국은 의회민주주의, 대의정치 국가이다. 그러니 이제 그만 광장의 정치를 접어야 한다"고 말했다. 이들은 TV토론 등에 나와서 "당신은 대의민주주의를 부정하는 것이냐?"며 마치 상대가 내란이라도 선동한 듯이 몰아세우기도 한다. 어디서 배운 민주주의인지 모르겠으나 대의민주주의 자체가 목적일 수 없다.

민주주의가 목적이어야 한다. 민주주의를 효율적으로 하기위한 방편으로 대의제를 채택하는 것이다. 대의민주주의가 궁극의 목적인 것처럼하는 말은 '모든 국민은 국회의원을 위해서 존재한다'고 대놓고 말하는 셈이다. 국민이 주권자이다. 모든 권력은 국민으로부터 나와야 한다. 이번 촛불이 위대한 것은 국민주권의 시대를 열고 국민이 주권자임을 확인한 것이다.

탄핵 과정에서 우리는 얼마나 마음을 졸였던가. 국회가 탄핵을 가결하기 전날, 억수처럼 내리는 겨울비를 맞으며 시민들은 여의도로 몰려갔다. 국회의사당을 에워싸고 초조하게 탄핵 결과를 기다렸다. 헌재의 발표를 앞두고서도 마치 자신이 치른 입시발표를 기다리는 심정이었다. 이 불안한 마음은 지난 10년간 대한민국 국민들이 법이 상식을 거스르는 판결을 내릴 수 있다는 걸 수도 없이 경험했기 때문이었다.

촛불민심은 단지 박근혜의 퇴진만을 요구한 것이 아니었다. 자기들의 아성에 갇혀버린 정치권 전체의 개혁을 요구하는 것이었으며 4년에 한번 씩 국민을 위한다는 코스프레로 배꼽인사를 하고 당선되면 국회 안에 문 닫고 들어가는 대의정치에 대한 심판이었다. 새로운 헌법은 직접민주주의 제도를 통해 국민주도권이 명확해져야 한다. 의회정치, 대의민주주의는 광장의 정치가 사라지면 귀족화된다. 그들 자체가 다시 특권계급이 되어버리는 것을 우리가 수도 없이 경험하지 않았나?

국민과 소통하지 못하는 정치는 '사기민주주의'이다

쌍용차, 유성기업, 재능교육등 수많은 노동자가 십년 씩 거리에 나와서 외치고 30명에 가까운 사람들이 하나씩 목숨을 끊었다. 유성기업은 아직까지도 일일 2교대로 노동자의 반수 이상이 병을 앓고 있지만 사정이 이지경이 되도록 그들을 대변하지 못하는 정치권이 무슨 소용인가? 그동안 엄밀히 말하면 대한민국은 아주 소수의 의원들이 현장과 호흡하려고 했을 뿐 길거리 외에는 정치가 없었다. 민은 버림받고 고아와 같이 길바닥에 널부러져 있을 때 아무도 돌보지 않았다.

아무도 국민을 대변하지도 국민들의 의사를 대신하려고도 하지 않았다. 그들이 한 것은 '대의민주주의'가 아니라 '사기민주주의'였다. 불통의 권력, 여의도 안에 갇혀버린 정치, 단지 국민은 표를 얻는 도구였고 의원들이 자기들끼리의 협치한다며 국민의 눈 막고 귀 막고 다해먹을 수 있었다. 정치를 제도적으로 바꾸어 내지 못한다면 희망이 없다. 현재 법 자체가 주인을 소외시키고 주권의 대리자인 머슴들에게 머리를 조아리도록 강요하는 법이니 '국민은 개돼지'라는 말이 위정자의 입에서 나오는 것이다.

새 부대는 국민 스스로가 만들어야

새 부대는 국민 스스로가 만들어야 한다. 그러나 지금 국민의 인내력에 기대어 시한부 인생을 살고있는 국회권력에게 우리의 미래를 맡길 수는 없다. 국회가 모든 것을 만들고 국민에게는 단지 찬반만을 묻는 요식행위가 되어서는 안된다. 그들 중 일부는 적폐의 대상이지 대한민국의 새로운 미래를 논할 자격이 없다. 국회에 개헌 논의를 맡기면 그 결과는 뻔하다. 퇴출대상의 적폐세력들이 저마다 숟가락들고 달려들어

내 몫을 내노라고 소리치는 것 외에 무슨 선한 것이 나오겠는가? 분권형 대통령제, 이원집정부제, 의원내각제 모두 의회가 권력을 나누어 집행하겠다는 것인데 국민이 원하는 것은 대통령제를 손봐서 국회하고 권력을 나누라는 것이 아니다. 국회에 신임받지 못하는 청산대상의 의원들이 수두룩한데 자기들에게 잔칫상 차려 내라고 하는 것은 아직도 세상물정 모르는 뻘 소리이다. 23번의 촛불시민학교를 거친 민중은 이제 옛날의 민중이 아니다. 정치인들은 머리를 한껏 낮추고 촛불의 민심이 무엇인가를 예민하게 살펴야지 제 욕심을 채우기 위해 견강부회하면 금방 들통나고 만다.

헌법을 개정하는 일이 국회나 정부주도가 되어서도 안되지만 자칫하면 법률의 문제이니 법률전문가들의 잔치가 되어서도 안된다. 촛불혁명이 승리할 수 있었던 것은 그동안 운동을 주도해온 세력들이 주최가 된 것이 아니라 그냥 국민의 날 소리, 그들의 생생한 현장의 소리가 주가 되었기 때문이다. 새로운 개헌안도 정부나 국회나 법률가들이 논의를 주도해서는 안된다. 개헌에 앞서서 민의 소리를 들으려는 자세를 가져야한다. 국민들은 주인된 자세로 다시 촛불이든 무엇이든 민의 아픔을 드러내고 서로의 아픔을 해소하는 큰 방향들이 헌법에 명시되도록 해야 한다. 이를 법안으로 만들어 조문화하는 과정에서는 법의 전문가들이 도울 일이지만 그 출발의 주도권은 명백하게 국민의 소리, 그들의 아픔의 현장에서 출발해야한다.

6월 항쟁이 미완으로 그친 이유

이제까지 대한민국은 여러 번의 헌법 개정 과정을 거쳐 왔다. 그런데 과거를 돌아보면 4.19혁명으로 이승만이 하야한 후 새로운 헌법은 유감스럽게도 과거 독재정권 아래 구성된 국회에서 만들었고 국민은 이를 받아들였다. 6월 항쟁 이후 전두환 정권이 물러가고 여야 4인씩 8인의 국회의원들로 구성된 정치회담에서 헌법이 만들어졌는데, 이때에도 민주항쟁의 주역들은 전적으로 배제되었다. 그나마 직선제라는 민주주의의 큰 산을 넘었지만, 당시 마련된 미완의 틀은 이후 대한민국의 30년 정치사를 지금의 모양으로 만든 주요한 원인이다. 6월 혁명을 미완의 혁명이라 부르는 이유가 여기에 있다.

그동안 대한민국의 헌법 개정은 국민의 열망과 희생을 바탕으로 했으나 국민의 목소리가 제대로 담기지는 않았다. '국민에 의한 혁명'과 '국민이 없는 헌법'의 반복이 대한민국의 헌법제정, 개정사이다. 혁명이 끝난 후에도 개혁의 대상은 제대로 정리되지 않은 채 지금까지 왔다. 혁명이 마무리단계에 접어들어 혁명의 과실을 수거해야 할 즈음이 되면 혁명의 주역들이 무대에서 사라져왔다. 따라서 혁명의 정신은 헌법 안에 자리 잡지 못하고 증발했다. 완결되지 못한 혁명, 철저하지 못한 헌법 개정은 새로운 독재의 길을 열기도 했다. 권력의 객체로 권력의 억압 아래 고통 받고 분노했던 국민들이 혁명을 통하여 꿈꿨던 새로운 세상은, 여전히 변함없이 건재했던 기득권세력의 '오래된 세상'으로 다시 대체되었다. 국민이 바라던 새로운 세상은 일장춘몽(一場春夢)의 꿈이었고 괴도기에 잠낀 동인 꿈속에시만 존재했다. '새로운 세상'을 실세하고 실현했어야 할 그 중요한 순간에 왜 국민들은 양순하게 집으로 돌아가기로 한 것일까?

김선택 교수는 그것은 수천 년 지속된 '누군가의 백성' 즉, 신민(臣民)이라는 믿음에서 한 발짝도 벗어나지 못했던 것이 아니냐고 묻는다.[3)]

3) 김선택, '헌법과 혁명-시민입헌주의', 『동아법학』 제58호, 2013, 1-39면 참조

1919년 이민족의 무단통치에 대항하여 목숨을 걸고 평화적 시위를 벌여서 한성과 상해, 노령 등지에 수립하였던 민주공화국과 주권재민의 신념은 어디로 갔느냐고 그는 묻는다. 당시 선언은 이렇게 말했다.

> '한의 주권은 한인에게만 속하니 임금이라 하더라도 이민족에게 주권을 넘길 수는 없다. 임금이 그리하면 그때로부터 즉시 주권은 국민에게 귀속되는 것이다. 따라서 1910년 8월 29일부터 한의 주권은 한의 국민에게 속한다.'(1917년 대동단결선언)

당시 일제의 총칼과 제국주의 앞에서도 이렇게 당당하게 외칠 수 있었던 장한 기개를 지금 우리가 가져야 한다. 이번 개헌의 계기는 1919년 3.1 혁명이후 최대 규모의 국민이 참여한 촛불혁명이다. 이제 국민은 어디에 있을 것인가? 촛불로 시작한 혁명은 어떻게 완성에 이르게 될까. 시민의 열망과 염원으로 물러서지 않고 그 완성을 향해 걸어 나가길, 새 시대를 열어가기를 진심으로 기원한다.

촛불 혁명이 단순한 정권 교체로 끝나서는 안된다. 촛불혁명은 정권의 머리들 몇이 바뀐다고 이루어지지 않는다. 꼭 광화문에 나가서 촛불을 들지 않더라도 더 이상 부끄러운 나라를 후손에게 물려주지 않으려면 그 이상의 노력과 헌신이 요구된다. 촛불은 진행중이고 계속되어야 한다. 대한민국의 역사는 촛불 이전과 촛불 이후로 구분될 수 있는 획기적인 민족 개조, 사회 개조의 작업이 되게 해야 한다. 그렇게 되려면 각 분야에서의 개혁과 적폐청산으로 이어져야 한다.

지금까지 우리 사회는 특권, 특혜가 만연하고 불법과 편법이 당연하게 자행되어 왔었다. 부정, 부패 아닌 곳이 없을 정도다. 정치, 경제뿐만이 아니다. 사회 각 분야에서 언론, 교육, 문화, 체육, 종교 모든 면에서 과정의 정당성 보다는 꿩 잡는게 매라는 식의 뻔한 불법이 횡행했다. 이유불문(理由不問)하고 겉모양이 크고 웅장한 것이 선(善)이었다. 실력이 있든 없든, 그럴듯한 스펙이 사람됨까지 좌우했다. 무너진 도덕률이 바로 잡히고 정당한 상식이 통하는 사회로 나아가는 계기로 삼아야 한다. 여기서 멈추면 방어선은 더욱 공고해지고 그것을 바꾸려면 더 큰 힘, 더 큰 고통을 후손들에게 넘기는 것이다.

어떤 그리스도인들은 "종교인은 기도만 하고 정치에 관여하지 말라"고 말한다. 사회와 정권에 관한 비판의 목소리는 교회가 아닌 교회 밖의 사람들의 몫이라고 한다. 그들은 종교와 정치, 신앙과 사회, 교회 안과 세상을 완벽하게 나눈다. 그 경계를 넘는 것은 종교인의 자리를 떠난 행동이라고도 말한다. 하지만 엄혹한 시절, 독재에 항거했던 소수의 교회에 대해서 이런 비난을 퍼붓던 사람들이 '전두환 장군을 위한 조찬 기도회'를 여는 것을 보고 경악했다. 그 기도회는 TV 생중계를 통해 전국으로 방영되었다. 그들은 종교 지도자의 탈을 쓰고 있으나 정의에는 둔감하고 잇속이 있는 곳에는 가장 재빠르게 모여드는 무리였다. 속으로는 각종 정치세력들과 유착하여 부지런히 이권을 챙겨가면서 교회 안에서는 교인들에게 성교분리의 논리로 입을 다물게 했다.

현대 사회에서 정치와 무관하게 살 수 있는 사람은 아무도 없다. 세금을 내고, 투표를 하고, 병역을 마치고, 사회생활에 참여하는 모든 것이 정치행위이기 때문이다. 그리스도인이 아예 정치와는 무관해야 한다기보다는, 비판적으로 참여하느냐 아니면 맹종적으로 참여하느냐의 선택이 있을 뿐이다.

교회가 지금처럼 민주화 흐름에 역행하는 극우집단의 모습으로 흘러온 원인에는 독재 정권을 거치는 동안 자신의 이익을 불리기에 급급한 종교 지도자들이 있었다. 시대는 바뀌어 불의하게 정권을 쥐었던 자들이 감옥을 살아도 불의와 타협한 종교인들은 야합의 결과 얻은 떡고물 재산으로 승승장구하며 교계 안에서 돈과 권력을 행사한다. 덕망있고 존경받는 분들이 교계 지도자가 되는 시대는 끝났다. 각 교단의 총회장, 총무 선거에 돈 봉투가 난무하고 몇 억이 들었느니 하면서 억소리가 난무한다. 적폐청산은 정치권에서만 행해져서는 안된다. 사회 각 분야에 부패세력과 동조하고 부추겨온 부패세력들을 청산하지 않고는 촛불혁명이 완성될 수 없다.

새 술을 새 부대에 담는 각 분야의 쇄신 작업, 근본부터 바꾸어내는 자기 분야의 혁명이 광화문 촛불에 이어서 진행되어야 한다. 그런데 너무나도 가슴 아픈 사실은 그 수구에 대한 밀착도가 가장 높은 것이 내가 서있는 자리, 한국 교회라는 것이다.

나는 요즈음 세례요한의 심정을 알 수 있을 것 같다. 그는 자신을 "광야에서 외치는 소리"라고 말했다. 오죽 현실의 벽이 높았으면 소리라고 했겠는가? 그것은 또한 세례자 요한의 의지이기도 하다. 사람들이 듣든지 말든지 계속외치겠다는 자기 결심이기도 하다. 소리를 듣고 변화하는 것은 전적으로 듣는 사람들의 몫이지만 계속 외치겠다는 각오이리라.

06
사울 왕권, 그리고 다윗 왕권

이스라엘의 첫 번째 왕 사울은 다음 왕인 다윗을 미워하고 적대시했다. 성서는 그 이유를 "사울이 다윗을 시기했기 때문"이라고 말한다. 시기의 결정적인 사건은 다윗이 골리앗을 죽인 사건이다. 이 사건 이후 백성들 사이에서는 "사울이 죽인 자는 천천이요, 다윗은 만만이로다.(사무엘상 18:7, 개역)"라는 노래가 퍼졌다. 다윗의 영웅담과 백성들의 칭송은 왕인 사울의 심기를 불편하게 했다. 사울은 다윗을 경계하기 시작했다. 현재의 권력을 지키려는 자와 그를 위협하는 자 사이의 대립구도가 생겼다. 사울은 다윗을 자신의 왕위를 찬탈할 자로 생각했고 그 후 불안한 정서를 보인다. 매번 후회하면서도 마치 무엇에 사로잡힌 편집증 환자처럼 다윗을 해하려 한 것으로 묘사된다.

여기에 더해 예언자 사무엘이 사울에 대한 지지를 철회한다. 사무엘은 본래 왕정을 찬성하지 않는 예언자였다. 사무엘 뿐 아니라 이스라엘에는 옛 평등시대를 지향하면서 왕정을 거부하는 사람들이 적지 않았다. 사무엘은 자신이 원치 않았지만 백성들의 애원에 못 이겨 사울을 왕으로 세웠다. 왕정을 지지하는 세력이 원칙적인 평등주의자들을 설득하면서 주류가 되었던 것이다. 사무엘이 사울에 대한 지지를 철회한 것은 사울을 지지해온 주류세력의 이탈을 뜻한다. 사면초가에 빠진 사울은 영혼의 평온을 잃어버린다. 성서는 이런 사울의 모습을 "사울에게서는 주님의 영이 떠났고 그 대신에 주님께서 보내신 악한 영이 사울을 괴롭혔다.(사무엘상 16:14)"고 한다.

그런데 이것이 사울의 진짜 모습일까? 사울이 다윗을 시기하기 시작한 결정적 계기가 되었다는 돌팔매로 골리앗을 죽인 이야기 자체가 완전한 팩트로 여기기에는 의문스러운 구석이 많다. 성서에 기록된 사울과 다윗 이야기는 일정한 경향을 가지고 있다.

첫째, 사울이라는 첫 번째 왕의 개인적인 가치절하다. 어떤 왕조 역사 기록자도 첫 번째 왕은 보통 문제가 있어도 성품이나 인격에 문제가 있다는 식의 기록은 하지 않는다. 하지만 사울에 대해서는 성품이 좋지 않아 사무엘과 야훼에게 거부당한 것으로 서술한다.

둘째, 다윗에 대한 과도한 미화다. 그는 모든 일에서 신중하며 그릇된 판단을 하지 않는다. 혹시 잘못한 경우라도 즉시 회개하는 하나님의 사람이다. 때로는 다윗이 과오를 범할 수는 있지만 다윗은 눈물로 침상을 적시며 회개한다. 다윗 전승은 그가 진실하다는 것을 애써 강조하며 반드시 하나님의 용서를 받는다. 다윗은 항상 자신의 과오를 깔끔하게 처리하는 사람으로 서술한다.

셋째, 사무엘은 야훼의 대변인 역할을 한다. 그는 심판관처럼 민심을 대변하고 하나님의 의중을 드러내는 지표이다. 사무엘은 하나님의 총애가 사울에게서 다윗에게로 넘어가는 것을 주관한다.[1)]

---

1) J. Maxwell Miller & J. H. Hayes, 『고대 이스라엘 역사』 박문재 옮김, 1996, 크리스찬 다이제스트, 139쪽.

다윗은 겸손하며 순종적이고 소박하면서도 모든 일에 승승장구하는 반면, 사울은 자기 부하의 성공을 시기하고 의심의 눈으로 바라보는 우울증 환자로 묘사된다. 사울이 가진 시기심과 왕위 계승에 대한 불안감이 사울과 다윗의 갈등 요인이라고 한다. 사무엘서의 이야기들이 사울을 폄하하고 다윗을 미화하는데 많은 지면을 할애하면서 독자들을 설득시키려 애쓰는 것은 무언가 다른 진실이 숨어 있음을 드러내기도 한다.

사울 왕 시대까지 이스라엘의 역사 기록은 오랜 시간 구전된 이야기들이 중심이다. 주로 정형화된 고대 신앙고백을 비롯해 민담과 민간전승을 토대로 한다. 이야기의 전개를 보면 단일한 집필 주체의 저술이라고 보기 어렵고 소재로 삼은 스토리는 민간에 전해오는 역사적 단편들이다.

하지만 구약 성서의 연구들에 의하면, 다윗의 전승은 대체로 일정한 집필자에 의한 역사적, 학문적인 저작으로 간주된다.[2] 즉, 다윗 왕실에 소속된 사가(史家)들의 기록이다. 어느 역사에서든 왕정의 초대 왕은 영웅이다. 출생 이야기부터 심지어는 그 조상들까지 영웅의 반열에 들어간다. 일종의 친미가에 가깝다. 새로 시작하는 권력에 정당성을 부여하기 위함이다. 그러나 사울에게는 칭송은커녕 냉랭한 비판 일색이다. 그런 면으로 보면 사울은 자신이 이룩한 공에 비해 이스라엘 역사에서는 평가받지 못하는 비극적인 인물이다. 하지만 불행하게도 성서의 기록 외에는 사울의 입장을 대변할 만한 자료들이 없다. 다윗 왕정의 사관들에게 정죄 받지 않은 실제 역사의 사울을 복원하는 데에는 한계가 있다. 이것은 사울왕조가 다윗왕조로 이어진 것이 아니라 전혀 다른 갈래, 다른 혈통으로 새로운 왕조가 시작되었기 때문이다. 하지만 성서에 기록

2) Martin Noth, 『이스라엘 역사』 박문재 옮김, 1996, 크리스찬 다이제스트, 232쪽.

된 이야기를 잘 들여다보면 사울의 면모를 평가할 수 있는 지점들이 있다.

사울이 등장할 무렵 이스라엘 공동체는 심각한 위기에 처해 있었다. 앞 장에서 설명한 것처럼 강력한 무기로 중무장한 블레셋의 침략이 있었다. 이스라엘은 요단강 서쪽 산간지에 자리 잡고 있었는데, 해안가를 장악한 블레셋은 이스라엘의 중앙 산지로 밀고 들어와 공동체의 중간을 끊어 버렸다. 이스라엘 공동체는 가운데 맥이 잘린 채 남과 북으로 나뉘게 됐다. 이를 틈타 암몬족의 나하스가 길르앗 야베스를 포위하고 백성들을 괴롭혔다. 주민들이 조약을 맺으려 하였으나 침략자는 "주민 모두의 오른쪽 눈을 빼어 바치라"는 모욕적인 강화 조건을 제시했다. 이런 상황을 전해들은 사울은 분을 참지 못한다.

> 그러나 암몬 사람 나하스는 "내가 너희의 오른쪽 눈을 모조리 빼겠다. 온 이스라엘을 이같이 모욕하는 조건에서만 너희와 조약을 맺겠다" 하고 대답했다.… 전령들이, 사울이 살고 있는 기브아에 가서 백성에게 그 사실을 알리니, 백성들이 모두 큰소리로 울었다.(사무엘상 11:2–4)

> 마침 사울이 밭에서 소를 몰고 오다가, 무슨 일이 일어났기에 백성이 울고 있느냐고 물었다. 사람들은 야베스에서 온 전령들이 한 말을 그에게 일러주었다. 이 말을 듣고 있을 때에, 사울에게 하나님의 영이 세차게 내리니, 그가 무섭게 분노를 터뜨렸다. 사울은 겨릿소 두 마리를 잡아서 여러 토막으로 자른 다음에, 그것을 전령들에게 나누어 주고, 이스라엘 모든 지역으로 말을 전하라고 보냈다. "누구든지 사울과 사무엘을 따라나서지 않으면, 그 집의 소들도 이런 꼴을 당할 것이다." 주께서 온 백성을 두려움에 사로잡히게 하시니,

모두 하나같이 그를 따라나섰다. 사울이 그들을 베섹에 모으고 수를 세어 보니, 이스라엘에서 삼십만 명이 왔고 유다에서 삼만 명이 왔다.… 그래서 온 백성이 길갈로 가서 그 곳 길갈에 계시는 주 앞에서 사울을 왕으로 세웠다. 그들은 거기에서 짐승을 잡아서 주께 화목제물로 바쳤다. 거기에서 사울과 모든 이스라엘 사람들이 함께 크게 기뻐했다.(사무엘상 11:5-15)

온 백성이 성소에 모여 주님 앞에서 사울을 왕으로 세웠다. 사울은 사무엘에 의해 왕으로 기름 부음을 받았지만, 이는 단지 예언자 개인의 결정이 아니었다. 온 백성이 참여하는 정치적 행위였다. 이스라엘은 제의 동맹체를 넘어 하나의 민족으로 행동하고 있었다. 간소한 방식이긴 하지만 어쨌든 이스라엘은 정치적 권력으로서의 길목으로 들어섰다.

사울이 한 번에 이스라엘 열 두 지파의 왕이 된 것은 아니었다. 사울은 한 지파에서 다른 지파들로 지지가 확산되는 과정을 거쳐 왕으로 선택됐다. 그러나 유다 지파는 끝내 그에게 동조하지 않았다. 사울과 그의 아들 요나단은 용맹한 기습작전으로 중부 구릉지대를 지배하고 있던 블레셋 사람들을 내쫓았다. 이스라엘의 북쪽 지파들과 유다지파 사이에 파고들어와 갈라치기를 시도했던 블레셋을 내쫓아버린 것이다. 사울은 기브아 믹마스 근방에 있던 블레셋 사람들을 쫓아내어 남부 에브라임과 베냐민 지파의 영역을 성공적으로 되찾았다. 눈에 가시를 제거한 셈이다. 그는 남쪽으로 원정해서 아말렉을 정복하고 몰아내기도 했다. 사울은 중앙지대까지 진출했던 블레셋을 몰아내고 북쪽으로는 아람족을, 남쪽으로는 아말렉족을 정복하여 국가의 영토를 확장했다. 이방민족의 위기에 맞서 이스라엘을 지킨 유능한 장군이며 리더였다. 또한 사울은 매우 충실한 야훼 신앙인이었다. 그는 실로의 제사장 계열과 특별한 관계에 있었고 야훼의 깃발 아래 싸웠다. 예를 들면 그는 싸움이 있을 때 야훼를 위한 제단을 쌓았고, 희생제사를 흠 없이 드리는 일에 극도로 신경을 썼다(삼상 14:31-35).

사울은 권력의 내부구조를 전혀 변화시키지 않았다. 그럴 기회가 없었던 것이 아니라 그런 변화를 바라지 않았다. 부족 연합체제는 과거와 다름없이 남아있었고 행정기구나 관료제도는 전혀 발달하지 않았다. 그는 첩이나 후궁을 많이 두지도 않았고, 호화로운 왕궁을 가지고 있지도 않았다. 기브아에 있는 그의 거처는 궁전이라기보다는 단지 군사적 목적에 의해 지어진 조그만 요새에 불과했다.[3)]

다윗의 등장

다윗은 사울 밑에 있던 장군이었다. 그는 '사울의 무기를 드는 자(사무엘상 16:14-23)'였다. 그러나 그는 사울처럼 부족의 지지 아래에 자연스럽게 지도자로 등장한 인물이 아니었다. 다윗은 자신이 세운 치밀한 계획 속에서 왕권을 쟁취해간 사람이었다.

다윗이 누구와 결혼했는가를 살펴보면 그가 매우 정략적인 사람임을 알 수 있다. 그는 유대 땅 베들레헴에서 태어났는데 자신이 태어난 곳 이외의 지역과 결합할 때에는 언제나 먼저 해당 지역의 우두머리 집안과 결혼을 했다. 사무엘상 25장 43절에 의하면, 다윗은 겐 사람의 땅이었던 것으로 보이는 이스르엘(헤브론의 남동쪽) 출신의 아히노암과 결혼했다. 사무엘상 25장 42절에 의하면 마온(헤브론 남쪽 10마일 지점) 출신의 갑부 나발의 아내인 아비가일과 결혼하였는데, 나발 역시 겐 사람

3) J. Bright, 『이스라엘의 역사』 상권, 김윤주 옮김, 1978, 분도출판사, 291쪽

으로 추정된다. 또한 다윗은 헤브론에 있는 동안 그술 왕 달매의 딸이자 압살롬의 어머니인 마아가와 결혼하기도 했다. 그것은 자신과 맞서고 있는 이스보셋의 배후에 동맹국을 두기 위한 정략결혼이었다(사무엘하 3:3).

이렇게 다윗은 헤브론 지역의 인사들과 정략적인 인척관계를 맺어 자신의 지지기반으로 삼았고, 이를 통해 헤브론에서 유다 지파의 왕으로 등극할 수 있었다. 유다 지파의 왕이 된 다윗은 북쪽 지파 아브넬과 밀약을 맺으며 사울의 딸 미갈을 데려오라고 조건을 건다. 사울의 사위가 되어 북쪽 지파들의 통치권을 물려받으려는 목적이었다. 이런 정략결혼은 미우나 고우나 다윗의 입지를 든든히 하는 토대가 됐다. 다윗이 정치적 계산없이 순수하게 사랑에 빠졌던 여성은 밧세바 뿐이었다. 수많은 아들 중에서 밧세바와의 사이에서 태어난 솔로몬에게 왕위를 물려준 것도 다윗의 마음을 알 수 있는 대목이다. 정략결혼 관계에서 얻은 자식들보다는 애정을 나눈 밧세바의 아들에게 마음이 더 기울었던 것이다.

다윗에게는 자신의 뒤를 그림자와 같이 따르는 군사가 600명 이상 있었다(사무엘상 27:2). 다윗은 왕이 되기 전부터 용병을 고용하고 사병조직을 키웠다. 왕인 사울의 수하에서 장군으로 있으면서 개인이 마음대로 할 수 있는 사병 조직을 가졌다는 것은 왕권에 매우 위협이었다. 현대사회에서도 군인이나 경찰 등 무력을 가진 사람들은 사적인 친목 조직을 가질 수 없게 한다. 군대의 장군이면서 사병을 가진 다윗이 왕의 견제를 받는 건 너무나 당연한 일이었다.

초기의 이스라엘은 상비군 체제가 갖추어져 있지 않았기 때문에 군은 대부분 가족이나 친족 중심의 사병으로 구성됐다. 사울의 군대도 역시 그의 가신들이 중심이다. 사울의 아들 요나단과 사울의 사촌인 아브넬이 군대의 지휘관이다(사무엘상 14:50, 26:5, 사무엘하 2:8). 사울은 가신 집단을 제외하고는 신뢰할 만한 전투부대를 가지고 있지 못한데다 지파 중심 체제에서는 전국에서 군사를 모으기도 어려웠다.

다윗의 군대도 지휘관은 조카인 요압, 아비새, 아사헬이었다. 이들은 다윗의 누이 스루야의 아들들이다(사무엘상 26:6, 사무엘하 2:18, 역대기상 2:13-16). 사사시대부터 사울과 다윗에 이르기까지 지도자들은 그들이 가족으로 구성된 사병일지라도 이스라엘의 특정 지역을 보호하는 기능을 가졌었다.

그러나 다윗의 군대는 특정 지역을 방어하는 것이 아니라 다윗 개인에게 속한 특수 부대였다. 더군다나 이들은 이스라엘 지파 출신이 아니라 이방인으로 구성한 용병 조직이었다. 이것은 블레셋의 귀족 군주들이 운영하던 군사체계였다. 다윗에게는 이들을 책임지는 별도의 특별한 지휘관까지 있었는데, 용병 지휘관 브나야는 그렛(크레타) 사람과 블렛(블레셋) 사람으로 이루어진 경호원들을 이끌었다(사무엘하 8:18, 20:23). 이스라엘 전투의 핵심부대는 늘 다윗의 용병들이었다. 반면 각 지파에서 소집한 주력부대인 민병대는 예비군이었다. 민병대는 진영에 대피하고 있다가 핵심부대를 강화해야할 필요가 있을 때 전선에 투입되는 지원부대 역할을 했다. 원래 이스라엘 민족이 위기를 당했을 때 중요한 역할을 하던 민병대는 용병의 보조역할로 왕정에 종사하는 군대가 됐다.[4)]

다윗의 사병 조직은 블레셋과의 전투에서 혁혁한 전과를 올렸다. 하지만 전과를 올리는 동시에 왕(사울)을 위협하는 불법 조직이 되었다.

---

4) A. H. J. Gunneweg, 『이스라엘 역사』 문희석 역, 1985, 한국신학연구소, 125쪽.

사울에게 쫓긴 다윗은 자신의 사병 조직을 이끌고 적국인 블레셋 도시로 피신했다. 갓의 왕 아기스에게로 넘어가 매우 낮은 자세로 "이 종이 어떻게 감히 임금님과 함께 임금님이 계시는 도성에 살 수가 있겠습니까?"라며 지방 성읍들 가운데 하나에 정착하게 해달라고 호소했다(사무엘상 27:1–7, 21:10–12).

다윗이 처음 블레셋의 왕 아기스에게 피신하였을 때, 아마 아기스에게 의심을 산듯하다. 그들은 유대사람이 다윗의 공적을 찬양하는 "사울은 천천이요, 다윗은 만만이다"는 소문을 알고 경계했다. 이에 다윗은 미친 사람 흉내를 내서 안심시킨 후에 그곳을 떠난다(사무엘상 21:10–12). 두 번째 피신에서 다윗은 역시 사병을 이끌고 아기스에게 피신했지만 그는 그의 아내들과 자녀들까지 데리고 아기스에게 간다. 만약 사병을 이끌고 아기스와 싸우러 왔다면 그의 가족을 동반하지는 않았을 것이다. 아기스는 다윗의 진심을 알아차리고 다윗을 환영하여 그를 봉신으로 받아들였다. 그리고 다윗에게 시글락이란 성읍(유다의 네게브 지방)을 다스리도록 내어 주었다. 후에 군주 아기스는 다윗을 매우 신뢰하여 자기의 친위대 사령관으로 임명했다(사무엘상 28:2).

한편, 사무엘상은 다윗이 도피하는 중에도 주변에는 "압제를 받는 사람, 빚에 시달리는 사람, 원통하고 억울한 일을 당한 사람들이 몰려들었다(사무엘상 22:2)."고 말한다. 다윗이 이스라엘의 적인 블레셋에 의탁했음에도 사람이 몰려들었다는 사실에 주목할 필요가 있다. 다윗에게 모여들었던 이들은 분명히 사울 체제에서 소외된 사람임에는 틀림없을 것이다. 그러나 이스라엘 공동체의 역경을 이해하는 역사의식을 가진 사람이라면, 이스라엘이 대적하고 있는 블레셋으로 넘어가서 스스로 봉신이 된 다윗에게 힘을 합할 수는 없었을 것이다. 아마 다윗 주변에 모인 이들은 평등공동체에 대한 애정이 그다지 깊지 않고, 자신의 이익을 찾거나 직업군인이 되기 위한 목적이었을 것으로 추정된다.

다윗이 통일왕국의 왕이 된 다음에 다윗의 아들 압살롬이 반란을 일으킨다. 북쪽 지파들과 유다지파까지도 압살롬의 반란에 합세하자 다윗은 '온 이스라엘 군대'와 맞서서 싸우게 됐다. 이것은 징집된 이스라엘 민병대와 다윗의 측근 용병 부대의 전쟁이었다(사무엘하 16:21, 17:14). 다윗이 궁을 버리고 쫓겨 낙향하는 신세가 되었을 때, 그를 따른 것은 오직 용병 조직뿐이었다. 다윗은 그를 따르는 용병 조직에게 "너희들도 각자 집으로 돌아가라"라고 말할 정도로 큰 위기를 맞이했지만, 용병들은 끝까지 다윗을 따랐고 압살롬의 반란을 비롯한 모든 위기에서 다윗을 지켜나갔다.

유다 지파의 이탈

다윗의 군사력은 점점 더 막강한 힘을 보유한다. 이 군사력을 기반으로 다윗은 헤브론 등을 장악하고 사유화 해버렸으며, 자신의 사유지를 중심으로 마침내 유다지파의 왕으로 등극한다.

> 이런 일이 일어난 뒤에, 다윗이 주께 "제가 유다에 있는 성읍으로 올라가도 됩니까?" 하고 여쭈었다. 주께서 그에게 올라가라고 하셨다. 다윗이 다시 여쭈었다. "어느 성읍으로 올라가야 합니까?" 주께서 헤브론으로 올라가라고 알려 주셨다. 그리하여 다윗이 그 곳으로 올라갔고, 그의 두 아내 이스르엘 여인 아히노암과, 갈멜 사람 나발의 아내였던 아비가일도 함께 올라갔다. 다윗은 자기의 부하들과 그들의 온 가족을 데리고 함께 올라가서, 헤브론의 여

러 성읍에서 살도록 하였다. 유다 사람들이 찾아와서, 그 곳에서 다윗에게 기름을 부어서, 유다 사람의 왕으로 삼았다(사무엘하 2:1-4).

역사가는 다윗이 하나님의 지시를 받고 헤브론으로 올라갔다고 한다. '하나님의 지시'란 역사를 기록하는 데 쓰기엔 참으로 주관적인 표현이다. 힘 있는 종교 지도자들도 자신들의 정당성을 위해 혹은 다수를 설득하기 위해 "하나님의 뜻"이라는 표현을 쓴다. 여러 세력이 부딪혔을 때 서로 하나님의 뜻이라고 주장하면 무엇이 진짜인지를 판단하기가 쉽지 않다. 어찌되었든 지파연합체인 이스라엘은 사울을 중심으로 한 북쪽 지파연합과 다윗을 중심으로 한 유다 지파의 두 체제로 분단되기에 이른다.

다윗이 블레셋의 동의를 얻어 유다 지파의 왕이 됐음은 확실하다. 다윗은 블레셋의 봉신이었기 때문이다. 블레셋 사람들은 이스라엘 동맹체를 점령하기 위하여 이스라엘이 분열되기를 원했다. 그들은 '디바이드 앤 룰(divide and rule)', 즉 분열시켜 서로 싸우게 하며 통치하는 정책을 썼다. 상대가 하나로 뭉쳐있으면 공략이 어렵지만, 갈라져 싸운다면 언젠가는 제 풀에 넘어질 것이다. 마침내 다윗이 블레셋의 미끼를 문다. 다윗을 유다의 왕으로 만들어 이스라엘을 분열시키는데 성공한 블레셋은 빈손 이른 셈이 되었다.

동시에 유다 지파의 백성들도 다윗을 환영했다. 유다 지파는 블레셋과 인접한 남쪽 경계지역에 있었으므로 그동안 블레셋의 위협에 가장 직접적으로 시달림을 받아 왔었다. 그래서 유다 사람들은 다윗이 그의 상전인 블레셋 사람과 유다 백성과의 관계를 조정할 수 있는 입장에 있다고 보았다. 유다 백성들은 다윗이 같은 유다 지파 사람이니까 그들의 땅을 지켜 줄 것이라고 기대했다. 이리하여 다윗은 점령한 사유지를 중심으로 하여 마침내 이스라엘 한 지파의 왕이 됐다. 그러나 이것은 야훼 공동체에 심각한 분열을 가져오는 도전이며 반역 행위였다.

다윗에 대한 의구심

다윗이 이스라엘 전체의 왕으로 등극하는 과정은 사무엘하 3-4장에 드러난다. 여기에는 이스라엘의 장군 아브넬과 사울의 아들 이스보셋이 어떻게 제거되었는지도 기록되어 있다. 유다의 왕이 된 후, 다윗은 자신의 야망을 실현할 날을 기다렸다. 전체 이스라엘을 통치할 기회를 찾기 위해 약 7년 반 동안을 암중모색 하던 중, 새로운 기회가 열렸다.

사울과 그의 아들들이 전사하자, 왕국은 충격 상태에 빠진다. 블레셋 사람들이 이 기회를 이용하여 에브라임과 베냐민의 구릉지대에 있는 촌락들을 습격하고 약탈하였을 것은 너무나 자명한 일이다. 사울의 뒤를 이어 왕이 된 이스보셋은 안전상의 이유로 트랜스요르단의 마하나임으로 물러난다.(사무엘하 2:8 이하) 블레셋 사람들의 손이 미치지 않는 곳으로 피신한 일종의 망명정부인 셈이다.

이스보셋은 무능했다. 그는 단지 사울의 아들이라는 이유로 왕위를 계승할 수 있었다. 예언자가 왕을 임명하는 이스라엘의 '제한된 왕권'은 지켜지지 않았다. 그러던 중 마침내 북왕국 체제에 혼란이 생겼다. 이스보셋과 사울의 오른팔이었던 장군 아브넬과의 사이에서 내분이 일어난 것이다. 분열의 시발점은 아브넬이 사울의 아내 가운데 한 명을 자신의 아내로 삼은 것이었다. 아들인 이스보셋은 이에 항의했고 둘의 사이는 갈라지기 시작했다. 단순히 왕의 여성 중 한 명을 빼앗긴 치정문제에 해당하는 일이 아니었다. 왕의 첩을 취하는 것은 왕권을 물려받는다는 표시였기 때문이다. 이런 권력 다툼의 틈바구니에서 고심하던 아브넬은 다윗을 택한다. 이스보셋이 다윗과 다투게 될 것은 불 보듯 뻔했다. 아브넬은 이스보셋에 충성을 하다가 다윗에게 패할 경우 모든 것을 잃게 될 것이라 판단했다. 설상 이스보셋이 다윗을 누른다 해도 그에게는 아무 이득이 없었다. 그는 이인자인데다 이스보셋과는 이미 갈등 관계에 있었다. 아브넬의 계산은 끝났다. 그는 다윗을 찾아가 모종의 밀약을 나눈다.

이 협상에서 다윗은 북쪽 지파들을 손에 넣기 위해 사울의 딸 미갈을 데려오라는 조건을 내어 놓았다. 다윗이 사울의 사위라는 것을 강조해야 북왕국을 쉽게 손에 넣을 수 있다. 미갈은 더 많은 것을 요구 할 수 있는 기반이었다. 그런 뜻을 모르지 않을 아브넬이 미갈을 다윗에게 데려오는 것은 이스보셋과의 관계를 단절하고 다윗에게 충성한다는 확증이었다.

그런데 아브넬이 밀약을 마치고 돌아가려할 때, 다윗의 오른팔인 요압이 아브넬을 처치해 버렸나. 요압은 아브넬이 다윗과 가까워짐으로써 자신의 지위가 위태로워 질 것을 염려한 듯하다. 밀약이지만 회담 중에 변을 당한 책임은 다윗에게 있었다. 북왕국 사람들의 반발을 가져올 좋지 않은 일이 벌이진 것이다. 그러나 다윗은 이 죽음과는 아무 관련이 없다고 해명한다.

넬의 아들 아브넬이 암살당하였으나, 나와 나의 나라는 주님 앞에 아무 죄가 없다. 오직 그 죄는 요압의 머리와 그의 아버지의 온 집안으로 돌아갈 것이다. 앞으로 요압의 집에서는 고름을 흘리는 병자와 나병환자와, 지팡이를 짚고 다니는 다리 저는 사람과, 칼을 맞아 죽는 자들과, 굶어 죽은 사람이 끊어지지 않을 것이다.(사무엘하 3:28-29)

다윗과 사울이 남북으로 갈라져 싸운 첫 전쟁인 기브온 전투에서 아브넬은 요압의 동생 아사헬을 살해한 일이 있었다. 다윗은 요압이 이 사건에 앙심을 품어 개인적으로 아브넬에게 복수를 한 것일 뿐, 자신은 여기에 전혀 개입하지 않았다고 말한다. 훗날 요압의 세력이 커지자 다윗은 이 책임을 물어 요압마저도 제거해 버린다. 다윗은 아브넬의 무덤 앞에서 목을 놓아 울었고 조가를 지어 부르기도 한다. 백성들에게도 허리에 굵은 베옷을 두르고 울게 했다. 아브넬의 죽음은 실로 엄청난 사건이었지만 다윗 자신이 큰 슬픔을 가지고 철저하게 금식하는 모습을 목격하게 된 백성들은 다윗을 신뢰하게 된다.

온 백성이 그것을 보고서, 그 일을 좋게 여겼다. 다윗왕이 무엇을 하든지 온 백성이 마음에 좋게 받아 들였다. 그때에야, 비로소 넬의 아들 아브넬을 죽인 것이 왕에게서 비롯된 일이 아님을, 온 백성과 온 이스라엘이 깨달아 알았다(사무엘하 3:36-37).

이제는 다윗의 경쟁자로는 사울의 아들 이스보셋 혼자만 남았다. 그런데 곧이어 이스보셋이 자객에 의해 살해당하는 사건이 터졌다. 자객은 이스보셋의 부하였던 브에롯 출신의 두 군장이었다. 자객들은 이스보셋의 수급(首級)을 가지고 곧바로 다윗에게로 왔다. 그 머리는 헤브론에 있는 다윗에게 바쳐졌다. 그들은 무슨 이유로 이스보셋의 머리를 다윗에게 가져온 걸까? 다윗과 모종의 밀약이 있지 않았을까 짐작되지만,

역사의 진실은 영원히 알 수 없게 되었다. 왜냐하면, 그 자객들이 머리를 다윗에게 가져온 순간 다윗이 그 자객들의 머리를 단칼에 베어 버렸기 때문이다. 하나님의 기름 부음 받은 종을 해했다는 이유였다. 다윗은 그들의 주검을 본보기로 연못가에 매달아 놓아 이스보셋의 죽음에 대한 원한을 갚아 주는 모양이 되게 했다. 물론 다윗은 이스보셋의 장례도 후하게 치러 주었다.

이번에도 가장 큰 정치적 이익을 보았을 다윗은 이스보셋의 죽음에 대한 책임을 자객들에게 돌리고 이 사건이 다윗의 의도와는 상관없이 진행된 일임을 강조한다. 누가 묻지 않은 것을 자꾸 반복하는 것은 무언가 냄새가 난다. 변명성 답변이 반복되는 것은 이것이 당시 민중의 관심사이고 그로 인해 민심이 흉흉하게 돌았기 때문일 것이다.

그러나 역사의 진실은 쉽게 묻히지만은 않았다. 후에 자신의 아들 압살롬의 반란으로 다윗이 쫓기는 신세가 되었을 때, 사울의 친척 시므이가 원한에 사무쳐 다윗 일행에게 돌을 던지며 퍼부은 욕설의 내용은 성서 편집자의 시각과는 사뭇 다른 당시 백성들의 관점을 엿보게 한다.

> 영영 가거라! 이 피비린내 나는 살인자야! 이 불한당 같은 자야! 네가 사울의 집안사람을 다 죽이고, 그의 나라를 차지하였으나, 이제는 주님께서 그 피 값을 모두 너에게 갚으신다. 이제는 주님께서 이 나라를 너의 아들 압살롬의 손에 넘겨주셨다. 이런 형벌은 너와 같은 살인자가 마땅히 받아야 할 재앙이다(사무엘하 16:7–8).

왕조사에 이런 자료가 남아 있는 것은 물론 이 사료의 진실성을 증언하기 위함이 아니다. 이런 저주를 퍼붓는 자에게도 다윗이 관대하게 대했다는 다윗의 관용을 드러내기 위해서이다. 그러나 이 욕설을 통해서 우리는 왕조사의 단단한 틈새를 비집고 나온 민중의 목소리를 들을 수 있다. 민심은 다윗이 권좌에 오른 것은 피의 숙청과 폭력에 의한 것이라 증언한다. 다윗은 통일 이스라엘의 왕이 된 후에도 민중, 적어도 북왕국 사람들에게는 그 권력의 정당성을 의심받았다.

사울은 등장할 때부터 죽음에 이르기까지 늘 전장에만 있었다. 그는 사무엘의 지지가 철회된 후 심리적으로 매우 괴로워하다가 마지막에는 거의 승산이 없는 불리한 싸움에 나섰다. 옛날 법궤를 빼앗겼던 아벡 지역에 블레셋이 총동원령을 내려 집결하였다. 전쟁에 나가기 전 사울은 이미 고인이 된 사무엘의 영을 불러와 자신이 죽게 될 것이라는 불길한 예언을 들었다. 그러나 사울은 전장에 나가 결국 길보아산 전투에서 그의 세 아들 요나단, 아비나답, 말기수아와 함께 온 가족이 비장한 최후를 맞이한다(사무엘상 31:3-6). 성서는 고대 이스라엘의 시를 모은 '야살의 책(Book of Jashar)'에 기록되어 있다는 사울의 추모시를 전한다.

이스라엘아,
우리의 지도자들이 산 위에서 죽었다.
가장 용감한 우리의 군인들이 언덕에서 쓰러졌다.
이 소식이 가드에 전해지지 않게 하여라.
이 소식이 아스글론의 모든 거리에도 전해지지 않게 하여라.
블레셋 사람의 딸들이 듣고서 기뻐할라.
저 할례받지 못한 자들의 딸들이 환호성을 올릴라.
길보아의 산들아,
너희 위에는 이제부터 이슬이 내리지 아니하고,

비도 내리지 아니할 것이다.
밭에서는 제물에 쓸 곡식도 거둘 수 없을 것이다.
길보아의 산에서,
용사들의 방패가 치욕을 당하였고,
사울의 방패가 녹슨 채로 버려졌기 때문이다.
원수들을 치고 적들을 무찌를 때에,
요나단의 활이 빗나간 일이 없고,
사울의 칼이 허공을 친 적이 없다.
사울과 요나단은 살아 있을 때에도 그렇게 서로 사랑하며 다정하더니,
죽을 때에도 서로 떨어지지 않았구나!
독수리보다도 더 재빠르고,
사자보다도 더 힘이 세더니!
이스라엘의 딸들아,
너희에게 울긋불긋 화려한 옷을 입혀 주고,
너희의 옷에 금장식을 달아 주던, 사울을 애도하며 울어라!
(사무엘하 1:19-24)

이 노래는 사울의 인기와 영웅적 행위, 사울의 치세의 의의를 진한다. 이 시는 다윗이 지은 것으로 되어있고 두 번째 연은 요나난에 대한 다윗의 애정에 초점이 맞추어져 있다. 그러나 사울과 요나단이 전사할 때 다윗은 블레셋의 봉신으로서 적군인 블레셋의 편에서 그 전투에 함께 출정했다(사무엘상 29장). 블레셋 사람들이 다윗을 의심하여 전투에서 제외시켰다는 이야기로 천만다행 알리바이를 얻었지만 그가 전투에 적극적으로 임했든지 아니든지 적군의 장수인 다윗이 이런 내용의 시를

지었을 것 같지는 않다. 다윗의 너그러움을 과시하려는 목적으로 인용된 이 시는 오히려 당시 이스라엘 사람들의 진솔한 정서를 보여준다.

사울은 평등사회의 전통을 지켜야 할 의무로 자각하고 있었다. 전쟁에서 그는 카리스마적인 지휘관이었으며, 자원해서 나온 '존경할 만한' 병력을 카리스마 넘치는 방법으로 지휘했다. 사울의 세력은 개인의 카리스마를 기반으로 형성된 것이어서 그에 대한 존경도 그의 개인적인 영향력이 지속되는 동안만 계속됐다. 카리스마가 그를 떠난 후에는 이미 왕으로 존경을 받지 못했다. 이에 반해 다윗의 세력은 본질상 완력, 혹은 무력 그리고 단단한 이권의 복합체였다.[5)]

사울은 왕이 된 이후에도 궁전을 짓지 않고 전쟁이 없을 때에는 농부로 살았다. 그와 반대로 다윗은 궁전을 건축하여 그 곳에서 비교적 호화스럽게 지냈다. 다윗은 큰 규방을 설치했는데, 성서에는 다윗이 첫째 부인인 사울의 딸 미갈 외에도 일곱 명의 부인이 언급되기도 하고, 15명의 후궁을 거느렸다고도 전한다. 그의 결혼은 권력을 횡으로 넓혀가는 과정과 다르지 않았으므로 여러 명의 부인이 낳은 아들들이 장성하였을 때, 다윗의 대가족에는 재난이 시작되었다. 그로인해 왕국은 큰 혼란에 빠졌다.

다윗 상승설화

사무엘서와 열왕기서에 기록된 다윗의 이야기는 크게 다윗 상승설화(사무엘상 16:14-사무엘하 5장, 8:1-5)와 왕위계승 설화(사무엘하 9-20장, 열왕기상 1-2장)로 나눌 수 있다. 다윗 상승설화에는 요나단

5) Ibid., 105.

과의 우정에 관련된 이야기, 엔게디 동굴 사건, 아비가일 사건, 십 광야 사건들이 잇달아 나온다. 모두 다윗의 왕위 계승에 정통성을 부여하는 이야기들이다.

만약 다윗의 왕위 계승 과정에서 문제가 있었고, 그에 대한 민중의 들끓는 의구심을 해명하려 했다면 어떤 사람들의 목소리가 필요할까? 바로 다윗의 승계로 실질적인 고통을 받았던 피해자들이다. 즉, 다윗의 왕위 계승 과정에서 한을 품을 수밖에 없었던 인물들이다. 대표적인 인물은 전 왕인 사울일 테고, 그 다음은 수순에 따라 사울의 왕위를 승계할 그의 아들 요나단일 테고, 남편을 잃은 후 남편을 살해한 다윗의 처가 되어 살 수 밖에 없는 아비가일의 증언이 궁금할 것이다. 권력 승계의 과정에서 피해자들을 불러내어 증언을 듣는 것이 의문 해소의 첫 걸음이다.

다윗 상승설화에는 바로 이런 인물들이 등장한다. 다윗과 요나단의 우정에 관련된 이야기는 친구 사이의 우정을 매우 아름답게 묘사한 감동 깊은 걸작이다. 이 이야기로 인해 사울이 죽은 후에 민중이 부른 사울과 요나단을 추모하는 아름다운 민요는 엉뚱하게 다윗의 저작물로 소개되어 다윗과 요나단의 우정을 찬양하는 노래로 탈바꿈했다.

이어서는 엔게디 동굴의 사건, 아비가일 사건, 십 광야 사건 등에서는 모두 다윗의 피해자들이 등장하여 증언한다. 그들은 결과적으로 다윗의 너그러움, 다윗의 용서, 여러 번의 기회에도 불구하고 사울의 목숨을 살려주는 다윗의 사려 깊음을 말해 나간다. 이 사건의 결론적 고백들은 한결같다. 가장 한을 품었어야 할 사람들의 입을 통해서 한결같이 다윗의 인품을 극구 찬양하는 고백들이다.

"다윗이야말로 이스라엘을 다스리는 왕이 될 것"이라는 고백이 이 일련의 이야기들의 결론이며, 바로 역사가가 이 모든 사건을 통해 말하고자 하는 핵심적인 고백이다.(사무엘상 23:17, 24:20-22, 25:30, 26:21-25) 왕조사가는 민중의 의심이 집중된 인물들을 불러낸다. 아마 민중은 그 희생자들을 통해서 다윗의 폭력성과 야망이 드러나는 결정적인 한마디를 기대할지 모른다. 그러나 이미 그들은 말이 없다. 왕조사가는 이 세상 사람들이 아닌 그들을 불러내어 다윗이 가장 듣고 싶어하는 고백을 이야기 속에 담아냈다.

더욱이 이러한 고백이 피해를 당한 당사자들의 입으로 직접 나오면 감동은 배가 된다. 의심을 품었던 사람들의 입지는 여지없이 무너진다. 오히려 그들은 더욱더 다윗을 신뢰하게 될 것이며 그동안 다윗을 의심한 것에 대해 눈물로 회개할 것이다. 이렇게 왕조사는 다윗의 왕위 계승에 대한 의구심을 가진 이스라엘 민중에게 답해 나가고 있다.

다윗은 여러 번 사울을 죽일 수 있는 기회에서도 그를 살려준다. 그러면서 그는 사울이 "야훼의 기름 부음을 받은 종"임을 관용구처럼 강조한다. 이런 반복되는 강조에는 분명한 의도가 있다. 다윗은 자신이 사울에게 그렇게 대했듯이, 다윗 자신에게도 그런 관용이 적용되기를 바랐다. 야훼의 기름 부음을 받은 종인 다윗과 그의 왕위를 이은 후손들에게도 무제한의 충성이 동일하게 바쳐지기를 요청한 것이다.

다윗은 정말 돌맹이 하나로 거인 골리앗을 무너뜨렸나

다윗과 골리앗의 이야기는 성서에서 가장 드라마틱한 승리의 이야기다. 어린 시절 그리스도인은 천하가 두려워하는 골리앗을 어린 다윗이 돌팔매 하나로 거꾸러뜨리는 통쾌한 장면을 보고 들으며 "하나님이 함께 한 믿음의 소년 다윗"을 배운다. 그런데 성서를 읽어 내려 가다보면 골리앗에 대해 전혀 다른 이야기를 발견한다. 짧은 기록이지만 결코 지나칠 수 없는 보도다.

> 곱에서 블레셋 사람과 전쟁이 일어났다. 그 때에는 베들레헴 사람인 야레오르김의 아들 엘하난이 가드 사람 골리앗을 죽였는데, 골리앗의 창자루는 베틀 앞다리같이 굵었다. (사무엘하 21:19)

아닌 밤에 홍두깨 식으로 골리앗을 죽인 것이 다윗이 아니고 엘하난이라니. 감히 누가 다윗의 권위에 도전하는가. 이 중대한 도전에 특별수사라도 벌이고 싶지만 너무나 오래전 일이라서 수사는 불가능하다. 따라서 유일한 기록인 성서 자료를 통해 이 문제를 추적해 보려고 한다.

먼저 병행구절을 보자. 사무엘서에 기록된 역사는 신명기 역사라고 부르는데, 역대기서에도 똑같은 병행구절이 있다. 역대기서는 사무엘서 역사보다 약 2-3백년 뒤에 작성되었다. 역대기 역사는 원본인 신명기 역사[6]를 자기 시대의 상황에 맞추어 가감해가며 쓴 역사다.

> 또 블레셋 사람과 전쟁이 일어났다. 야일의 아들 엘하난이 가드 사람 골리앗의 아우 라흐미를 죽였는데, 라흐미의 창 자루는 베틀 앞다리같이 굵었다.(역대기상 20:5)

---

6) Martin Noth는 그의 저서 신명기 역사(Deutronomic History)에서 신명기에서부터 열왕기하까지의 이어지는 8개의 책 즉, 신명기. 여호수아, 사사기, 룻기, 사무엘상, 하, 열왕기상, 하서는 각각 떨어진 책이 아니고 이스라엘의 출발부터 포로기에 나라가 망하기까지의 이스라엘과 유다 역사의 대작물이라고 했다. 이를 신명기 역사라고 부른다. Martin Noth, *The Deuteronomic History*, Sheffield, 1981. 참조.

역대기서는 이 부분만 수정을 가했다. 다른 부분은 사무엘서와 똑같지만 골리앗을 죽인 사람이 다윗이라는 일반의 생각과 모순되기 때문에 엘하난이 죽인 사람은 골리앗이 아니고 골리앗의 아우 '라흐미'였다고 수정했다. 그러나 이 개작은 뭔가 석연치가 않다.

사무엘상 21장 9절-10절의 이야기는 다윗이 골리앗의 칼을 취하게 된 전승이다. 다윗이 사울에게 쫓기느라 아무 것도 가지고 나오지 못한 채 놉의 사제를 만나 식량과 칼을 구한다. 다윗이 사제에게 "여기 어디 칼이나 창이 있습니까?"라고 물으니 사제가 답한다.

> "(장군이 느티나무 골짜기에서 죽인) 블레셋 장수 골리앗의 칼밖에 없소이다. 보자기에 싸서 에봇 뒤에 두었는데 그것이라도 가질 생각이 있으면 가지시오. 이곳에 다른 무기라곤 없소이다." 다윗이 "그만한 것이 어디 또 있겠습니까?" 하며 그것을 받아 가졌다.
>
> – 공동번역, 히브리 성서 마소라 텍스트 킷텔판(1937)의 번역

그런데 이 구절을 표준새번역으로 보면 괄호 부분의 수식어가 다르다.

> "(그대가 엘라 골짜기에서 쳐 죽인) 블레셋 사람 골리앗의….(이하는 같다) "
>
> – 표준새번역, 히브리 성서 마소라 텍스트 독일성서공회판(1966)의 번역

영어판 king James, Amplified, New American Standard, New International도 이를 따라 엘라 골짜기를 장소로 제시한다. 그러나 The New Jerusalem Bible은 또 다른 장소로 테레빈 나무 골짜기라고 말한다. 왜

그 부분만 다를까? 사무엘서의 주석을 쓴 프릿츠 스톨쯔[7]는 사본마다 다르게 표현되기 때문에 그 부분에 아예 괄호를 쳐 놓았다. 사본마다 다르다는 것은 후대의 삽입 부분일 가능성이 많다. 본래 이야기에는 없는데 나중에 어색하여 보충 설명이 필요했고 그래서 추가했는데 저마다 제 생각대로 추가했기에 서로 다른 것이다.

왜 사람들은 새삼스럽게 그 부분만을 추가해 넣었을까? 괄호를 빼고 이야기를 다시 읽어보자.

> 블레셋 장수 골리앗의 칼밖에 없소이다. 보자기에 싸서 에봇 뒤에 두었는데 그것이라도 가질 생각이 있으면 가지시오. 이곳에 다른 무기라곤 없소이다. 다윗이 그만한 것이 어디 또 있겠습니까? 하며 그것을 받아 가졌다.

여기서 놉의 제사장은 다윗이 골리앗을 죽였다는 사실을 모른다. 단지 다윗이 골리앗이 쓰던 칼을 갖게 된 이야기이다. 그것도 아주 우연한 기회에. 제사장은 다윗에게 오히려 설명을 시도한다. "이런 사람 칼을 내가 보관하고 있는네 당신께 드릴까요?"라고 묻는 것이다.

이런 이야기의 전개는 이미 사무엘상 17장에 나와 있는 유명한 무용담 '다윗과 골리앗 이야기'를 아는 사람이라면 다윗과 제사장의 대화가 어색하고 불편하다. 그래서 다윗과 제사장이 당연히 다윗이 골리앗을 죽인 영웅담을 알고 있는 것으로 생각하고 설명을 추가해야 했다. 그러므로, "당신이 느티나무 골짜기에서 죽인(공동번역)" 혹은 "그대가 엘라 골짜기에서 쳐 죽인(표준새번역, 개역)" "테레빈 나무 골짜기에서"(예루살렘 바이블) 부분을 추가함으로써 이미 다윗이 골리앗을 죽였다는 상

7) Fritz Stolz, 『사무엘 상, 하』 국제성서주석 8, 한국신학연구소, 1991, 231쪽.

식을 전제해서 무리 없게 조정한다. 더군다나 이 구절은 "블레셋 장수의 목은 예루살렘으로 가져오고 그의 무기는 자기(다윗)의 천막에 간직했다"는 사무엘상 17장 54절과도 모순된다. 무기를 저장한 곳이 다윗의 천막이라고 했는데 엉뚱하게 놉의 제사장이 보관하고 있으니 말이다. 놉의 제사장 이야기는 다윗이 골리앗을 죽였다는 이야기와는 전혀 별개의 전승이며, 제사장들 역시 그 유명한 사건을 모르고 있다.

다윗이 골리앗을 물리치는 장면(사무엘 상 17장)을 자세히 보면 골리앗이라는 이름은 이야기의 앞뒤에 있을 뿐이다. 이야기의 중간 본체는 그저 다윗이 블레셋 장군, 블레셋 사람 누군가를 죽인 이야기다. 이 앞뒤에 골리앗이라는 구체적 이름이 끼어 있음으로써 블레셋 사람은 당연히 골리앗을 가리킨다고 독자들이 연상할 수 있게 편집됐다.

골리앗을 죽인 사람이 누구일까. 이 정도의 증거만 보아도 골리앗을 죽인 공은 다윗의 것이 아닐 가능성이 높다. 3천 년 전 공을 세우고도 이름조차 찾지 못한 엘하난이 억울한 사연을 호소해 오는 것 같다.

역사의 굵직한 사건은 늘 영웅의 이름을 동반한다. 그래서 강력한 상징이 되고 이 상징은 역사에서 힘을 갖는다. 따라서 후대의 사람들은 그 영웅들의 희생과 헌신으로 역사가 발전했다고 생각한다. 일면은 진리이고 그들에게 돌아갈 몫도 있을 것이다. 하지만 영웅의 이름 뒤를 차분하고 세심하게 살펴보면 거기에는 수많은 사람들의 이야기가 담겨 있다. 한 영웅의 서사 뒤에는 보이지도 않고, 공로도 기억되지 않는 이름 모를 이들의 땀과 피가 흐르는 것이다.

어느 시대나 군중은 영웅을 기대한다. 어디선가 아기장수가 나타나기를 기대하고, 큰 바위 얼굴이 나타나기를, 다윗이 나타나기를 기대한다. 금배지를 단 선한 권력자들을 기대하고 한 개인의 화려한 명성과 진보성에 희망을 걸기도 한다. 그러나 역사는 한 인간이 만들어가는 것이 아니다. 한 명의 영웅으로 보이지만 그는 수많은 이들의 바람 속에 피어나는 꽃과 같다. 그 꽃은 시대정신과 민심에 따라 피기도 하고 지기도 한다. 그들은 바다에 떠 있는 배와 같다. 그리고 그 배를 항해하는 거대한 바다는 민중이다.

하지만 민중에게는 이름이 없다. 역사에서 그들은 한 명 한 명 개인의 이름으로 남지 못한다. 그러나 다행히도 성서에서 엘하난은 이름을 남겼다. 다윗은 남의 부인을 자신의 아내로 빼앗을지언정 여기 엘하난의 이름을 빼앗지는 못했다. 왜냐하면 사무엘상하 역사의 기초 자료가 작성된 시기는 다윗 사후 약 200년이 흐른 뒤인 히스기야 왕 때였는데, 그 기초자료에서 골리앗을 죽인 사람이 엘하난이라고 증언한 것이다. 다윗은 단지 골리앗의 칼을 우연한 기회에 구하여 쓰게 되었을 뿐, 제사장이나 하물며 다윗 자신도 골리앗을 죽였다는 정보는 전혀 모른다. 다윗 이후 200년 후까지도 골리앗을 죽인 공로는 다윗과는 거리가 멀었다. 그러니 골리앗을 죽인 공을 다윗 자신이 빼앗은 것은 아니다.

어찌 보면, 역사에서 민중이 이름을 빼앗긴다기보다는 민중 스스로가 자신의 이름을 바친다는 표현이 맞을 것같다. 미래 역사를 위해서 필요하다면 기꺼이 그렇게 하는 것이 민중이다. 골리앗을 죽인 공이 다윗에게 돌려진 것은 사무엘 상하의 역사(신명기 역사)의 제 2차 편집이 이루어진 포로기 때일 것이다. 나라는 이미 망했고 유다 왕국의 백성들은 낯선 이국땅에 포로로 잡혀와 있다. 이런 상황에서 그 옛날 화려했던 자신들의 왕국, 그 중에도 가장 전성기를 구가했던 다윗 때는 그들이 가장 이상적으로 기대하는 시대였다. 그래서 그들은 미래에 올 왕국에 대해서도 "다윗과 같은 왕이 다시 오신다"라고 희망하고 꿈꾸었다.

다윗은 그들의 가장 화려했던 시대의 영웅이었고 미래에 다시 올 나라의 표상이기도 했다. 다윗의 이름 아래 그들은 민족중흥을 꿈꾸었고 이스라엘의 회복을 소망했다. 그런 때에 이스라엘이 마주한 가장 위협적인 적장 골리앗을 죽인 공이 이름 모를 엘하난의 공으로 남아있는 것보다는 다윗의 공이 되는 것이 훨씬 도움이 됐다. 그래야 위기에 처한 그 민족의 정신을 살리는데 도움이 될 것이다.

민중은 아무 공도 남김없이 그들 미래의 역사를 위해 이름마저 바친다. 민중이 그들에게 이름을 돌린 예는 비일비재하다. 성서에서만 보더라도 모든 시는 다윗에게로, 모든 지혜는 솔로몬에게로, 모든 율법은 모세에게 바쳐졌다.

성서의 법률, 혹은 문학작품들은 오랜 세월 동안 이루어진 사회적 산물이다. 이러한 전승은 모세, 다윗, 솔로몬이 직접 만들어낸 게 아니다. 후대에 그들에게 돌려진 것이다. 그들 자신이 의도적으로 빼앗은 것이라기보다는 후대의 인물이 그들의 대표적인 인격으로 표현했고 그들의 이름으로 영광을 돌렸을 뿐이다. 민중은 이름마저 바친다. 제 몫의 땀과 공을 내 것이라고 주장하지 않고 가장 값있는 쪽으로 바친다.

생각나누기

우리가 지금까지 역사를 보는 관점은 대부분 영웅사관에 의한 역사였다. 한 사람의 영웅이 나오는 배경에는 수많은 민중의 희생이 존재한다. 그러나 역사는 민중의 희생은 기억하지 않는다. 영웅만을 중심으로 보는 역사를 배운 사람들은 영웅을 꿈꾼다. 그들 주변에서 발생하는 아픔 정도는 당연한 것으로 여긴다. 어린이들이 꿈꾸는 영웅이 정복욕에 가득차서 타인을 아랑 곳 하지 않는 사람, 자신의 욕심을 무한히 성취하고자 하는 폭력적 인간형이라면 교육이 제시하는 목표부터가 잘못된 것이다. 그런 꿈을 가진 사람들이 운영하는 세상은 얼마나 한심할 것인가? 영웅사관은 영웅적 폭력과 착취를 낳고, 더불어 사는 세계나 서로의 인격을 존중하는 세상은 아예 생각조차도 못하게 한다. 역사를 보는 관점을 바꿔야지 세상을 바꿀 수 있다. 우리가 다윗을 새롭게 읽었듯이 민중을 중심으로 역사 속의 인물과 우리 주변의 영웅들을 새롭게 읽어보자. 그리고 참다운 지도자 상에 대해서 이야기해보자.

섬김으로 으뜸인 삶

그러나 너희끼리는 그렇게 해서는 안 된다. 너희 가운데서 누구든지, 위대하게 되고자 하는 사람은 너희를 섬기는 사람이 되어야 하고, 너희 가운데서 누구든지, 으뜸이 되고자 하는 사람은 모든 사람의 종이 되어야 한다. 인자는 섬김을 받으러 온 것이 아니라 섬기러 왔으며, 많은 사람을 위하여 자기 목숨

을 대속물로 내주러 왔다.(마가 10 : 43−45)

박근혜 대통령이 헌법재판소에서 탄핵을 선고받았다. 하지만 지지자를 넘어 추종자라 불리는 게 적합할 듯한 이들은 여전히 박정희의 기념우표를 만들고 박정희 기념관과 동상을 세우겠다며 하며 시민들과 갈등을 빚고 있다.

박정희에 대한 향수가 판을 칠 때가 있었다. CF에서도 박정희의 목소리가 효과가 있다고 했다. 그 어렵고 힘든 시절, "우리를 밥 먹게 해준 대통령"이라는 게 향수에 깔린 정서다. 1970년대 경제성장의 공적을 박정희라는 한 인물에 돌리는 것이다. 물론 그 시대 경제성장에는 박정희의 몫도 일부 있을 것이다. 그러나 "밥을 먹게 된" 그 성장에 영광을 받아야할 사람들은 따로 있다. 바로 열악한 노동조건과 값싼 임금으로 제 몸을 조금씩 깎아 바친 노동자들이다. 명분도 없는 월남전쟁의 용병으로 젊은 피를 뿌린 이들이다. 광부와 간호사로 독일로 날아가 악착같이 돈을 벌었던 이들이다. 우리 경제의 비약적 성장은 그들의 땀과 눈물 값 아니겠는가?

박정희는 대통령 시절 일본 군가를 부르는 등 자주 일본 향수에 빠졌다고 한다. 친일 인명사전을 통해 그의 친일행각을 살펴보자.

박정희는 21세 때 만주국(일제 괴뢰국) 군관에 첫 번째 지원했으나 탈락했고 이듬해에 다시 지원했다. 이 때 그는 "일본인으로서 수치스럽지 않을 만큼의 일사봉공(一死奉公)의 굳건한 결심입니다, 멸사봉공(滅私奉公) 견마(犬馬)의 충성을 다할 결심입니다."라는 혈서를 제출했으나 역시 탈락했다. 그는 다시 23세에 삼년 연속지원하여 합격했다. 25세에는 일본 육군사관학교 3학년에 편입하여, 27세에 일본군 소위로 임관한 후에 수차례 전투에 참여했다. 28세에는 만주국 중위로 진급했으나 일본 패망 뒤에 재빠르게 베이징 광복군에 합류했다. 29세에는 귀국후 조선 국방경비대 소위로 임관했고 30세에 중위, 대위를 거쳐 소령까지 진급했다. 31세에는 남로당 프락치 혐의로 체포되어 군법회의에서 무기징역을 선고받았다. 그러나 동료들을 밀고하여 밀고한 사람들은 몽땅 사형되는 가운데 박정희 혼자 살아남았다. 33세에 6.25 전쟁이 발발했다. 기회를 엿보던 그에게 살길이 생겼다. 그는 소령으로 현역에 복귀하여 고속승진을 했다. 36세에는 준장으로 진급했고 38세에 5사단장이 됐다. 그의 나이 41세 때 소장으로 진급해서 군사쿠테타를 일으켜 권력을 장악했다.

마땅히 돌아갈 이들에게 공로가 돌아가지 못하는 것이 우리 시대의 비극이다. 박정희는 자신의 일인 장기독재 시절에 권력을 남용했을 뿐 아니라 본질적으로 역겹고 추한 것으로 만들어 버린 장본인이다. 언론을 장악하고 소박한 대통령 이미지를 홍보해댔으나 실제로는 우리사회의 뿌리 깊은 정경유착을 본격적으로 시도해 자신의 부를 어마어마하게 늘인 장본인 이었다. 민주주의와 인권을 열망하는 국민들을 공권력을 동원해 무자비하게 탄압했으며 여성편력을 자랑한 문란한 사생활도 익히 잘 알려져 있다. 그런 이에게 '우리 시대의 지도자' 이미지라니, 가당치 않은 일이다.

성경은 참 지도자상을 어떤 모습으로 그리는가? 예언자들은 이상적인 왕을 '목자'로 묘사한다.(예레미야 23:1-8, 에스겔 34장) 목자는 양떼를 돌보고 먹이는 임무를 수행한다. 그러나 이제까지의 왕들은 오히려 자신만을 위하여 살진 양을 잡아먹고, 양을 잡아 그 털로 옷을 해 입기는 하면서도 정작 양 떼를 먹이지 않았다.(에스겔 34:3) 바로 이것이 이스라엘의 지도자들이 범한 죄악이다.

> "헤매는 것은 찾아오고, 길 잃은 것은 도로 데려오며, 다리가 부러지고 상한 것은 싸매어 주며, 약한 것은 튼튼하게 만드는 목자"(에스겔 34: 16)

참 목자상은 요한복음에서 예수님의 이미지로 발전한다. 목자는 양들 하나하나를 알고, 양들은 그의 목소리를 알고, 필요한 경우에 목자는 부상당하거나 죽을 위협을 무릅쓰고라도 양들을 공격으로부터 지켜낸다.(요한 10:1–18) 또한 예수는 제자들의 발을 일일이 씻어 주면서 말한다.

> "주이며 선생인 내가 너희의 발을 씻겨 주었으니, 너희도 서로 남의 발을 씻어 주어야 한다."(요한 13:14)

외출한 사람의 발을 씻어주는 일은 종이 하는 일이다. 발을 씻으려면 우선 그의 발아래 무릎을 꿇어야 하고 가장 더러운 발밑에 엎드려 소중하게 닦아주어야 한다. 예수는 먼저 발밑에 엎드리는 법을 알려주었다. 그리하여 발을 씻겨주며 서로를 섬겨야 한다는 새로운 지도자의 철학을 가르쳐 주셨다. 예수는 말한다.

> "너희 가운데 누구든지 위대하게 되고자 하는 사람은 너희를 섬기는 사람이 되야 하고, 너희 가운데서 누구든지 으뜸이 되고자 하는 사람은 모든 사람의 종이 되어야 한다. 인자는 섬김을 받으러 온 것이 아니라 섬기러 왔으며, 많은 사람을 구원하기 위하여 치를 몸값으로 자기 목숨을 내주러 왔다."(마가

10: 43–45)

이 말을 앞뒤 문맥 없이 떼어놓고 보면 오해하기 쉽다. 위대하게 되고자 하여 섬기고, 으뜸이 되고자 하여 섬긴다면 동기가 순수하지 않다. 그러나 이 말은 야고보와 요한이 예수께서 한 자리 하실 때 자기들을 예수님의 오른쪽 왼쪽에 앉혀달라는 청탁을 하고, 이 일로 인하여 제자들 가운데는 누가 높은가하고 다툼이 생긴 상황에서 주신 말씀이다. 서로 높아지려고 싸움을 벌이는 상대에게 주시는 말씀이기에 "위대하게 되고자 하는 사람은… 으뜸이 되고자 하는 사람은…"이라고 하신다. 그러나 사실은 으뜸이 되고자 하여 섬기는 것이 아니라 섬기는 그 행위 자체는 이미 으뜸인 사람에게서 나오는 마음이다.

경기도에 있는 집에서 서울을 오갈 때 유난히 밝은 표정으로 인사를 하는 톨게이트 직원이 있었다. 특별히 아는 사이도 아닌데 꼭 반가운 사람을 만난 듯 밝게 인사를 한다.

"오늘 얼굴이 참 좋아 보이십니다."
"입으신 옷이 참 어울립니다."

처음에는 참 친절한 사람이라고 생각하고 지나쳤는데, 두 번 세 번 그 분을 만날 때마다 기분 좋은 인사는 계속됐다. 먼저 남에게 말을 건네는 일이 생각 같아서는 간단한 것 같지만 그리 쉬운 일만은 아니다. 그분이 하시는 일 자체가 똑같은 일을 반복하면서 수많은 사람을 대해야 하는 고된 일이다. 그런 가운데서도 만나는 사람들에게 그렇게 친절히 인사할 수 있는 사람이야말로 위대하다. 매일 반복되는 일상에서 마음을 다하는 건 참으로 높은 경지다. 훈련받은 친절과 자기 마음 밭의 기쁨으로부터 흘러나오는 친절은 비슷한 것 같지만 매우 다르다. 전자는 영향력을 미치지 않지만, 후자는 영향력을 미친다. 깊은 곳에서 나오는 행복은 주변에 전파되기 때문이다.

이미 자기 안에 자신감과 기쁨을 가진 사람이 아니면 지을 수 없는 웃음이 있다. 그런 웃음은 모든 것이 충만하게 넘친다는 것을 말해준다. 그런 사람은 친절한 섬김, 그것으로 이미 으뜸인 삶을 살고 있다. 그는 언제든지 남에게 베풀 수 있는 여유와 평안을 가진 사람이다. 늘 베풀고 섬기는 자세를 갖는 것이야말로 지도자들이 가져야 할 품성이고 참다운 왕권을 가진 사람이 누리는 성품이다. 그러나 많은 돈과 권력을 가졌지만 늘 게걸스럽게 남을 착취하는 사람은 비록 지도자의 위치에 있을지라도 언제나 밑바닥 인생에 불과하다. 자기 욕심에 이끌려 살아가는 사람은 비록 그가 많은 것을 가졌다고 하더라도 노예의 삶에 불과하다. 그들은 평범한 이 한 여인이 가지는 넉넉한 평화와 진정한 왕 됨을 배워야 할 것이다.

선거 기간이 되면 거리에서 국민에게 배꼽인사를 하는 후보들을 만난다, 심지어는 "한번만 도와달라"며 엎드려 절하며 민망하게 한다. 그런데 이들 중 대다수는 선거만 끝나면 국민과 아무 상관이 없는 것처럼 행동한다. 그들은 국민의 아픔은 아랑 곳 없이 제왕처럼 군림한다. 그러나 권위로 군림하는 지도자의 시대는 끝났다. 그들은 가짜 지도자이다. 진정한 리더십은 귀 기울이고 소통하며 책임지는 자세에서 나온다. 그리고 이런 자세는 훈련되기도 하지만 자기 깊은 곳의 성찰과 단단한 정신에서 나오지 않으면 본디 자기 것이 아니므로 오래 가기 어렵다.

좋은 리더를 선택하는 눈도 중요하지만 스스로 그런 사람이 되는 것이 더 중요하다. 왜냐하면 우리는 살아가면서 누구나 리더가 되기 때문이다. 어떤 '자리'에 가야만 리더가 되는 것이 아니다. 리더란 자리와 무관하게 일어나는 현상이다. 그 사람의 공적인 직책과 무관하게 잘 돌보고 평화로우며 내면의 기쁨을 가진 이들 주변에는 늘 사람이 깃든다. 그들은 세상을 평화롭게 하고 어려움에 있는 이들을 돕는다. 예수께서는 특정한 권력자가 아니라 그리스도를 따르는 이라면 모두 그런 리더십을 갖기를 원하신다. 예수께서는 위대함과 섬김을 다른 것으로 말씀하지 않으신다. 으뜸과 종을 같은 것으로 말하신다. 섬김을 받는 것과 누군가를 섬기는 것을 같은 것으로 말씀하신다. 위대해지고 왕이 되려면 이렇게 하라는 행동 지침이 아니다. 서로를 돌보고 양들의 울음소리를 듣는 사람, 그리고 기꺼이 자기 몸을 움직이는 사람이 곧 섬김을 받는 사람이 되는 길이다. 이미 으뜸인 사람만이 섬길 수 있으며, 섬기는 사람만이 으뜸이다.

07
통일왕국의 출발

북쪽 지파의 장로들은 민중의 불만에도 불구하고 다윗의 실세를 인정하지 않을 수 없었다. 더욱이 블레셋을 비롯한 외세의 위협이 극심한 상황이었기 때문에 권력의 공백기를 오래 겪을 수 없었다. 이에 이스라엘 장로들은 다윗의 탁월한 군사적 지도력을 인정하고 그와 계약을 체결하는 방식으로 마침내 다윗을 전체 이스라엘의 왕으로 세운다.

> 이스라엘의 모든 지파가 헤브론으로 다윗을 찾아가서 말했다. "우리는 임금님과 한 골육입니다. 전에 사울이 왕이 되어서 우리를 다스릴 때에, 이스라엘 군대를 거느리고 출전했다가 다시 데리고 돌아오신 분이 바로 임금님이십니다. 그리고 주께서 '네가 나의 백성 이스라엘의 목자가 될 것이며, 네가 이스라엘의 통치자가 될 것이다' 하고 말씀하실 때에도 바로 임금님을 가리켜 말씀하신 것입니다." 그리하여 이스라엘의 모든 장로가 헤브론으로 왕을 찾아오니, 다윗 왕이 헤브론에서 주님 앞으로 나아가 그들과 언약을 세웠다. 그리고 그들은 다윗에게 기름을 부어서, 이스라엘의 왕으로 삼았다. (사무엘하 5:1-3)

그런데 대 반전이 일어난다. 다윗을 배후에서 도우며 다윗을 통해서 이스라엘의 분열을 꾀했던 블레셋은 막상 다윗이 통일 왕국의 왕이 됐다는 소식이 듣고 '온 블레셋 사람'이 곧바로 다윗을 치러 올라온다.

> 다윗이 기름부음을 받아 이스라엘의 왕이 됐다는 소식을 블레셋 사람이 듣고, 온 블레셋 사람이 다윗을 잡으려고 올라왔다.(사무엘하 5:17)

통일-블레셋으로부터 독립

다윗이 남과 북의 단일 왕으로 옹립되고 이스라엘이 재통일되는 것은 당연히 블레셋의 예상을 벗어난 전개였다. 그들은 이스라엘을 분할통치 방식으로 지배하고자 했기 때문이다. 하지만 다윗의 단일 왕 옹립은 블레셋으로부터의 독립 선언을 의미했다. 다윗은 블레셋과의 전쟁을 피할 수 없게 되었다.

당시 이집트는 과거에 비해 쇠약해지긴 했어도 여전히 거대한 제국이었다. 블레셋은 자신을 팔레스타인의 합법적인 이집트 후계로 생각했다. 따라서 그들은 팔레스타인에 대한 종주권을 주장했다. 만일 다윗이 블레셋의 봉신이라는 지위에 만족했다면 남쪽 땅 유다의 왕으로 머물러야 했다. 다윗 개인으로는 유다의 왕으로 머문다고 해서 만족치 못할 것은 없었다. 왕으로서 누릴 것은 충분하게 누릴 수 있었다. 하지만 다윗은 큰 야망과 포부가 있는 사람이었다. 그는 이스라엘과 유다를 통일하고자 했고 이는 곧 팔레스타인 땅에서 블레셋과의 전면적인 종주권 대결을 의미했다. 또한 이는 대규모 전쟁도 불사하는 결단을 요구하는 일이었다.

다윗은 예루살렘 근처 아둘람 요새의 산악전에서 블레셋에 승리를 거둔다. 강인한 용병들과 산악 지형을 잘 이용한 덕분이었다. 다윗은 방어적인 작전으로는 블레셋의 공격을 종식시킬 수 없다는 것을 알았다. 그는 유리한 전세를 밀고 나가 블레셋 영토에까지 들어갔다. 게바에서 게셀에 이르기까지 블레셋을 쫓아가면서 그들을 물리쳤다. (사무엘하 5:25, 사무엘하 21 : 15-22)

그 이후에도 다윗은 블레셋을 계속 밀어붙였고, 이스라엘은 명백히 우위를 점하게 됐다. 결국 다윗은 통일왕국의 왕이 되었고 블레셋으로부터 독립을 쟁취했다. 다윗과 솔로몬의 통일왕국 시대는 일찍이 이스라엘이 누려보지 못한 최고의 전성기였다. 후대 이스라엘 백성은 이 전성기를 생각하며 다윗의 후손에서 메시아가 나온다고 믿었다. 다윗은 전설적인 인물이 되었고, 후대 백성들은 다윗 왕 때와 같은 시절이 오기를 고대했다. 다윗에게 이런 명예가 돌아간 것은 다윗이 한 때 블레셋의 봉신이었으나 나중에는 오히려 그들로부터 독립을 쟁취했기 때문이다. 블레셋으로부터의 독립 없이 통일은 불가능했다. 그는 마침내 남 유다와 북쪽 지파 동맹체제 사이의 통일을 성취했다. 이것이 위대한 왕이라 일컫는 다윗의 가장 큰 업적이다.

우리나라도 고대 이스라엘과 매우 비슷한 분단 상황에 놓여있다. 이 분단 상황은 우리의 의도와 전혀 상관없이 시작되었다. 미군과 소련군이 만나 미군 대령이 제시한 38도선을 기준으로 남북이 갈리게 됐다. 물론 그 선은 일본군의 무장을 해제하기 위해 미군과 소련군이 책임구역을 나누는 선이다. 무장해제가 끝나자 소련군은 철수하였으나 미군은 남한 민중의 반대에도 불구하고 군정을 실시했다. 군정 이후 민족자주 세력은 거세당하고 친미 세력인 이승만에 의해 국토 반쪽에 '대한민국'

이 세워졌다. 북은 북대로 '조선민주주의인민공화국'이 세워져 분단이 시작됐다.

국제 여론에 못 이겨 잠시 한반도를 나갔던 미군은 한국전쟁을 통해 다시 주둔하게 됐다. 그 후 미군은 한국군의 군사 작전권을 거머쥐고 한국 내 정치를 쥐락펴락하고 있다. 장기간의 군사 독재의 배경에는 미국의 비호 또는 묵인이 있었다. 시민의식의 성장과 많은 이의 목숨을 바친 민주주의 열망에 힘입어 군사정권이 민간 정부로 이양되었지만, 미국은 여전히 북한 뿐 아니라 중국 및 동남아를 상대하기 위한 거점기지로써 한국을 이용하고 있다. 소위 '전략적 유연성'이라 불리는 그럴듯한 이름을 내걸고서 실상은 평택 등지에 아시아 및 중국을 겨냥하는 전초기지 설립을 시도하고 있다. 민족의 숙원인 통일의 길에 역행하며, 한반도를 전쟁의 위기 속에 몰아넣는 강대국의 도발적인 행보다.

다윗은 온 이스라엘이 파멸할 수도 있는 위험을 무릅쓰고 블레셋에 대한 도전을 선택했다. 어쩌면 그 당시 다윗이 내린 가장 위대한 결단일지도 모르겠다. 외세에 의해 반쪽짜리 평안을 누리느냐, 굴종을 거부하고 민족 내부의 단결과 통일을 도모하느냐의 중요한 선택이었다.

국가가 외세와의 관계에서 커다란 선택의 기로에 서 있는 이런 상황은 현재의 한반도 상황과도 유사하다. 미중일 강대국들 사이에서의 외교문제가 복잡한 실타래같이 꼬여 있지만, 이 실타래를 푸는 원칙을 정의와 진리, 그리고 자치에 놓아야 할 때다. 한반도 주변의 열강들은 결코 한반도의 통일을 원하지 않는다. 남과 북이 분열하여 서로 갈등 관계에 있을 때에만 자기들이 한반도에 개입할 명분이 생기고 남과 북이 서로 각각의 열강에 의존할 수밖에 없게 된다. 그러기에 주변 열강들은 종이호랑이를 세우든, 악의 축을 만들든, 불량국가라고 하든 남과 북의 최대갈등을 유도해야 먹을 것이 생긴다. 한반도의 통일은 어떤 외세에 의존해서도 안되며, 그 누구의 눈치를 보아서도 안 되는 일이다. 통일 국가로 나아가는 길 만이 민족이 살고 남북이 서로 살 수 있는 길이다.

수많은 사건과 의혹들에도 불구하고 바로 이런 부분에서 다윗이 가진 위대함은 매우 돋보인다. 그가 눈물로 침상을 적시며 회개하던 왕이었다든가, 사울이나 상전에게 핍박을 받으면서도 끝까지 그들을 존중했다든가, 왕으로서 영토를 넓게 확장했다든가 하는 이야기와 평가는 집권자 중심의 기록 속에서 의도된 이미지일 가능성이 높다. 그러나 성서의 역사가들이 강조하지 않는다 해도 "다윗이 기름부음을 받아 이스라엘의 왕이 됐다는 소식을 블레셋 사람이 듣고, 온 블레셋 사람이 다윗을 잡으려고 올라왔다"는 이 짧은 구절(사무엘하 5:17) 속에서 우리는 다윗의 위대한 점을 발견할 수 있다.

통일왕국을 위한 노력

다윗은 통일왕국으로서 이스라엘을 만들기 위해 노력했다. 그는 자신이 초래한 이스라엘 공동체의 분열의 상처를 치유하고 이스라엘이 하나로 나아가게끔 하는 정책들을 시행했다.

첫째, 다윗은 수도를 남과 북의 중간 위치인 예루살렘으로 옮겨서 하나의 공동체로 나아가고자 했다. 새 수도예루살렘은 다른 지파들의 견제를 무마시키고 중앙정부의 권위를 높이는데 도움이 됐다.

둘째, 다윗은 남과 북의 인사를 고르게 뽑는 탕평책을 썼다. 예언자도 남 유다 출신인 갓과 북 이스라엘 출신인 나단을 등용하였고, 제사장도 유다 출신의 사독과 북 이스라엘 출신의 아비아달을 선출했다. 한편

관직에서도 고른 임용을 통해 균형 있는 정책을 펼치려 했다.

셋째, 국가의 정통성 확보를 위한 중심 이데올로기 형성에 심혈을 기울였다. 다윗이 왕국을 통일하기는 하였으나 여러 가지 면에서 그 정통성이 희박했다. 그래서 다윗은 무엇보다도 먼저 왕국의 정통성을 확립하기 위한 작업에 착수했다. 다윗은 이방인인 아라우나의 타작마당을 매입해서 성전을 세우려고 했다. 그리고 그 성전에 이스라엘 부족동맹체의 상징인 법궤를 놓아 고대 이스라엘의 종교적 정통성을 승계하고자 했다.

다윗왕조의 토대

*사무엘하 24장에는 다윗 왕조의 핵심 근거지이며 향후 다윗의 성(城)이라 부른 땅을 마련하는 경위가 나온다.

다음을 읽어보자.

1. 주께서 다시 이스라엘에게 진노하셔서, 백성을 치시려고, 다윗을 부추기셨다. "너는 이스라엘과 유다의 인구를 조사하여라."
2. 그래서 왕은 데리고 있는 군사령관 요압에게 지시하였다. "어서 단에서부터 브엘세바에 이르기까지, 이스라엘의 모든 지파를 두루 다니며 인구를 조사하여서, 이 백성의 수를 나에게 알려 주시오."
3. 그러나 요압이 왕에게 말하였다. "임금님의 주 하나님이 이 백성을, 지금보다 백배나 더 불어나게 하여 주셔서, 높으신 임금님께서 친히 그것을 보게 되시기를 바랍니다. 그러나 높으신 임금님께서, 어찌하여 감히 이런 일을 하시고자 하십니까?"

4. 그러나 요압과 군대 사령관들이 더 이상 왕을 설득시킬 수 없었으므로, 요압과 군대 사령관들이 이스라엘의 인구를 조사하려고, 왕 앞에서 떠나갔다.

5. 그들은 요단강을 건너서, 갓 골짜기의 한가운데 있는 성읍인 아로엘 남쪽에서부터 인구를 조사하였다. 다음에는 야셀 성읍 쪽으로 갔고,

6. 그 다음에는 길르앗을 거쳐서, 닷딤홋시 땅에 이르렀고, 그 다음에 다냐안에 이르렀다가, 거기에서 시돈으로 돌아섰다.

7. 그들은 또 두로 요새에 들렀다가, 히위 사람과 가나안 사람의 모든 성읍을 거쳐서, 유다의 남쪽 브엘세바에까지 이르렀다.

8. 그들은 온 땅을 두루 다니고, 아홉 달 스무 날 만에 드디어 예루살렘에 이르렀다.

9. 요압이 왕에게 백성의 수를 보고하였다. 칼을 빼서 다룰 수 있는 용사가, 이스라엘에는 팔십만이 있고, 유다에는 오십만이 있었다.

10. 다윗은 이렇게 인구를 조사하고 난 다음에, 스스로 양심의 가책을 받았다. 그래서 다윗이 주께 자백하였다. "내가 이러한 일을 해서, 큰 죄를 지었습니다. 그러나 주님, 이제 이 종의 죄를 용서해 주시기를 빕니다. 참으로 내가 너무나도 어리석은 일을 하였습니다."

11. 다윗이 다음날 아침에 일어났을 때에, 다윗의 선견자로 있는 예언자 갓이 주의 말씀을 받았다.

12. "너는 다윗에게 가서, 전하여라. '나 주가 말한다. 내가 너에게 세 가지를 내놓겠으니, 너는 그 가운데서 하나를 택하여라. 그러면 내가 너에게 그대로 처리하겠다.'"

13. 갓이 다윗에게 가서, 그에게 말하여 알렸다. "임금님의 나라에 일곱 해 동안 흉년이 들게 하는 것이 좋겠습니까? 아니면, 임금님께서 왕의 목숨을 노리고 쫓아다니는 원수들을 피하여 석 달 동안 도망을 다니시는 것이 좋겠습

니까? 아니면, 임금님의 나라에 사흘 동안 전염병이 퍼지는 것이 좋겠습니까? 이제 임금님께서는, 저를 임금님께 보내신 분에게, 제가 무엇이라고 보고하면 좋을지, 잘 생각하여 보시고, 결정하여 주시기 바랍니다."

14. 그러자 다윗이 갓에게 대답하였다. "괴롭기가 그지없습니다. 그래도 주님은 자비가 많으신 분이니, 차라리 우리가 주님의 손에 벌을 받겠습니다. 사람의 손에 벌을 받고 싶지는 않습니다."

15. 그리하여 그 날 아침부터 정하여진 때까지, 주께서 이스라엘에 전염병을 내리시니, 단에서부터 브엘세바에 이르기까지, 백성 가운데서 죽은 사람이 칠만 명이나 되었다.

16. 천사가 예루살렘 쪽으로 손을 뻗쳐서 그 도성을 치는 순간에, 주께서는 재앙을 내리신 것을 뉘우치시고, 백성을 사정없이 죽이는 천사에게 "그만하면 됐다. 이제 너의 손을 거두어라" 하고 명하셨다. 그 때에, 주의 천사는 여부스 사람 아라우나의 타작마당 곁에 있었다.

17. 그 때에 다윗이 백성을 쳐죽이는 천사를 보고, 주께 아뢰었다. "바로 내가 죄를 지은 사람입니다. 바로 내가 이런 악을 저지른 사람입니다. 백성은 양떼일 뿐입니다. 그들에게는 아무런 잘못도 없습니다. 나와 내 아버지의 집안을 쳐 주십시오."

18. 그 날, 갓이 다윗에게 와서 말하였다. "여부스 사람 아라우나의 타작마당으로 올라가셔서, 거기에서 주께 제단을 쌓으십시오."

19. 다윗은 갓이 전하여 준 주의 명령에 따라서, 그 곳으로 올라갔다.

20. 마침 아라우나가 내다보고 있다가, 왕과 신하들이 자기에게로 올라오는 것을 보았다. 아라우나는 곧 왕의 앞으로 나아가서, 얼굴이 땅에 닿도록 절을 하였다.

21. 그런 다음에, 물었다. "어찌하여 높으신 임금님께서 이 종에게 오십니까?"

다윗이 대답하였다. "그대에게서 이 타작마당을 사서, 주께 제단을 쌓아서, 백성에게 내리는 재앙을 그치게 하려고 하오."
22. 아라우나가 다윗에게 말하였다. "높으신 임금님께서는, 무엇이든지 좋게 여기시는 대로 골라다가 제물로 바치시기 바랍니다. 보십시오, 여기에 번제로 드릴 소도 있고, 땔감으로는 타작기의 판자와 소의 멍에가 있습니다.
23. 임금님, 아라우나가 이 모든 것을 임금님께 바칩니다." 그리고 아라우나는 또 왕에게 이와 같이 말하였다. "주 임금님의 하나님이 임금님의 제물을 기쁜 마음으로 받아 주시기를 바랍니다."
24. 그러나 왕은 아라우나에게 말하였다. "그렇게 해서는 안 되오. 내가 꼭 값을 지불하고서 사겠소. 내가 거저 얻은 것으로 주 나의 하나님께 번제를 드리지는 않겠소." 그래서 다윗은 은 쉰 세겔을 주고, 그 타작 마당과 소를 샀다.
25. 거기에서 다윗은 주께 제단을 쌓아, 번제와 화목제를 드렸다. 다윗이 땅을 돌보아 달라고 주께 비니, 주께서 그의 기도를 들어 주셔서, 이스라엘에 내리던 재앙이 그쳤다.

– 다윗의 성전부지는 본래 어디 출신인 누구의 땅인가?(18절)

– 그가 땅을 그냥 다윗에게 바치려 하였으나 다윗이 굳이 값을 지루고 샀다는 점을 성서의 전승이 강조하고 있는 이유는 무엇일까?

– '아라우나의 타작마당'이 중요한 장소가 된 이유는 무엇인가?(16절)

사무엘하 24장을 읽으면서 가장 먼저 드는 의문은 "왕의 대대적인 인구조사가 왜 하나님께 죄가 되었을까?"다. 인구조사의 목적은 세금과 군역의 근거를 파악하는데 있다, 왕정 체제를 정비하기 위한 필수작업이라 하겠다. 자기 백성의 머리 숫자도 모른 채, 지파별 인구가 얼마나 있는지도 모른 채 정책을 펼 칠 수는 없을 것이다.그래서 성서에서는 마땅한 이 일을 하나님께서 부추기어 시작했다고 전한다.(1절) 그런데 막상 이 임무를 받은 요압의 반응이 이상하다. "어째서 '감히' 이런 일을 하십니까?"라니. 게다가 막상 아홉 달이나 걸려서 고생하며 인구조사를 마친 요압의 보고를 듣고 다윗은 "내가 큰 죄를 지었습니다"라며 하나님께 자신의 죄를 용서해 달라며 벌을 달게 받겠다고 아뢴다. 이 이야기에는 실제 사건과 민중의 해석이 뒤섞여있다. 과연 역사적 진실은 무엇일까.

이 이야기에서 사람들이 당면한 문제는 대규모 전염병이다. 이 이야기의 결과로 나오지만 사실 전염병이 돌아 많은 사람이 죽었고 백성은 이 어마어마한 재앙의 원인을 왕에게서 찾았을 것이다. 즉, 전염병이 돌기 전 다윗이 실시한 인구조사 때문에 하나님이 진노하셔서 자신들에게 그런 벌을 주셨다고 생각했다. 이는 가족을 잃고 고통을 겪는 국민들 사이에서 들끓는 여론이었을 것이다.

국가 재앙의 원인을 인구조사에서 찾은 이유는 무엇일까. 이스라엘의 야훼신앙은 토지의 평등제도를 근간으로 함으로 땅의 경계표를 옮기지 않아야 한다. 인구 조사란 그 결과를 토대로 토지를 재분배하고, 세금을 확장하기 위한 것으로써, 이는 전통 야훼 신앙에도 명백히 배치되었다. 하지만 다윗 왕가는 그것이 '하나님의 뜻'이라며 백성을 설득하고 인구조사를 밀어붙인 듯하다.(1절) 그러나 민중의 해석은 달랐다. 그들은 창궐하는 전염병을 보고 그 이유가 다윗이 행한 인구조사의 죄 때문에 온 것이라고 생각했다. 재앙과 원인의 이런 연결은 다윗이 민중의 원망의 대상이었음을 드러내기도 한다.

이야기는 재미있는 우화로 이어진다. 천사가 나와서 세 가지 재앙을 제시하고 그 중 하나를 선택하라고 한다. 일곱 해에 걸친 흉년, 석 달 동안 다윗이 도망 다니는 것, 그리고 사흘 동안 이어지는 전염병, 이렇게 세 가지다. 이 역시 민심의 동향을 드러낸다. 다윗이 정말 자신의 죄를 뉘우쳤다면 죄를 지은 당사자인 자신이 석 달 동안 도망 다니는 벌을 선택해야 했다. 그런데, 다윗은 백성을 희생시키는 전염병을 택했다. 죄는 자신이 지었다고 하면서 벌은 백성이 받게 한다. 여기서 다윗의 비겁함이 드러난다. 우리가 어떤 일을 당할 때, 천사가 나타나 해결책을 제시하지 않는다. 그것도 세 가지 벌을 제시하고 그중 하나를 고르라는 것은 실제 현실에서 일어날 수 있는 일이 아니다. 이야기가 의미하는 바를 보아야 한다. 이야기 속에서 우리가 찾아 낼 수 있는 팩트는 다윗의 인격에 관한 민심의 조롱과 비아냥이다.

팩트와 해석이 뒤섞여있는 이 이야기가 말하는 팩트는 첫째, 대규모 전염병이 돌았다는 것, 둘째, 민중은 그것을 오래전 다윗이 실시한 인구조사의 책임이라고 생각했다는 것, 셋째, 다윗의 인격이나 책임의식에 대해 민심이 흉흉했다는 것이다. 성서 기자는 이처럼 백성과의 갈등이 극에 달했던 사건을 이야기하면서 자신의 해석으로 흉흉한 민심의 풍향을 뒤집는 해석을 시도한다. 당대의 여론은 확인할 길이 없으나 적어도 이 이야기를 읽는 후대인에게는 확실한 반전을 가져온다. 성서 기자는 재앙을 내린 천사가 발을 멈춘 장소에 주목하게 한다. 무시무시한 재앙이 멈추고 이스라엘에 새 희망을 가져온 장소, 문제의 원인이 되었던 전국을 휩쓴 전염병이 특정 장소에서 멈추었다는 이야기로 새로운 길조의 역사를 여는 단초로 삼는다. 그 해석 자체가 굉장한 이데올로기이지만 이 이야기는 한 장소에 관심을 모아 그곳을 모두가 생각하는 거룩한 곳으로 주목하게 만든다.

바로 그 땅을 다윗이 사들여 통일 왕국의 출발점으로 삼았으며, 그곳에 성소를 세워서 왕국의 토대가 되는 신성한 땅으로 만들었다는 것이다. 이 얼마나 기가 막힌 반전인가? 성서의 편집자는 다윗을 가장 곤경에 처하게 만들었을만한 불리한 민담을 다윗의 가장 복된 근거지가 되는 이야기로 역전시켜버렸다. 하물며 원소유자인 아라우나가 기증하겠다는 의사를 밝혔음에도 다윗은 굳이 값을 지불한다. 왕국이 시작하고 앞으로도 왕국의 거룩한 곳이 될 '시온'은 바로 다윗의 사유지, 다윗성이라는 것을 확실하게 한다. 이 왕국이 존재하는 한 두고두고 다윗에게 부채감을 가지고 갈 수 있도록 말이다.

다윗의 생애는 사무엘하 23장의 '다윗의 유언'으로 정리된다. 열왕기부터는 솔로몬부터 이어지는 다윗 후손의 왕조 역사다. 자연스런 역사의 전개 순서에 따르면 아라우나의 타작마당 이야기는 다윗이 법궤를 예루살렘으로 옮기기 전인 사무엘하 5장 정도에 놓여야 할 것이지만, 이는 이어질 왕조의 토대가 되는 이야기이므로 편집자는 따로 떼어 열왕기 직전에 편집했다. 다윗 왕조에 대한 백성들의 가장 큰 불만인 인구조사 이야기와 이를 교묘하게 연결하여, 오히려 다윗왕조의 토대가 되는 신비한 축복으로 반전시켰다. 사건을 엮어가는 역사가와 편집자의 의도가 가히 예술적이다.

솔로몬의 왕위 계승

다윗부터 이스라엘의 왕권은 세습제로 바뀐다. 그런데 세습을 받은 첫 번째 왕이 하필 말도 많고 탈도 많았던 밧세바와의 관계에서 난 아들 솔로몬이었다. 이 왕위 계승에 관해 여론의 비판이 들끓었을 터이다. 사무엘하 12장에는 한 아이의 죽음에 관한 이야기가 기록되어 있다. 다윗과 우리야의 아내 밧세바 사이에 솔로몬보다 먼저 태어난 아들이었다.

15. 나단은 자기 집으로 돌아갔다. 주께서, 우리아의 아내와 다윗 사이에서 태어난 아이를 치시니, 그 아이가 몹시 앓았다.

16. 다윗이 그 어린 아이를 살리려고, 하나님께 간절히 기도를 드리면서 금식하였다. 그는 왕궁으로 돌아와서도 밤을 새웠으며, 맨 땅에 누워서 잠을 잤다.

17. 다윗 왕궁에 있는 늙은 신하들이 그에게로 가까이 가서, 그를 땅바닥에서 일으켜 세우려고 하였으나, 그는 일어나려고 하지도 않고, 또 그들과 함께 음식을 먹으려고도 하지 않았다.

18. 그러다가, 이레째 되는 날에, 그 아이가 죽었다. 그러나 다윗의 신하들은, 아이가 죽었다는 것을 다윗에게 알리기를 두려워하였다. "어린 왕자가 살아 계실 때에도, 우리가 드리는 말씀을 듣지 않으셨는데, 왕자께서 죽으셨다는 소식을, 우리가 어떻게 진하여 드릴 수 있겠소? 그런 소식은 임금님의 몸에 해로울지도 모르오."

19. 그러나 다윗은, 신하들이 서로 수군거리는 것을 보고서, 아이가 죽은 줄 짐작하고, 신하들에게 "아이가 죽었느냐?" 하고 물었다. 신하들이 대답하였다. "돌아가셨습니다."

20. 그러자 다윗은 땅바닥에서 일어나서, 목욕을 하고, 몸에 기름을 바르고,

옷을 갈아입은 뒤에, 성전으로 들어가서 주께 경배하였다. 그는 왕궁으로 돌아오자, 음식을 차려오게 하여서 먹었다.

21. 신하들이 다윗에게 물었다. "왕자가 살아 계실 때에는, 임금님께서 식음을 전폐하고 슬퍼하시더니, 이제 왕자가 돌아가시자 임금님께서 일어나셔서 음식을 드시니, 이것이 어떻게 된 일이십니까?"

22. 다윗이 대답하였다. "아이가 살아 있을 때에, 내가 금식하면서 운 것은, 혹시 주께서 나를 불쌍히 여겨 주셔서, 그 아이를 살려 주실지도 모른다고 생각하였기 때문이오.

23. 그러나 이제는, 그 아이가 죽었는데, 무엇 때문에 내가 계속 금식하겠소? 내가 그를 다시 돌아오게 할 수가 있겠소? 나는 그에게로 갈 수 있지만, 그는 나에게로 올 수가 없소."

24. 그 뒤에 다윗이 자기의 아내 밧세바를 위로하고, 동침하니, 그 여인이 아들을 낳았다. 다윗이 그의 이름을 솔로몬이라고 하였다. 주께서도 그 아이를 사랑해 주셔서,

25. 예언자 나단을 보내셔서, 주께서 사랑하신다는 뜻으로, 그의 이름을 여디디야라고 부르게 하셨다.

아이가 아파서 사경을 헤맬 때, 다윗은 금식하며 밤을 지새우고 기도했다. 그러나 아이가 죽었다고 하자 다윗은 목욕을 하고, 몸에 기름을 바르고, 왕궁으로 돌아와 음식을 먹는다. 이러한 다윗의 변화에 다윗이 받을 충격을 염려하던 주변 사람들마저 당황한다. 다윗은 "아이가 살아 있을 때에 내가 금식하면서 운 것은, 혹시 주님께서 나를 불쌍히 여겨 주셔서, 그 아이를 살려주실 지도 모른다고 생각하였기 때문이오. 그러나 이제는 그 아이가 죽었는데, 무엇 때문에 내가 계속 금식하겠소?"라

고 말한다.(22-23절) 다윗의 반응은 놀랄 만큼 현실적이다.

이 이야기를 읽으면서 독자들은 비록 진정성이 없더라도 자신의 절망적 상황에 대처하는 다윗의 지혜와 의지를 만날 수 있다. 밧세바에게 태어난 첫 번째 아기의 죽음이 태도 변화의 계기가 되었듯이, 그 아이와 함께 했던 의혹과 구설수는 반전된다. 다윗의 모든 죄의 업보는 첫 아이의 죽음으로 이미 마감됐다. 두 번째 아기인 솔로몬은 다윗의 태도가 갑자기 변했듯이 하나님의 사랑받는 아기로 태어나는 변화로 연결된다. 다윗의 태도 변화는 솔로몬에 대한 축복으로의 반전을 암시한다.

> 그 뒤에 다윗이 자기의 아내 밧세바를 위로하고, 동침하니, 그 여인이 아들을 낳았다. 다윗이 그의 이름을 솔로몬이라고 했다. 주께서도 그 아이를 사랑해 주셔서, 예언자 나단을 보내셔서, 주께서 사랑하신다는 뜻으로, 그의 이름을 여디디야라고 부르게 하셨다.(24-25절)

다윗의 슬픔이 진정이었다면 아이가 죽은 후 그의 태도는 너무 괴이하다. 죽은 후의 태도가 진심이었다면 식음을 전폐했던 그의 슬픔이 가증스럽기도 하다. 그러나 다윗의 갑작스런 태도 반전의 이야기는 민중이 가졌던 모든 의문을 삼켜버린다. 괴이한 소문을 잠재우고 후대에도 싹틀지 모를 모든 부정적 평가를 잠재운다.

앞서 강조했듯이 왕위 세습이란 근본적으로 이스라엘의 전통이 아니었다. 게다가 수많은 자식 중에 하필이면 우리야의 아내[1)](15절)의 몸에

1) 성서는 우리야의 아내라는 표현을 쓴다. 막강한 권력으로 빼앗은 여인이며 다윗 왕조를 계승할 솔로몬까지 낳은 국모에 해당하는 밧세바이지만 그에게는 우리야의 아내라는 꼬리표가 따라 붙는다. 마태에 나오는 예수의 족보에도 우리야의 아내라는 표현이 이어진다. 그만한 권력이 뒷받침한다면 능히 다윗의 아내라고 할 수도 있지만 굳이 우리야의 아내라고 불리게 되는 전통에 대해서 한번 생각해 봄직하다.

서 난 솔로몬이라니. 자신에게 그렇게 충성스럽던 신하 우리야를 살해하고 얻은 아내에게서 난 아들이라니. 백성들의 비판 여론이 드높았을 것이다. 솔로몬에 관해서는 우리야의 아들인지 다윗의 아들인지 모른다는, 소위 혈연에 관한 정통성조차 흔들렸을 것이다. 그러나 한 아이는 제 한 몸의 죽음으로 부모의 뒤숭숭한 스캔들과 세상의 악연을 거두어 간다. 그리고 다윗의 자연스럽지 못한 태도 반전이 강조되는 것은 그의 태도 반전의 강도만큼 이 이야기를 통해 엄청난 역사의 반전을 시도하기 때문이다. 다윗의 이상한 반전은 강조될수록 역사 반전의 효과는 극대화된다. 기막힌 왕조사가의 솜씨와 이야기 배치는 밧세바와의 스캔들, 우리야의 살해, 후계자로 밧세바의 아들을 선택한 것에 대한 민심이반으로 이어지는 다윗의 암흑사를 종결하고 다윗이 축복의 아들 솔로몬을 낳고 이어 암몬을 정복하고 왕의 금관을 당당하게 쓰는 이야기로 반전되는 길목에 자리하고 있다.

열왕기상 1장에는 솔로몬의 왕위 계승 과정(열왕기상 1:22–31)을 읽어보자.

22. 이렇게 밧세바가 왕과 함께 말을 나누고 있을 때에, 예언자 나단이 들어왔다.
23. 그러자 신하들이 "예언자 나단이 드십니다" 하고 왕에게 알렸다. 그는 왕 앞에 나아가서, 얼굴을 땅에 대고 크게 절을 하였다.
24. 나단이 말하였다. "임금님께 여쭙니다. 아도니야가 왕이 되어서, 임금님의 뒤를 이어 임금의 자리에 앉을 것이라고 말씀하신 적이 있으십니까?
25. 아도니야가 오늘 내려가서, 소와 송아지와 양을 많이 잡아서, 제사를 드리고, 모든 왕자와 군사령관과 아비아달 제사장을 초청하였습니다. 그들은

아도니야 앞에서 먹고 마시고는 '아도니야 임금님 만세'를 외쳤습니다.

26. 그러나 임금님의 종인 저와 사독 제사장과 여호야다의 아들 브나야와 임금님의 종 솔로몬은 초청하지 않았습니다.

27. 이 일이 임금님께서 하신 일이면, 임금님의 뒤를 이어서 임금의 자리에 앉을 사람이 누구인지를, 임금님의 종인 저에게만은 알려 주실 수 있었을 것입니다."

28. 이에 다윗 왕이 대답하였다. "밧세바를 이리로 부르시오." 밧세바가 들어와서 왕의 앞에 서니,

29. 왕은 이렇게 맹세하였다. "나를 모든 재난에서부터 구원하여 주신 주의 살아 계심을 두고 맹세하오.

30. 내가 전에 이스라엘의 주 하나님을 두고 분명히 그대에게 맹세하기를 '그대의 아들 솔로몬이 임금이 될 것이며, 그가 나를 이어서 임금의 자리에 앉을 것이다' 하였으니, 이 일을 오늘 그대로 이행하겠소."

31. 밧세바가 얼굴을 땅에 대고 엎드려서, 크게 절을 하며 "임금님, 다윗 임금님, 만수무강 하시기를 빕니다" 하고 말하였다.

다윗은 왜 이스라엘의 전통을 어기면서 솔로몬을 후계자로 정했을까? 그리고 이 과정에서 왕을 임명해야 할 예언자 나단은 다윗의 권위에 눌려 자연스럽게 자신의 책임과 역할을 다윗에게 넘겨준 것일까? 소위 말하는 어용 예언자가 된 것일까.

솔로몬이 왕이 되는 과정에서 이스라엘이나 유다의 장로들과 어떤 협정이나 조약을 맺었다는 언급은 나오지 않는다. 다윗 왕은 이 모든 것을 혼자 결정한다. 솔로몬이 어떤 능력과 카리스마가 있어 왕이 된다는 말도 없고, 야훼가 임명했다는 말도 없다. '나기드'라는 칭호는 앞에서

본 바와 같이 카리스마적인 군사 지도자를 의미하기도 하며, 또 한편으로는 '야훼께서 이스라엘을 위하여 임명한 지도자'라는 의미였다(사무엘상 9:16-10:1 등). 그러나 솔로몬은 다윗의 뜻에 따라 '나기드'가 된다. 성서에서 다윗은 "그를 내가 이스라엘과 유다의 통치자(나기드)로 임명하였습니다"(열왕기상 1:35)고 한다. '나기드'는 이제 야훼의 선택이 아닌 왕의 선택으로 세워진 지도자가 된다. 이런 현상은 유다뿐만 아니라 북 이스라엘에서도 동시에 나타났다. 사울이 죽은 후 무능한 아들 이스보셋이 사울의 뒤를 이어 왕이 된다.

다윗에게는 맏아들 아도니야가 있었다. 군사령관 요압은 다윗이 임종을 앞 둔 때에 아도니야 편에 서서 "아도니야가 왕위를 승계했다"고 선언했다. 반면 솔로몬 편에 섰던 이들은 호위병과 용병들이었다. 다윗이 왕위 계승자를 선언한 것은 이미 아도니야가 독자적으로 왕위 승계를 선언한 다음이었다. 승리는 다윗의 지명을 받은 솔로몬에게 주어졌다. 솔로몬은 아도니야를 왕으로 세우려한 사람들을 숙청했다.

이 이야기에서는 예언자 나단이 자발적으로 자신의 권리를 양도했다고 한다. 그가 다윗의 의도를 물어 솔로몬을 왕으로 기름 부었다고 함으로써 왕권과 예언자 전통이 부딪힐 수 있는 화근을 자연스럽게 제거한다. 이제 이스라엘에서 평등사회의 흔적이었던 제한된 왕권은 사라지고 고대 근동과 똑같이 전제 왕권으로의 본격적인 전환이 이루어졌다.

왕위 계승은 단순히 누가 왕이 되느냐의 문제를 넘어서서 야훼신앙을 따르느냐 그들이 배격했던 근동의 절대왕조를 따르느냐는 갈림길에서의 선택이었다. 당시 민중에게는 중요한 의미를 가진 선택이었고 어쩌면 솔로몬이라는 최악의 선택으로 이어진 것에 대해 갈등했을 것이다. 그러나 이 이야기는 중차대한 민중의 불만을 축복의 아들 솔로몬의 출생으로 전환시킨다.

야훼 신앙의 상실

통일왕국 시대는 물질적으로도 풍성하고 화려한 전성기였다. 그러나 풍요는 초기 평등사회의 정신과 야훼 신앙과 어울리지 않는 것이었다. 그들은 풍요의 댓가로 자신들의 뿌리를 잃는다. 사울의 왕권이 초기 평등사회의 신앙 전통에 따라 제한된 왕권의 개념을 지키고자 노력했다면 다윗과 솔로몬은 고대 근동의 절대군주제도에 기반했다.

다윗은 정복 전쟁을 통하여 왕실이 필요한 물자를 조달했으나 그의 아들 솔로몬은 조세를 통해 조달했다. 조세는 궁중과 군대에 제공할 양식 등 현물과 천연자원으로 제한되어 있었다.(사무엘하 17:28-29) 조세가 현물로만 유지되었다면 거대한 착취나 빈부 격차는 생기지 않았을 것이다. 그러나 대규모 정치 조직은 도시라는 토대를 요구했다. 효율적 행정 집행을 위해 전국에 도시가 건설되고, 산업과 상업에 기반한 생활 방식이 퍼지기 시작했다. 따라서 상품 교환을 위한 화폐 경제가 도입되었고 이에 따른 빈부격차 등 도시 문명의 현상들이 이스라엘 지파들의 생활 속에 나다니기 시작했다.[2)]

고고학 발굴에 의하면 사울 왕 때까지만 하더라도 왕의 거주지와 민간의 거주지, 살림도구, 집기 등이 서로 유사했지만, 다윗 왕 이후로는 왕궁이 마련되고 궁전 안에서 쓰는 도구들이 화려해지면서 궁궐 밖의 민중이 쓰는 것과는 현격한 차이가 나는 것으로 보아, 생활 속에서 다시 계급적 차이가 시작된 것을 알 수 있다.

---

2) Martin Noth, 『이스라엘 역사』 박문재 옮김, 1996, 크리스찬 다이제스트, 280.

솔로몬의 통치

솔로몬은 방대하고 체계적인 조세 제도를 도입했다. 이런 효율적인 조세 제도를 위해 그는 이스라엘 전역을 열 두 지구로 나누고 각 지구에 걸쳐 왕실에서 한 달 동안 필요한 물자를 공급할 책임을 부과했다.(열왕기상 4:7) 국토 재편은 사실상 지파 조직의 종말을 의미했다. 각 지파들의 독립성은 끝이 났다. 원래 이스라엘은 부족 동맹체로 중앙 정부의 권위나 정치적 의무 등을 배제하고 평등한 관계를 맺어왔다. 그러나 중앙 집권화가 이뤄지면서 무거운 세금과 징병 의무를 다시 짊어져야 했다. 이를 위해 정부지배 아래 행정 지역으로 나뉘었다.[3)]

솔로몬 때에 이르러 이스라엘 사람들마저도 부역 노동으로 국가의 건축 사업에 동원됐다. 솔로몬은 병거성, 마병성 외에 국고성도 건축했다.

> 솔로몬 왕이 강제 노역꾼을 동원할 수밖에 없었던 까닭은, 주의 성전과 자기의 궁전과 밀로 궁과 예루살렘 성벽을 쌓고, 하솔과 므깃도와 게셀의 성을 재건하는 데, 필요하였기 때문이다. …(중략)… 솔로몬은 강제 노역꾼을 동원하여서, 낮은 지대에 있는 벳호론을 재건했다. 또 바알랏과 유다 광야에 있는 다드몰을 세웠다. 그리고 솔로몬은 자기에게 속한 모든 양곡 저장 성읍들과 병거 주둔 성읍들과 기병 주둔 성읍들을 세웠다. 그래서 솔로몬은 예루살렘과 레바논과, 그가 다스리는 모든 지역 안에, 그가 계획한 것을 다 만들었다.(열왕기상 9:15-19).

이스라엘의 주민들은 군역의 의무가 있었지만 강제 노역의 의무는

3) J. Bright, 『이스라엘의 역사』 상권, 김윤주 옮김, 1978, 분도출판사., 348쪽.

없었다. 왕이 노역을 강요하는 것은 명백한 권력 남용행위였다. 평등한 관계였던 이스라엘 부족의 사람들은 이제 한 통치자의 명령에 복종해야 하는 신하로 전락했다. 이런 불만은 북왕국 주민들의 부역 감독을 맡은 여로보암을 위시로 한 조직적인 반란을 불러 일으켰다. 반란은 곧 진압되고 여로보암은 이집트로 도피했으나, 솔로몬이 죽은 후 여로보암이 귀환해 북왕국 이스라엘을 세웠다. 결국 남북왕조로 나라가 갈리는 원인이 된 것이다.

솔로몬은 전쟁을 일으키지는 않았지만 이스라엘의 새로운 무기 체계에 많은 관심을 기울였다. 그가 계속해서 국가 영토를 넓히려고 했다면 백성은 더 고단한 삶을 살아야만 했을 것이다. 다윗이 이룩한 영토에 머물러 있는 것이 새로운 영토를 정복하는 것보다 더 현명하였을지도 모른다. 그럼에도 불구하고 솔로몬은 결코 자기 국가의 방어력을 감축시키지 않았다. 군대가 상존했고 용병부대는 계속 증원되었다. 또한 그는 전차부대를 세웠다.[4)]

> 솔로몬은 병거와 기병을 모으니, 병거가 천사백 대, 기병이 만 이천 명에 이르렀다. 솔루몬은 그들을, 병거 주둔성과 왕이 있는 예루살렘에다가 나누어서 배치했다.(열왕기상 10:26)

> 솔로몬의 병거의 말 외양간이 사만이요 마병이 만 이천 명이며(열왕기상 4:26)

그는 많은 도성에 마구간과 위수지를 세워 말과 마차 전투부대를 배

4) Georg Fohrer, 『이스라엘 역사』, 방석종 역. 1986, 성광문화사, 140쪽.

치했다. 예를 들면 하솔, 므깃도, 게셀, 그리고 벳-호른 등이 그러했다.(열왕기상 9:15, 17-19) 므깃도 발굴단은 솔로몬이 지은 것으로 보이는 대규모 축사 단지의 유적을 발굴해냄으로써 이 건축 공사의 면모를 밝혀주었다. 솔로몬은 그밖에도 해상 무역을 위한 기지를 세우기 위해서 엘 아카바 만의 북쪽 해안에 에시온 게벨이라는 성읍을 세웠다.(열왕기상 9:26-28)

솔로몬은 이렇게 다양한 사업을 벌여서 자신의 부를 더하고자 하였고, 실제로 예루살렘에 거대한 부를 축적했다. 솔로몬의 부에 경탄하는 많은 기록들이 있고,(열왕기상 10:14-22) 후대의 잠언에서는 부와 영화의 본보기로서 솔로몬을 말한다.(마태 6:29; 누가 12:27)

다윗-솔로몬 시대는 이스라엘 역사상 최고의 전성기였다. 성서는 이 시대에 대해 "솔로몬의 일생동안에 단에서부터 브엘세바에 이르기까지, 유다와 이스라엘의 모든 사람은 저마다 자기의 포도나무와 무화과나무 아래에서 평화를 누리며 살았다(열왕기상 4:25)"고 전한다. 그러나 1970년대 우리나라 경제성장의 배경에 수많은 노동자의 피눈물이 있듯, 이스라엘 백성의 입장에서 이 진술은 진실과 거리가 멀었다.

> 솔로몬이 쓰는 하루 먹거리는 잘 빻은 밀가루 서른 섬과 거친 밀가루 예순 섬과 살진 소 열 마리와 목장 소 스무 마리와 양 백 마리이고, 그 밖에 수사슴과 노루와 암사슴과 살진 새들이었다.(열왕기상 4:22-23)

솔로몬의 화려한 전성기에는 그늘 역시 만만치 않았다. 이스라엘에서 평범한 사람들은 특별한 절기나 제사 때 외에는 육류를 먹지 못했다. 이를 감안하면 솔로몬의 궁정생활은 평범한 이들의 삶과 참으로 멀다.

솔로몬은 자그마치 700명의 후궁과 300명의 첩을 두었다. 이들 중 많은 후궁들이 외국 여자였는데, 그들은 각자 자기들이 섬기던 신들을 계속 섬겼다. 이 때문에 이스라엘 신앙의 순수성은 심각하게 훼손됐다. 대형 건축에 관한 경험이 없어서 솔로몬 성전과 궁전을 이방 기술로 건축한 예에서도 볼 수 있듯이, 이스라엘의 모든 분야에서는 혼합주의 현상이 나타났다. 자신들의 고유한 견본이 없었기 때문에, 정치 구조에서 새로 형성된 고위층과 관리 계급들은 그 정신에 있어서 외국의 제도와 문화, 그리고 종교의 영향을 깊숙이 받을 수밖에 없었다.

또한 외국의 문화와 학문을 받아들인 경험으로 오경의 주요한 작품들인 J문서와 E문서도 이때 수집하고 편집했다. 그런데 이 자료들은 탁월한 방법으로 왕정을 풍자하고 고발한다. 창세기 원역사에서 보듯이 계속 반복되는 인간의 타락상은 하나님을 등진 그 시대의 한 단면이며, 하늘까지 바벨탑을 쌓아가는 인간의 죄악은 하늘 높은 줄 모르고 권위를 쌓아가던 그 시대의 허상이기도 하다.

열왕기 역사가는 솔로몬을 유프라테스 강에서 이집트 국경에까지 이르는 광활한 제국을 다스린 지혜롭고 부유하며 강력한 군주로 묘사했다. 역대기 사가는 여기에 한 술 더 떠서 솔로몬 시대의 모든 부정적인 측면들을 삭제했다. 그리고 다윗을 성전 건축자이자 예루살렘 제의의 공동 창시자로 서술하며 최고로 떠받든다.

그러나 성경 본문들을 더 주의 깊게 검토하면, 솔로몬에 관한 의외의 사실들이 드러난다. 예를 들면, 우리는 부유한 솔로몬이 현금이 부족해서 페니키아의 두로 왕에게 갈릴리의 스무 성읍을 양도할 수밖에 없었다는 사실을 알게 된다.(열왕기상 9:10-14) 그 성읍들은 이후에도 결코 되찾지 못했다. 한 나라가 그 영토를 팔아버리기 시작했다는 것은 국가의 재정 상황이 순탄치 않음을 말하는 것이다. 거대한 조직은 그만큼 많은 비용을 요구했다. 솔로몬은 "유프라테스 강에서부터 블레셋 영토에 이르기까지, 또 이집트의 국경에 이르기까지, 모든 왕국을 다스렸다"(열왕기상 4:21)고 하지만, 본토에서는 훨씬 가까운 적들 – 에돔의 하닷, 다메섹의 르손, 에브라임의 여로보암 –에게 시달림을 당하기도 한다.(열왕기상 11:14–40)

솔로몬의 지혜, 부, 권세에 관한 포괄적인 주장들과 그러한 주장들을 손상시키는 몇몇 정보들 사이의 모순은 성서의 편집자들의 눈에도 띄었다. 그들은 이러한 모순을 두 시기를 구별함으로 해결했다. 솔로몬 치세의 전기 내지 주요시기 동안에는 솔로몬을 '황금기'를 구가한 신실한 군주로 묘사하고(열왕기상 3–10장), 후기에는 솔로몬을 이방 여인들 때문에 빗나간 길을 가게 된 군주로 묘사함으로써 해결했다.

물론 이스라엘 백성 중에는 솔로몬의 전제정치에 격노한 사람들이 적지 않았다. 그들은 솔로몬을 그래서는 안 되는 왕으로서, 모든 악한 표식의 화신으로 보았다

> "주 너희의 하나님이 주시는 그 땅에 들어가서 그 땅을 차지하고 살 때에, 주위의 다른 모든 민족같이 너희도 왕을 세우고 싶다는 생각이 들거든, 너희는 반드시 주 너희의 하나님이 택하신 사람을 너희 위에 왕으로 세워야 한다. 너희는 겨레 가운데서 한 사람을 왕으로 세우고, 같은 겨레가 아닌 외국 사람을 너희의 왕으로 세워서는 안 된다. 왕이라 해도 군마를 많이 가지려고 해서는 안 되며, 군마를 많이 얻으려고 그 백성을 이집트로 보내서도 안 된다. 이는 주께서, 다시는 너희가 그 길로 되돌아가지 못한다고 말씀하셨기 때문이다. 왕은 또 많은 아내를 둠으로써 그의 마음이 다른 데로 쏠리게 하는 일이 없어

야 하며, 자기 것으로 은과 금을 너무 많이 모아서도 안 된다. 왕위에 오른 사람은 레위 사람 제사장 앞에 보관되어 있는 이 율법책을 두루마리에 복사하여, 평생 자기 옆에 두고 읽으면서, 자기를 택하신 주 하나님 경외하기를 배우며, 이 율법의 모든 말씀과 규례를 성심껏 어김없이 지켜야 한다. 마음이 교만해져서 자기 겨레를 업신여기는 일도 없고, 그 계명을 떠나서 좌로나 우로나 치우치지도 않으면, 그와 그의 자손이 오래도록 이스라엘의 왕위에 앉게 될 것이다." (신명기 17:14-20).

이 말씀은 마치 다윗과 솔로몬을 보고 쓴 것 같은 생각이 들 정도다. 백성들은 국가를 신적 제도로 여기기는커녕 견딜 수 없는 것으로 생각하기도 했다.[5)]

인간 다윗에 대한 평가

우리는 다윗과 솔로몬 왕조의 이야기를 민중의 눈으로, 해방사의 관점에서 조명했다. 다윗을 철저히 하나님을 섬긴 왕으로 인식한 독자들에게는 조금 당황스러울 수도 있을 것이다. 물론 전통적인 다윗에 관한 평가도 여전히 의미있다. 하나님 앞에 겸손한 모습으로 나아가 자신의 죄를 뉘우치며 회개하며 눈물로 침상을 적시는 모습은 다윗의 개인적인 성품을 드러낸다. 나단이 다윗 앞에 나아와 큰 부자가 이웃집 가난한 농부가 가진 한 마리 양을 빼앗아 잡아먹은 이야기를 하자 다윗은 분노했다. 나단이 다윗에게 "바로 당신이 그 사람이다"고 직언한다. 그 순간 다윗은 즉시 뉘우치며 회개했다. 그가 가진 권력으로 한낱 예언자쯤은

5) J. Bright, op.cit., 357.

가볍게 날려버릴 수도 있었을 것이다. 그리고 시므이가 반란을 피해 도망가는 다윗 일행에게 나타나 욕설을 퍼부을 때도 다윗은 그의 말을 달게 받았으며 다윗 자신의 목숨이 유지되는 한은 시므이를 죽이지 못하도록 했다. 이런 점들은 그가 겸손하였으며 자신과 반대되는 사람들까지도 수용하는 폭넓은 성품을 가진 것을 보여준다. 집중된 권력을 누리는 인간이 결국 나르시즘과 오만에 빠진다는 사실을 잘 알기에 왕에게 이런 품성은 결코 가볍게 볼만한 것이 아니다.

자신의 정적이 하나둘씩 사라져 가는 과정에서 간절하게 애통하며 금식하는 모습은 다소 정치적인 냄새가 풍기기도 하지만, 그의 순박함을 드러내기도 한다. 자신의 숨이 넘어갈 때까지 후계자 지정이 이루어지지 않고 요압이 장남 아도니야가 왕이 되었다고 선언을 할 때까지도 다윗은 자신의 의중에 있었던 솔로몬을 왕으로 지정하지 않았다. 그만큼 민심을 두려워하고 망설일 만큼 백성의 소리를 염두에 두려고 노력한 것으로 생각된다.

또 앞에서 우리가 보았듯이 모든 것을 다윗 자신이 의도하여 진행한 것은 아니었다. 오히려 남북왕국이 다 망하고 포로로 잡혀갔을 때, 가장 전성기를 누리던 때의 왕으로써 영웅화되었던 면도 크다. 심지어 그는 다시 오실 메시아의 표상이 되며, 예수님까지도 "다윗의 이름으로 오시는 이"로 고백된다. 성서가 그에 대해 불리하고 부정적인 자료를 그대로 남겨 놓기는 했지만, 후대의 변화된 역사 상황은 다윗을 더욱 신적인 존재, 영웅으로 만들어 간 것을 볼 수 있다. 다윗이 만약 자기에게 유리하게 역사를 개작하려고 했다면 그것은 실패로 돌아갔을 것이다. 개인의 의도가 어떻게 역사마저 속일 수 있겠는가? 주변의 한 사람도 마음대로 할 수 없는 것이 우리들의 현실 아닌가? 사실은 다윗 자신의 의도와는 상관없이 후대의 역사적 정황이 그를 영웅으로 만들어 갔다.

전승에 비친 다윗-솔로몬 시대

물질적 풍요와 정치적인 안정기, 그리고 외국과의 활발한 교류는 새로운 문화를 꽃피게 했다. 전문 작가가 의도를 가지고 만들어낸 작품으로 본격적인 문학이라 할 수 있는 저작들은 다윗과 솔로몬 시대에 처음으로 출현했고 당시의 사건을 서술한 역사 기록들도 나왔다. 이전 시대 역사의 기억들은 주로 민담과 구전 전승이라는 형태로 기록됐다. 왕국이 탄생하면서 민담의 생성은 실질적으로 끝이 난 것으로 보인다.

다윗의 집권 과정을 서술하면서 저자가 이 위대한 왕의 성공적인 경과를 끝없이 칭송하는 것은 사실이다. 하지만 밧세바와의 관계, 자신의 부하 우리야에 대한 교활한 살인, 압살롬에 대하여 약했던 그의 모습, 왕위 계승 문제에 있어서 결단력이 부족했던 모습 등과 같은 다윗의 어두운 면들이 분명하게 드러나기도 한다.

반면 역대기 사가는 다윗과 솔로몬을 이스라엘의 위대한 영웅으로 노골적으로 부각시킨다. 사울과 다윗 사이의 싸움은 거의 서술하지 않고, 다윗의 초기 활동도 중요하게 다루지 않는다. 예를 들면, 길보아 선투가 벌어졌을 당시에 다윗이 블레셋을 섬기고 있었다거나, 사울이 죽은 후에 이스보셋이 암살될 때까지 통치했다거나, 다윗이 먼저 유다 장로들에 의해 유다의 왕이 되었고 나중에야 이스라엘의 왕까지 겸하게 됐다는 사실 등은 거의 언급하지 않는다. 대신에 역대기 사가는 다윗이 시글락, 길보아 산, 헤브론에 있는 동안에 민중에게 광범위한 지지를 얻었다고 한다. 그래서 왕관이 사울의 사후에 거의 자동적으로 다윗에게 넘어왔다는 인상을 독자들이 갖게 한다.(역대기상 10-12장) 또한 다윗의 재임 중에 있었던 밧세바 사건, 압살롬과 세바의 반란, 아도니야와 솔로몬의 암투등 곤혹스러운 일들을 전혀 언급하지 않는다. 또한 솔로몬으로 왕위가 계승되는 일도 별 탈 없이 다윗의 감독 하에 이루어졌다고 진술한다.(역대기상 23:1; 29:22)

역대기 사가는 다윗과 솔로몬을 위대한 전사이자 성전과 관련한 종교질서 및 제도들을 창시한 인물로 그린다. 또 처음부터 끝까지 내분이 거의 없었던 태평연월의 시대를 이끌었던, 고도로 미화한 다윗-솔로몬의 모습을 우리에게 보여준다.

성서 저자들은 단지 실제 일어났던 사건들의 경과를 서술하고자 한 것이 아니다. 그들은 당시 사건들 속에서 하나님의 역사를 감지해 내었다. 이들은 과거에나 현재에나 변함없이 하나님을 역사적 사건들 속에서 만났기 때문에, 사건의 상호 관계에 주목했다. 왜냐하면 결국 역사적 사건들은 인간의 활동 산물이 아니라 하나님의 활동 산물이었기 때문이다.

다윗-솔로몬이 실제 역사에서 행한 몫을 정확하게 찾는 것은 제한적일 수밖에 없다. 성서 안에서 서로 모순이 되는 각각 다른 시각의 전승이나 고고학적 자료, 고대 근동의 여러 역사적 자료와의 비교를 통해서 우리는 실제 '역사적 다윗'에 더 가깝게 다가갈 수 있다. 그가 행한 가장 두드러진 업적과 위대함은 블레셋으로부터의 독립이었다. 우리도 지난 역사에서 외세에 의존하고 기댄다는 것이 어떤 결과를 가져왔는지 수없이 경험해왔다. 통일과 독립은 결국 하나일 수밖에 없다. 이스라엘의 역사와 우리 역사를 비교하며 국가 공동체의 한 명으로, 그리고 그리스도인으로 통일에 관해 어떤 생각을 가지고 있는지 나눠보자.

그리스도에게서 끊어질지라도

> 나는 육신으로 내 동족인 내 겨레를 위하는 일이면, 내가 저주를 받아서 그리스도에게서 끊어질지라도 달게 받겠습니다.(로마서 9.3)

바울은 회심이후 자신의 온 존재를 그리스도를 전하는 데에 헌신했다. 그에게 그리스도는 자신의 삶을 던져 따라야할 푯대였다. 그는 갈라디아서 2장 20절에서 "나는 그리스도와 함께 십자가에 못박혔습니다. 이제 살고 있는 것은 내가 아닙니다. 그리스도께서 내 안에서 살고 계십니다. 내가 지금 육신 안에서 살고 있는 삶은, 나를 사랑하셔서 나를 위하여 자기 몸을 내어주신 하나님의 아들을 믿는 믿음 안에서 살아가는 것입니다"라고 말한다. 그에게 그리스도는 모든 것이다. 그런데 그런 바울이 내 동족 내 겨레를 위해서는 자신이 저주를 받아서 그리스도에게 끊길지라도 달게 받겠다고 말했다. 바울의 말이라고는 상상할 수 없는 표현이다.

잠깐 우리의 역사로 가 보자. 삼국시대 수나라는 고구려를 여러 번 침공했다. 고구려는 이 침공들을 잘 막아냈다. 수나라가 망하고 당나라가 들어선 뒤 당 태종 또한 고구려를 침공했다. 고구려는 연개소문 장군의 활약에 힘입어 이 또한 잘 막았다. 그런데 이런 와중에 삼국 통일의 주역으로 알려진 신라의 김춘추가 당을 찾아가 고구려, 백제를 함께 치자고 제안한다. 전쟁에서 이기면 당에게 대동강 이북 지역을 주겠다고 약속했다. 그의 적극적인 친당정책에 힘입어 신라는 진덕여왕 시절부터 독자적 연호 사용을 중단하고, 당의 연호와 당의 관복을 사용했다. 당에게 전적으로 충성하며 조공을 바치기도 했다. 단재(丹齋) 신채호는 이를 "부끄러운 자기 모욕의 역사의 시작"이라고 했다.

660년에 나당연합군에 의해 백제가 망하고 당나라의 도독부가 설치되었으며, 667년에는 고구려가 망했다. 이렇게 이룬 삼국통일은 민족 구성원을 자기 공동체로 안는 민족통일이라기보다는 상대국을 노예로 만드는 지배-종속의 합병이었다. 이에 백제 유민들은 대거 일본으로 건너갔고 남아있는 사람들은 후백제와 후고구려, 나중에는 발해를 만들어 항쟁을 계속했다.

그런데 당은 백제, 고구려에 이어 신라마저도 집어 삼키고자 했다. 670년 당은 신라가 보낸 사신을 죽였음에도 신라가 비굴한 모습으로 대하자, 당 고종은 자기 나라에 있던 문무왕의 아들 김인문을 신라왕으로 봉하고 군대를 보내 신라를 분열 점령하려는 책동을 폈다. 그러다가 675년에 결국 당나라는 육군과 수군 20만 대군을 몰아 신라에 쳐들어온다. 이에 신라는 자기가 점령하고 학대했던 백제, 고구려 유민과 힘을 합쳐서 당나라를 격퇴했다.

당의 분열책동은 계속되었다. 677년 고구려 왕이었던 보장왕을 '요동주 도독 조선'으로, 686년 보장왕의 손자 보원을 조선군 왕으로 봉했다. 한번 남의 땅에 발을 디뎌 놓은 외국 군대는 쉽게 물러가지 않는다. 신라는 매우 힘든 전쟁을 치르고 대부분의 고구려 땅을 다 내어준 후에 비로소 통일 아닌 통일을 이뤘다.

자기 땅에 남의 군대를 들여 놓은 김춘추는 부끄러운 역사를 시작한 원조였다. 이후 한반도 역사는 끊임없이 중국 세력의 침공을 받았고 그들의 속국과 같은 신세를 면치 못했다. 고려 때는 원나라, 조선 때는 명나라와 청나라의 영향력 아래 만족하면서 그들의 힘에 순응해 살고자 하는 사대주의자들의 무대가 돼 버렸다. 그러다가 본격적으로 일본에 의해 형식상의 국가마저도 빼앗긴 채 일제 강점기에 들어갔고, 그 일제가 나간 자리에 지금은 미군이 들어와서 아직까지도 우리 민족에게 굴종을 강요하고 있다. 지금도 우리에게는 이런 굴종의 역사 속에서 자신의 이득만을 취하는 군인과 정치가들이 참으로 많다. 박근혜 정권에서 국방부 장관을 지낸 김관진이 미국으로부터 45년 된 중고헬기를 구입했다. 반대 여론에도 불구하고 배치한 사드(THAAD, Terminal High Altitude Area Defense, 초고도 미사일 방어체계)는 또 어떤가. 어디 이뿐 일까. 알려지지 않은 국방비리는 셀 수도 없이 많다.

〈사례1〉

1970년대 이후 유럽에서 진행된 대규모 군축의 분위기 속에서 소비처를 잃은 미국은 점점더 공격적인 시나리오로 군사 비축분을 늘리도록 강제하게 된다. 우리나라도 소위 와사탄(동맹국 전쟁 예비물자 WASA−War Reserve Stocks for Allies)을 60일간을 비축하게 되어있다. 이것은 미국에서 해상운송 기간 45일, 한국내 지상운송 기간 15일분을 합한 양이다 전시에 60일간 쓸 탄약이면 엄청난 양이다. 이를 보관하기 위해 1800만평의 토지(여의도 면적의 20배)와 시설이 요구된다. 한국내에서도 자체 생산하는 탄약(한화)이 훨씬 우수한 질을 가졌음에도 불구하고 이는 고려되지 않고 미국 본토 수송을 기준으로 작전계획이 전개된다. 한국은 이를 위한 시설및 관리를 할 책임을 가진다. 매년 와사탄의 관리에 3000억원 이상 소요되며 20년간 6조원의 돈이 들어간다. 뿐만이 아니라 그중 상당수를 한국군이 사용할 비축분으로 사들이게 되는데 이는 미국내 폐기 처분하는 20−30년전에 생산된 탄약들이며 어떤 것은 고철에 가까운 것들을 사들여 와서 비용을 들여 정비하여 사용하거나 곧바로 폐기 시키는 것도 있다.

〈사례2〉

M48A5 전차는 미국에서 1950년대에 개발된 구형전차로 미국 주 방위군의 예비 비축용으로 저장되어 있었다. 이런 전차가 1990년에 WRSA−K로 지정되어 한국에 281대가 배치되었다. 이중 275대를 한국이 인수하였는데, 임복진 의원이 1995년 9월 25일 국정감사 때 폭로한 바에 의하면 미국은 동종에 전차를 바다의 물고기 집으로 쓸려고 계획하고 있다고 했다. 한국은 이런 쓸 수 없는 전차를 사들여서 무려 143억원

을 들여서 정비해서 구입하기도 하였다.[6)]

군사 주권 없는 한국이 이렇게 울며 겨자 먹기 식으로 사들이는 쓸데없는 무기들은 한반도를 고철 폐기탄의 무덤으로 만들 위험이 있으며 이를 폐기하는 과정에서 나오는 환경 파괴 또한 심각하다. 미국은 이런 무기를 팔아서 막대한 수익을 얻는 것은 물론 자국내에서 폐기비용, 운송비용을 절감한다. 약소국이 당하는 서러움이라고 하기에는 우리나라 안에 이를 통해 이익을 취하고 친미 성향의 정책을 펴는 이들이 너무나 많다.

북에서 무슨 일이 있을 때 마다 제제와 압박을 강화하기만 한다면 남북의 대화와 협력은 불가능해진다. 저러다가 북미가 전격으로 새로운 관계를 합의하면 양쪽에서 버림받은 천덕꾸러기가 되어 닭 쫓던 개 지붕 쳐다보는 식이 될 뿐이다. 문재인 정부는 부끄러운 역사를 반복하지 않고 우리의 미래를 주도적으로 열어가는 큰 그림을 가져야 한다. 떳떳한 외교를 펼쳐 미국을 한반도 평화의 장으로 견인하길 바란다.

바울이 자신의 모든 것을 버리고 그리스도를 따랐지만 그에게 그리스도를 따르는 것은 자기동족과 겨레를 위한 일들과 다르지 않다. 역사의 현장을 떠난 그리스도는 종교나 관념 안에만 존재하는 환영이고 허상일 뿐이다. 그리스도의 십자가 형이 로마의 정치범을 살해하는 형벌이었듯이 그의 십자가와 부활 사건 자체가 그의 동족과 겨레를 위하는 일과 분리될 수 없는 일이었다.

---

6) 박기학, "미국의 방위비 분담 요구의 본질과 미국 주둔비 지원 폐지의 당위성" 『전환기 한미관계의 새판짜기 2』2007, 한울, 107쪽

08
분열의 조짐들

사무엘하 8장에는 다윗이 주변국을 정복하고 이스라엘의 판도를 넓힌 이야기가 서술되어 있다. 당시 이스라엘과 전쟁을 치른 주변국에서는 어떤 일들이 벌어졌는지 살펴보자.

1. 그 뒤에 다윗이 블레셋 사람을 쳐서, 그들을 굴복시키고, 블레셋 사람의 손에서 메덱암마를 빼앗았다.
2. 그는 또 모압을 쳤다. 그는 모압 사람을 다 땅바닥에 눕혀 놓고, 줄로 잰 다음에, 두 줄 길이 안에 든 사람들은 죽이고, 한 줄 길이 안에 든 사람들은 살려 주었다. 모압 사람들은 다윗의 종이 되어 그에게, 조공을 바쳤다.
3. 르홉의 아들, 소바 왕 하닷에셀이 유프라테스 강 유역에서 자기 세력을 되찾으려고 출성하였을 때에, 다윗이 그를 치고,
4. 그에게서 기마병 천칠백 명과 보병 이만 명을 포로로 사로잡았다. 다윗은 또 병거를 끄는 말 가운데서도 백 필만 남겨 놓고, 나머지는 모조리 다리의 힘줄을 끊어 버렸다.
5. 다마스쿠스의 시리아 사람들이 소바 왕 하닷에셀을 도우려고 군대를 보내자, 다윗은 시리아 사람 이만 이천 명을 쳐 죽이고,

6. 시리아의 다마스쿠스에 주둔군을 두니, 시리아도 다윗의 종이 되어 그에게 조공을 바쳤다. 다윗이 어느 곳으로 출전하든지, 주께서 그에게 승리를 안겨 주셨다.

7. 그 때에 다윗은 하닷에셀의 신하들이 가지고 있는 금방패를 다 빼앗아서, 예루살렘으로 가져 왔다.

8. 또 다윗 왕은, 하닷에셀의 두 성읍 베다와 베로대에서는, 놋쇠를 아주 많이 빼앗아 왔다.

9. 하맛 왕 도이는, 다윗이 하닷에셀의 온 군대를 쳐서 이겼다는 소식을 들었다.

10. 그는 자기의 아들 요람을 다윗 왕에게로 보내서 문안하게 하고, 다윗이 하닷에셀과 싸워서 이긴 것을 축하하게 하였다. 하닷에셀은 도이와 서로 싸우는 사이였다. 요람은 은과 금과 놋으로 만든 물건을 많이 가지고 다윗에게로 왔다.

11. 다윗 왕은 이것들도 따로 구별하여서, 이미 정복한 모든 민족에게서 가져온 것에서 따로 구별하여 둔 은금과 함께 주께 바쳤는데,

12. 그것들은, 그가 에돔과 모압과 암몬 사람들과 블레셋 사람들과 아말렉에게서 가져온 은금과, 르홉의 아들인 소바 왕 하닷에셀에게서 빼앗아 온 물건 가운데서, 따로 떼어놓은 은과 금이었다.

13. 다윗은 돌아오는 길에 '소금 골짜기'에서 에돔 사람 만 팔천 명을 쳐죽이고, 이름을 떨쳤다.

14. 그 때에 다윗이 에돔에 주둔군을 두기 시작하여서, 온 에돔에 주둔군을 두니, 마침내 온 에돔 사람이 다윗의 종이 되었다. 다윗이 어느 곳으로 출전하든지, 주께서 그에게 승리를 안겨 주셨다.

다윗이 정복한 나라들

다윗은 통치 초기에 가나안 지역에 있는 다른 도시국가들을 거의 모두 정복한 것으로 보인다. 자신의 영역 안에 정복되지 않은 땅이 남아있는 동안은 외국과의 전쟁에 착수할 수 없기 때문이다. 다윗은 가나안 내부의 도시국가들을 정복한 뒤에 국경을 더 넓혀가려고 했다. 그는 이웃 나라들을 정복했다.

다윗은 주변국을 정복하는 과정에서 폭력적이었다. 과도한 학살을 일삼았다. 모압에 가서는 모압 포로들을 줄 지어 세운 후, 그들을 땅에 엎드리게 하고, 세 줄 길이에서 두 줄은 죽이고, 한 줄은 살려주었다. 필자가 설교학 세미나를 할 때, 이 본문으로 설교를 작성해 보라는 과제를 내었다. 많은 목회자들은 "다윗이 어느 곳으로 출전하든지, 주님께서 그에게 승리를 안겨주셨다"(6, 14절)는 데에 주목한다. 이 구절에서 이스라엘을 승리로 이끈 하나님을 찾으려 한다. 그런데 과연 이런 메시지는 정당한가? 이 본문에서는 비인도적이고 잔인한 학살을 정당화하고 다른 본문에서는 잃은 양 한 마리의 생명과 상한 갈대조차 꺾지 않는 사랑을 말한다면 그런 설교자를 청중들이 신뢰할 수 있을까?

이 본문에서 사람 목숨은 파리 목숨이다. 성서가 생명의 존엄성을 말하고자 한다면 이 얼마나 일관성 없는 메시지인가? 이 역시 성서를 대하는 방법과 연관이 있다. 기록된 모든 내용을 문자적으로 하나님의 뜻으로 해석하기보다 거기 흐르는 진실, 숨어있는 사람들의 목소리 등을 발견함으로 하나님을 만나고자 해야 한다. 하나님의 역사 운영 방식이나 성품에서 벗어난 성서의 이야기들마저 무조건 '하나님의 뜻'이라는 기준으로 받아들이는 것은 성서를 읽는 올바른 눈이 아니다. 오히려 하나님의 뜻에 어긋나는 인간의 행위가 어떤 결과를 불러왔는지 살피고 반면교사로 삼는 게 성서의 역사 이야기를 대하는 바른 눈이다.

다윗의 정복전쟁은 비참한 학살을 동반했다. 모압 뿐 아니라 소바, 암몬(시리아), 하맛, 에돔을 정복하는 과정에서도 수많은 사람이 죽었다. 다윗은 가는 곳마다 이방 민족을 학살했다. 다윗이 남쪽 에돔 지방을 점령했을 때, 그는 1만 8천 명의 에돔 사람을 잔인하게 살육했다. 전쟁에 승리한 후, 다윗은 요압 장군을 보내 에돔을 반 년 동안이나 계속해서 남자란 남자의 씨는 전부 다 말살시켰다.

다윗은 왜 이렇게 하였을까? 공포정치는 독재자들이 다수의 시민과 민중을 통치하는 쉽고 빠른 방법이다. 저비용으로 효율적인 통치를 할 수 있기 때문이다. 피정복지 주민의 70%를 학살하더라도 나머지 30%가 고분고분 할 수 있다면 정복자로서의 목적은 달성한 것이다.

다윗 시대에 그가 정복했던 나라들은 힘이 약한 나라였다. 따라서 피지배 기간 동안 억눌려 지낼 수 밖에 없었지만 이후 이스라엘의 힘이 약해지자 다윗에게 당한 원한을 유다와 이스라엘의 후손들에게 철저하게 되갚는다. 결국 이스라엘과 유다는 주변 나라들과 철천지원수가 된다. 아래 성서 본문들은 다윗과 솔로몬 이후에 이들 나라가 집요하게 이스라엘-유다와 맞서서 괴롭히는 장면이다.

모압 /

아합이 죽은 뒤에, 모압이 이스라엘에게 반역했다. (열왕기하 1:1)

주께서는 바빌로니아 군대와 시리아 군대와 모압 군대와 암몬 자손의 군대를 보내셔서, 여호야김과 싸우게 하셨다. 이와 같이 주께서 그들을 보내신 것은, 자기의 종 예언자들을 시켜서 하신 말씀대로, 유다를 쳐서 멸망시키려

는 것이었다. (열왕기하 24:2)

소바 /

하나님께서는 솔로몬의 또 다른 대적자로서, 엘리아다의 아들 르손을 일으키셨다. 그는 자기의 왕인 소바 왕 하닷에셀에게서 도망한 사람이다. 다윗이 소바 사람들을 죽일 때에, 그는 사람들을 모으고, 그 모은 무리의 두목이 되어서, 다마스쿠스로 가서 살다가, 마침내 다마스쿠스를 다스리는 왕이 되었다. 르손은 솔로몬의 일생 동안에, 이스라엘의 대적자가 되었다. 그렇지 않아도, 솔로몬은 하닷에게 시달리고 있었는데, 엎친 데 덮친 격으로, 르손에게도 시달렸다. 르손은 시리아를 다스리는 왕이 되어서, 계속하여 이스라엘을 괴롭혔다. (열왕기상 11:23-25)

아람(시리아) /

그 때에 시리아의 르신 왕이, 시리아에게 엘랏을 되찾아 주었고, 엘랏에서 유대 사람들을 몰아내었으므로, 시리아 사람들이 이 날까지 엘랏에 와서 살고 있다. (열왕기하 16:6)

주께서는 바빌로니아 군대와 시리아 군대와 보압 군대와 임몬 자손의 군대를 보내셔서, 여호야김과 싸우게 하셨다. 이와 같이 주께서 그들을 보내신 것은, 자기의 종 예언자들을 시켜서 하신 말씀대로, 유다를 쳐서 멸망시키려는 것이었다. (열왕기하 24:2)

암몬 /

그래서 그들은 병거 삼만 이천 대를 빌리고, 마아가 왕과 그의 군대를 고용했다. 그들은 와서 메드바 앞에 진을 쳤다. 암몬 사람도 그들의 여러 성읍에서 모여들어서, 싸울 준비를 했다. (역대기상 19:7)

"모압이 욕을 퍼붓는 것과, 암몬 자손이 악담을 퍼붓는 것을, 내가 들었다. 그들이 나의 백성에게 욕을 퍼붓고, 국경을 침범했다. (스바냐 2:8)

에돔 /

이렇게 해서, 주께서는, 에돔 출신으로 에돔에 살고 있는 왕손 하닷을 일으키셔서, 솔로몬의 대적이 되게 하셨다. 전에 다윗이 에돔에 있을 때에, 군사령관 요압 장군이 살해당한 사람들을 묻으려고 그 곳으로 내려갔다가, 에돔에 있는 모든 남자를 다 쳐죽인 일이 있다. 요압은 온 이스라엘 사람과 함께, 에돔에 있는 모든 남자를 다 진멸할 때까지, 여섯 달 동안 거기에 머물러 있었다. 그러나 하닷은 자기 아버지의 신하이던 에돔 사람들을 데리고서, 이집트로 도망했다. 그 때에 하닷은 아직 어린 소년이었다. 그들은 미디안에서 출발하여 바란에 이르렀고, 그 곳에서 장정 몇 사람을 데리고 이집트로 내려가서, 이집트 왕 바로에게로 갔다. 이집트 왕 바로는 그에게, 집과 얼마만큼의 음식을 내주고, 땅도 주었다.그 뒤에 하닷은 다윗과 군사령관 요압 장군이 죽었다는 것을 이집트에서 듣고서, 고국 땅으로 돌아가게 허락해달라고 바로에게 요청하였다. (열왕기상 11:14-21)

여호람이 다스린 시대에, 에돔이 유다의 통치에 반기를 들고 자기들의 왕을 따로 세웠다. 그래서 여호람은 모든 병거를 출동시켜 사일로 건너갔다가, 그만 에돔 군대에게 포위를 당하고 말았다. 그러나 여호람은 병거대장들과 함께, 밤에 에돔 군대의 포위망을 뚫고 빠져 나왔다. 군인들은 모두 흩어져 각자의 집으로 갔다. 이와 같이 에돔은 유다에 반역하여 그 지배를 벗어나 오늘 날까지 이르렀고, 그 때에 립나 역시 반역을 일으켰다.(열왕기하 8:20-22)

나 주 하나님이 말한다. 에돔이 지나친 복수심을 품고 유다 족속을 괴롭히며, 그들에게 지나치게 보복함으로써 큰 죄를 지었다.(에스겔 25:12)

나 주가 선고한다. 에돔이 지은 서너 가지 죄를, 내가 용서하지 않겠다. 그들이 칼을 들고서 제 형제를 뒤쫓으며, 형제 사이의 정마저 끊고서, 늘 화를 내며, 끊임없이 분노를 품고 있기 때문이다.(아모스 1:11)

성서에 등장하는 다윗에 대한 복수 이야기는 이렇게나 많다. 솔로몬 때부터 에돔과 소바는 호시탐탐 기회를 엿보며 이스라엘과 대적했다.(열왕기상 11:14-25) 유다가 망했을 때 에돔은 매우 기뻐했다. 유다인은 박수치며 좋아하는 에돔을 자기들을 잡아가는 바벨론보다 더 미워했다. 그래서 에돔에 관해 저주하며 쓴 것이 바로 오바댜서다. 우리에게 일제시대 우리 민족이 겪은 고난이 잊을 수 없는 이야기인 것처럼, 다윗과 솔로몬 때 당한 수모가 에돔을 포함한 주변 나라들에게 수 백 년에 걸쳐 전해 내려갔다. 깊은 한(恨)은 후손에게 선해시고 결국 이스라엘은 그 몫을 치러야 했다. 주변국들은 자기들끼리는 자주 동맹을 맺고 연대했으나, 이스라엘과 유다와는 원수관계가 되었다.

그리스도인들은 어려서부터 다윗에 관해 배운다. 그리스도인에게 다윗은 이스라엘의 어떤 왕과도 비교할 수 없을 만큼 친숙하고 긍정적인 이미지를 가지고 있다. 다윗은 이스라엘의 최전성기를 구가한 왕이기 때문이다. 하지만 바로 그 전성기라는 말의 의미를 다시 평가해야한다.

이스라엘 뿐 아니라 모든 역사는 영토를 크게 확장한 왕, 부를 많이 소유한 왕을 칭송하며 그의 삶을 부각시키려 한다.

우리가 영웅에 탐닉하는 것은 과거에는 이렇게 큰 힘과 영토를 가진 강대국이었다는 공동체 의식을 필요로 하기 때문이다. 하지만 큰 것이 좋다는 단순한 가치관은 재평가되어야 한다. 정복 전쟁 과정에서 이름도 없이 피흘리며 죽어간 수많은 민중에게도 과연 영웅은 의미를 가질까. 피정복지에서 억울하게 학살된 이들에게 영웅은 무슨 의미일까. 역사적인 인물을 위인으로 평가하는 기준이 부와 힘이라고 교육을 받은 학생들, 또 그런 설교를 들은 신자들이 장차 어떤 인물이 될까 두렵다. 그들이 어떤 선교를 하고 어떤 교회를 이상적으로 생각하게 될까 참으로 걱정이 앞선다.

모든 그리스도인이 성서를 대하는 바른 눈을 가져야겠지만, 무엇보다 설교자들이 먼저 그런 시각을 갖추는 게 선결과제일 듯하다. 강단에서는 설교자들은 기본적으로 하나님께서 인도하시는 역사의 방향에 대한 확신을 가져야한다. 설교자가 가진 세계관과 인간관이 모든 설교에서 일괄되게 드러나야 한다. 성서를 문자적으로 맹신하거나 반(反) 신앙, 반(反) 생명, 반(反) 인간적인 가치들은 무분별하게 칭송한다면 이는 명백히 하나님의 해방사역과 역행하는 것이다. 한국교회에서 신앙을 거스르는 설교들이 행해지는 것이 한국교회의 위기를 재촉하고 있다.

통일왕국 내분의 위기

다윗의 통일왕국은 심각한 내란을 맞이한다. 사무엘하 15장과 20장(사무엘하 19:41-43 참조)에는 다윗과 그를 적대했던 지파들과의 싸움이 등장한다. 집권하는 동안 다윗은 두 번의 큰 위기를 맞이했다. 그런데 이는 이방민족과의 분쟁이 아니었다. 다윗 자신에 의해 발생한 지역감정 때문에 일어난 내란이었다. 다윗 자신이 뿌린 일들의 결과가 어김없이 자신에게 돌아왔다.

첫 번째 내란은 다윗의 아들 압살롬이 이스라엘 지파연합체 동맹체의 지원을 받아 일으킨 것이었다.(사무엘하 15:2-4) 압살롬은 배다른 형제인 암논을 죽인 일로 다윗과 긴장관계 속에 있었다. 압살롬은 정치적인 노림수를 가지고 다윗에게 재판을 받으러 오는 북이스라엘 사람들에게 접근했다. 그는 다윗이 뿌린 분단과 지역감정의 골을 교묘하게 이용하여 자신의 욕심을 채우고자 했다. 압살롬은 재판하러 온 북쪽 지파 사람들에게 "다 옳고 정당한 말이지만 그 사정을 대신 말해 줄 사람이 왕에게는 없소"라며 그들의 마음을 이반시켰다. 압살롬은 아직 사법제도가 확실하게 마련되지 않아 백성들의 불만이 큰 것을 이용했다. 그는 결국 옛 사울을 따르던 지파인 북쪽 사람들을 선동하여 반란을 일으켰으며, 자신이 다윗 가문 사람이기에 유다 지파도 반란에 가세시켰다.

다윗의 주변에는 측근인 용병들만 남았고, 이들은 '온 이스라엘'과 대항하여 싸워야 했다.(사무엘하 16:21, 17:14) 다윗의 측근인 용병부대는 용맹한 외국 군인들이지만 온 이스라엘의 빈병내에 맞서기에는 벅찼다. 그들은 성을 내어주고 도망한다. 압살롬은 예루살렘을 점령한 후에 다윗의 후궁을 취하는 모습을 공개적으로 과시한다.(사무엘하 16:21) 어머니 벌이 되는 여인을 취하는 것인데 이것은 왕권을 계승했다는 표시이며, 왕권에 대한 결연한 의지를 보여주는 행위였다. 결국 다윗은 모든 것을 버리고 쫓겨 낙향하는 신세가 된다. 다윗은 자신을 따르는 외국인 용병들에게 고향으로 돌아가거나 가서 새 왕을 모시라고 하지만 용병들은 끝까지 다윗을 따랐고 결국 압살롬을 기습 살해함으로써 반란을 제압했다.

두 번째 내란은 사울 가문의 세바가 일으킨 반란이었다. 성서는 세바에 관해 "그 즈음에 불량배 한 사람이 있었는데, 그의 이름은 세바였다.(사무엘하 20:1)"고 말한다. 그런데 유다 지파를 제외하고 모든 이스라엘이 세바를 따른 것으로 보아 그를 단순한 불량배로 보기는 어렵다. 역시나 이런 평가는 다윗 왕조 사가의 시각일 뿐이다. 세바는 온 이스라엘이 따르는 지도자였다. 그가 사람을 모을 때 사람들은 다음과 같이 노래했다.

"우리가 다윗에게서 얻을 몫은 아무것도 없다.
우리가 이새의 아들에게서
물려받을 유산은 아무것도 없다.
그러니 이스라엘 사람들아
모두들 자기의 집으로 돌아가자!"(사무엘하 20:1)

이 노래는 다윗에게 반감을 갖는 북 이스라엘 지파들 속에 전해오는 민요다. 후에 여로보암이 솔로몬의 아들 르호보암에게 반기를 들어 북 이스라엘 지파들을 이끌고 북 왕국을 창건할 때도 민중은 이 노래를 불렀다.(열왕기상 12:16) 다윗의 후손에 대해 반기를 드는 민중의 노래가 성서에 전래되는 것은 당시 민중에게 퍼져있는 반(反) 다윗 정서를 말해준다.

그러나 이번에도 북쪽 지파들의 반란은 성공하지 못했다. 이미 압살롬의 반란을 성공적으로 제압한 사병 조직과 유다 지파가 합세하여 반란은 곧바로 진압되었다. 통일왕국이 된 이후에도 다윗이 뿌려놓았던 분단의 씨앗은 부메랑이 되어 다윗의 통치 기간 내내 그를 괴롭혔다.

나라가 다시 분열되다

다윗과 솔로몬 시대에 전성기를 누린 이스라엘이 물질적인 풍요를 누렸다고는 하지만, 이는 가진 자들의 풍요요, 권력자들과 왕실 주변 인물들의 사치에 불과했다. 오히려 민중은 계속되는 건설 사업으로 강제 부역의 의무, 과중한 세금 부담, 정복 전쟁을 수행하기 위한 징병 등 무거운 짐을 감당해야만 했다.

특히 솔로몬은 대형 건설 사업을 위해 민중을 강제 부역에 동원하였고 이 때문에 백성의 원성은 점점 더해갔다. 솔로몬 치하에서 북 왕국의 강제노역 감독관이었던 여로보암은 조직적인 반란을 일으켰다. 반란은 곧 진압되고 여로보암은 이집트로 정치적 망명을 떠났다. 그는 이스라엘 지파연합체의 지도급 인사였던 것으로 보인다. 솔로몬 때에도 계속 남북 간의 갈등은 심화되었다.

솔로몬이 죽은 후 그의 아들 르호보암이 남쪽에서 왕위에 올랐다. 노역에 시달리던 민중은 부역을 경감시켜주기를 요구했다. 르호보암 주변의 원로들은 북왕국 장로들의 의견을 들어주라고 하였지만 르호보암은 젊은 참모들의 강경책을 받아들였다.

> '내 새끼 손가락 하나가 내 아버지의 허리보다 굵다. 내 아버지가 너희에게 무거운 멍에를 메웠다. 그러나 나는 이제 너희에게 그것보다 더 무거운 멍에를 메우겠다. 내 아버지는 너희를 가죽 채찍으로 매질하였지만, 나는 너희를

쇠 채찍으로 치겠다'(열왕기상 12:10–11)

르호보암은 북왕국 장로들에게 답했다. 실제로 북쪽 지파들의 대표를 대면하는 자리에서 이렇게 말하는 것은 제정신으로는 어렵다. 아마 르호보암의 강경책은 이런 이야기를 사람들 간에 회자되게 했을 것이다. 갈등 상황에서는 강경책이 선명해 보이고 힘을 얻기 쉽다. 강경한 주장 틈에서 유화책은 왠지 나약하고 비겁해 보인다. 젊은 참모들의 강경책은 원로들이 제시한 유화책을 압도했다. 결국 르호보암은 북쪽 지파의 요구를 누르고 왕권을 더욱 강화하려고 하였다. 이는 백성의 불만에 불을 당겼다. 마침내 유다 지파와 일찍이 유다 지파에 종속된 시므온 지파를 제외한 나머지 열 지파가 북쪽지역에 독립된 왕국을 세우기에 이르렀다. 그 중심에는 여로보암과 평등공동체의 정신을 지키고자하는 예언자 그룹이 있었다.

사적 욕심과 어리석은 판단이 빚은 분단의 싹은 다윗의 이스라엘 재통일과 독립의 업적을 무용지물로 만들었다. 통일왕국은 왕권과 그 주변 세력을 중심으로 한 남 유다와, 노역에 시달리던 민중을 기반으로 한 북 이스라엘이라는 두개의 국가로 분단되고 말았다.

남북왕국의 창건

북쪽 지파들에 의해 왕으로 옹립 된 여로보암은 북왕국이 다시 다윗 가문으로 돌아가지 않을까 불안해했다. 이스라엘 민족은 절기가 되면 예루살렘 성전으로 순례를 가서 제사를 드린다. 자기 백성이 남왕국의 중심지인 예루살렘 성전으로 순례를 떠나는 것은 북왕국 왕으로서는 매우 불안했다. 혹여 그 성지에서 마음이 바뀌어 자기를 죽이고 다시 옛 주군인 르호보암에게로 돌아갈지 모르기 때문이다.(열왕기상 12:26-27)

이런 우려 때문에 여로보암은 베델과 단에 예루살렘 성전에 대응하는 성전을 세웠다. 북왕국 사람들이 예루살렘까지 순례를 하지 않고서도 제사를 드릴 수 있도록 한 조치였다. 이는 예루살렘 성전을 중심으로 한 남왕국의 국가 이데올로기와 정면으로 충돌했다. 남왕국은 여로보암과 그가 세운 대응 성전이 야훼를 배반한 것이라며 극렬하게 비난했다. 이 증오심은 매우 깊었고 오랜 시간 지속되어 후에 북왕국을 증오하고 종교적으로 차별하는 민족의 분단 이데올로기가 되었다.

성서의 역사가가 비난한 북왕국 성전의 금송아지 상은 정말 송아지를 신으로 섬기는 게 아니었다. 그 금송아지는 예루살렘 성전 안에 있는 법궤와 마찬가지로 단지 야훼의 현존을 의미하는 상징물이었다. 고대 근동 지방에서는 송아지상에 신의 형상을 조각하여 놓았다. 그러나 이스라엘의 야훼 하나님은 자신의 형상을 세우는 것을 십계명에 금해 놓았다. 따라서 신의 형상없이 그 임재의 상징물을 만든 것이다. 금송아지 자체가 신이 아니라 신이 서있는 발등상으로 세운 것이다. 신의 형상을 세우지 말라는 명령도 충족하면서 발등상을 보고 그 위에 임재했을 야훼를 상상하게 한 꼼수였다. 그러나 이로 인해 여로보암이 야훼 하나님을 섬기지 않고 금송아지를 섬긴다는 비난이 북왕국의 모든 왕에게 적용되었다. "그는 여로보암의 길을 따랐다"는 남왕국의 비난이 북왕국을 평가하는 성서의 공식이 되었다.

예루살렘 성전에도 법궤 주변에 법궤를 지키는 그룹(cherub)[1)]이 서있

1) 하나님의 영광과 거룩함을 지키는 일종의 호위 천사. 언약궤를 지키는 존재로 이스라엘 성

었다. 예루살렘 성전에 세웠다는 그룹은 날개 달린 짐승의 모습으로, 법궤의 양 옆에 서 있었다. 이런 상은 이집트와 메소포타미아의 신전에서도 발견된다. 이는 스핑크스 같이 신을 지키는 수호천사의 형상이다. 솔로몬은 성전의 경내를 페니키아 장인들을 불러 건축하고 장식했다. 신을 지키는 신성한 짐승으로 신의 임재를 상징하는 방법은 북왕국과 다르지 않았다. 북왕국도 남왕국을 같은 이유로 비난했다.

북왕국의 베델과 단은 고대 이스라엘 평등공동체의 성지였다. 따라서 이곳은 이방족인 여부스족의 근거지였던 예루살렘보다 야훼 신앙의 전통을 이어가는데 더욱 정통성이 있는 지역이다. 그럼에도 불구하고 역사가는 북왕국의 왕들이 한결같이 '여로보암의 길'을 따랐다고 부정적인 평가를 내린다. 여로보암은 부정적 역사의 전형이 되었고, 다윗은 긍정적 역사의 전형이 된다. 남왕국 예루살렘 성전에는 이미 고대로부터 잘 알려진 야훼 현존의 상징으로 법궤가 존재하는 것이 북왕국과는 사뭇 달랐다. 불행하게도 유다와 이스라엘이 망하기 까지 이 이데올로기 싸움은 계속되었다.

따지고 보면 매우 비슷한 데 참 별것 아닌 것으로 쟁점화하고 싸워나가는 기술을 가진 사람들이 있다. 조선에서도 상복을 입는 기간이나 복제의 문제로 서로 정파를 가르고 그를 정쟁의 중심으로 삼았다. 이런 기술은 아마 정치인이 으뜸일 테지만 우리가 속한 단체나 집단에서도 아무 실리도 없고 실체도 없는 이슈를 무한 쟁점으로 만들어 나가는 사람들이 있다. 민중이 정신 차리지 못하면 결국 그 쟁점에 휘말려 그들이 속한 집단이나 나라까지도 말아먹는 감정에 휩싸이기 쉽다. 인간이 감정의 동물이기도 해서 냉철한 정신으로 깨어있지 못하면 자신의 존재를

전 안의 성물에 많이 새겨져 있다.

세워보려는 무리들에 의해 헛된 감정이 일으켜지고 그것이 망조가 되는 일들이 비일비재하다. 정치인들이 걸핏하면 이용해 먹는 특정지역 대망론 등 지역감정을 부추기는 행위나 남북의 혐오 이데올로기는 비단 이스라엘의 문제가 아니라 오늘 우리의 절실한 문제이기도 하다.

후에 히스기야와 요시아는 '다윗의 행적'을 따른 좋은 왕으로 평가를 받는데, 이들의 업적의 핵심은 일종의 종교적인 개혁이었다. 즉, 모두 지방 성소를 폐지시키고 예루살렘 성전이라는 중앙 성소를 확립하였다. 신명기 사가의 이런 평가는 성서 역사가 북왕국이 멸망한 후에 남왕국에서 작성된 이유가 크다. 나라는 비록 망했지만 북왕국 역사를 보존해야 한다는 생각에서 신명기 역사가 집필되었다. 그럼에도 불구하고, 이미 북왕국이 사라진 후라서 남왕국의 이데올로기가 주된 골격이 될 수밖에 없었다.

북왕국 여로보암은 부족연합체의 정통성을 가지고 민중의 지지에 힘입어 왕이 되었으면서도, 부족 연합시대의 평등 이데올로기를 살려내지는 못했다. 여로보암은 조상들이 세운 좋은 유산을 계승하지 못하고 남왕국이 했던 대로 대응 성전을 세움으로써, 이데올로기 싸움에서 주도권을 오히려 먼저 성전을 세운 남 왕국에 빼앗기게 되었다.

여로보임의 죄는 단순히 금송아지를 섬긴 네에 있는 섯은 아니다. 그의 죄는 솔로몬 왕정의 압제에 반기를 들고 북왕국을 세우는데 참여했지만 민중의 요구에 부응하지 못하고, 남왕국의 종교와 정치를 그대로 모방한 데에 있다. 그가 남왕국의 왕정 이데올로기를 따른 이유는 야훼신앙으로는 왕정을 유지할 수 없기 때문이다. 야훼신앙의 평등주의로는 왕정에 필요한 물적 기반을 확보하기 힘들었다. 북왕국 성전이 비난을 받는 이유는 베델과 단에 금송아지 상을 세운 것 때문만이 아니다.

구약학자 폴 핸슨(Paul Hanson)은 그 이유를 이렇게 설명한다. "여로보암은 고대 야훼주의자들의 중심부인 베델과 단을 왕정에 봉사하도록 고안하고, 왕정이데올로기로 백성을 압도당하게 했다."[2)]

2) Paul D. Hanson, *The People Called: The Growth of Community in the Bible*, San Francisco: Harper & Row, 1986, 138.

생각나누기

한 공동체가 함께 살아가는 데에는 많은 결정이 필요하다. 가정이건 교회건 회사건 매 순간이 선택의 연속이다. 선택과 결정을 위해서는 다양한 의견들이 조율되어야 한다. 한 무리에게 하나의 의견이란 불가능하니 말이다. 결국 어떻게 의견을 조율하고 수렴하여서 선택하는가가 인간 사회의 미래를 결정하는 매우 본질적인 문제다.

그리스도의 몸인 교회도 마찬가지다. 하지만 실상 종교 공동체와 민주주의는 아직 거리가 먼 듯하다. 아직도 많은 교회에서 결정은 소수의 장로와 목사들에 의해 이뤄진다. 소수에 의한 결정, 혹은 카리스마 있는 지도력의 결정이란 과연 종교 공동체에 고유한 의사결정 방식일까. 아무리 사회가 모든 이에게 권력을 공평하게 나눈 민주주의 체제를 지향하며 나아가도 교회는 예외여야 할까.

본질적인 물음들은 계속되지만, 제도 개선을 요구하는 교회 안팎의 목소리가 높은 것만은 사실이다. 교회의 소위 '비민주적인' 제도가 폐쇄성을 넘어 교회의 부정과 부패로 이어지는 경우가 많기 때문이다. 다른 이유를 차치하고라도 공동체란 구성원 모두가 구경꾼이 아닌 주인이 될 때 비로소 살아 움직인다. 또한 어떤 한 사람의 목소리가 다른 누군가의 목소리보다 더 가치 있다고 볼 수 없기 때문에 교회 안에서 민주적인 제도를 확립하는 것은 매우 중요하다. 효율성이라는 명분으로 참여와 절차를 무시하지 않고 모든 교인의 목소리를 동일하게 듣고자 한다면 어떤 체계를 갖추어야 할까. 자신이 몸을 담고 있는 공동체에 어떤 제도가 필요할지 함께 이야기해 보자.

민주적 인간, 민주적 교회

> 그러므로 이제부터 여러분은 외국 사람이나 나그네가 아니요, 성도와 같은 시민이요, 하나님의 가족입니다. 여러분은 사도와 예언자의 터 위에 세워진 건물이요, 그리스도 예수 스스로가 그 모퉁잇돌이십니다. 그리스도 안에서 건물 전체가 서로 연결되어서, 주님 안에서 성전으로 자랍니다. 여러분도 그리스도와 연결되어서 함께 건물을 이루어 하나님께서 성령으로 거하실 곳이 되어갑니다. (에베소서 2:19-22)

신혼부부는 결혼 초에 많이 다툰다. 오랜 시간 서로 다른 문화에서 다른 방식의 삶을 살아온 두 사람이 함께 살기를 시작했으니 너무나 당연한 일이다. 이질적이고 낯선 방식을 이해하고 받아들이려면 많은 대화와 시간이 필요하다. 그런데 신혼 초 이런 갈등이 생길 때 무의식적으로 그런 생각을 하는 사람들이 많다. '지금 지면 영원히 버릇이 될 것이다. 따라서 지금 내가 관계에서 우위를 점령해야 이 관계가 편안하다.' 그들은 "기선을 잡아야 해"라고 생각한다. 에고의 목소리다. 관계를 사랑과 이해가 아닌 힘의 문제로 여기는 것이다. 에고는 관계를 두려움과 긴장으로 몰아넣는다. "물러나면 내가 지는 거야"라는 목소리는 불안으로부터 나온다.

어떤 선택에 직면하면 내적인 갈등이 생길 수 있다. 이 때 타인의 지혜를 모아 방향을 정하는 것은 매우 중요하다. 상대가, 혹은 다수가 나의 의견에 늘 "Yes"라고 하면 그들은 대등한 파트너가 아니다. 자신이 하고 싶은 대로 다 할 수 있으면 행복할 듯하지만, 사실 누군가가 그런 상태에 있다면 그는 동반자를 상실한 것이라 할 수 있다.

일방적이고, 힘의 우위가 있고, 한 방향으로만 흐르는 관계는 하나님께서 우리에게 주신 관계가 아니다. 결혼을 하고 오랜 시간이 흘러도 상대의 가치를 인정하지 못한 채 평생을 그냥 한 울타리에서 산다면 참으로 슬픈 일이다. 지배하고 정복하고자 하는 욕망은 에고의 소리로 그것은 본인 뿐 아니라 모두를 불행하게 만든다.

내가 더 힘 있는 자리에 있다고 쉽게 사람을 조정하려 해서는 안 된다. 지금 당장은 자신의 힘이 통했다고 생각할지 모르지만 힘이란 작용과 반작용의 원칙이 있는 것이어서 언젠가 그는 자신이 가한 힘의 반작용을 오롯이 받아야 할 것이다. 또한 진실한 마음의 자리를 떠난 관계는 상대 뿐 아니라 자기 자신을 속이는 것이다. 인간이란 때론 어리석어 보이지만 참으로 직관적인 존재여서 상대가 어떤 진정성을 가지고 있는지 잘 파악한다. 사실 우리는 거짓에 거짓이 켜켜이 쌓인 시간을 살아왔기 때문에 이런 거짓에 익숙해졌다. 거짓의 사람은 자기와 비슷한 의식수준의 사람들과 모인다. 그들에게 진실한 마음으로 사람을 대하는 일은 낯설고 어색할지 모른다. 그런 사람은 마음의 치료가 필요하다. 두꺼운 에고의 껍질을 벗고 자신의 투명한 영혼으로 존재하는 법을 배운다면, 자연스럽게 사람들과의 관계가 사랑으로 연결될 수 있을 것이다.

사람과의 관계에서 자신의 에고의 목소리를 듣고 관찰하여 거기서 벗어나는 길이 참 하나님을 만나는 길이다. 사람과의 관계와 하나님과의 관계는 다른 것이 될 수 없다. 서로 헐뜯고 불신하고 모략하면서 아무 거리낌 없이 예배를 드릴 수는 없다. 이웃의 억울한 호소와 눈물이 넘치는데 그저 따뜻한 예배당에서 아름다운 찬송을 부를 수만은 없다. 정작 찬양의 대상인 하나님은 인간에게 버림받은 그 사람들과 함께 눈물짓고 계시기 때문이다.

하나님은 인간 사이에서 행한 범죄를 하나님 자신에 대한 죄로 간주하신다. 인간 사이에서의 단절을 하나님과의 단절로 취급하신다. 하나님은 인간 사이에 불편한 관계, 서로 평등하지 못한 관계, 비민주적인 관계를 당연히 여기지 않는다. 따라서 타인과 관계가 막혔다면 곧 하나님과의 관계가 막히는 것이다.

칼빈이 세운 장로 제도는 회중이 대표자를 선출해서 그를 통해 중요한 결정을 해나가는 대의민주제로 이는 정치제도로서의 간접 민주주의보다 훨씬 앞선 개혁이었다. 하지만 현재 우리나라 장로교의 모습을 살펴보면 시대를 앞선 칼빈의 개혁과는 거리가 먼 듯하다. 당회 제도는 교회 내 다양한 의견의 흐름을 방해하고 권력을 독점하는 부작용을 동반하곤 하는데 이런 문제가 생기는 것은 장로직이 임직 후 은퇴하기까지 계속 유지되기 때문이다. 대의 민주제의 원칙을 살린다면 장로는 교인들의 다양한 의견을 반영할 수 있고 인격이나 신앙 면에서 건강한 사람을 세워야겠지만, 많은 교인들이 장로를 명성과 권력의 자리로 인식하고 있는 게 현실이다. 내가 시무한 향린공동체 교회들은 이에 대한 고민으로 목사, 장로 임기제를 하고 있다. 대의민주제에서 모든 선출직에 임기가 있듯 교회에서도 임기를 두는 것이 마땅하다는 판단에서였다.

목회를 하면서 목표를 세우고 추진했던 일들이 있었다. 목회의 의지, 목회 방향의 문제 등 교회의 근간이 되는 중요한 사안에 대해 계획을 세우고 추진 가능성을 검토했다. 경제적인 원칙들을 고려하고 전문가에게 자문도 구하면서 이상적인 안을 만들었다. 그리고는 당회, 제직회 등의 의사 결정을 거쳐 일을 시행했다. 교회법이나 어떤 상식적인 절차에도 하자가 없는 처리였다. 그런데 실제 교회에서 이를 적용시키고 실천에 옮기면 힘이 모아지지 않는다. 그럴 때는 앞으로 해나가야 할 일들이 힘겹게 느껴진다. 시작은 늘 설레고 마음이 부푼다. 때로 "우리 공동체가 정말 좋은 길을 찾았다"는 확신으로 기쁠 때도 있다. 하지만 실제 그것을 추진하는 과정에서 사람들이 움직이지 않거나 동력이 부족하면 안개가 걷히듯 기쁨은 사라지고 더딘 걸음에 힘이 빠진다.

그럴 때, 공동체의 합의 과정을 살필 필요가 있다. 뜻을 세우고 새 꿈을 꿀 때는 모두가 행복하지만 그 생각과 계획을 현실로 구현해 나가는 과정은 쉽지 않은 법이다. 거기에는 넘어야할 수많은 언덕과 건너야할 강이 있다. 그러니 그것을 몸으로 살아가야 하는 교회 공동체의 구성원들과 마음과 뜻을 모으는 과정이 매우 중요하다.

교회에서는 목회자의 결정에 교인들은 수동적 동의 절차만을 하는 일이 많다. 중요 결정과 의제는 당회에서 결정된다. 만약 교우들과 의견이 엇갈린다면 충분히 소통하고 의견을 조율하기보다 일방적으로 당회나 목회자의 결정을 설득하려 하는 경우가 많다. 그렇게 공동체의 안이 통과되면 절차를 제대로 밟았다고 생각하겠지만 오산이다. 충분히 동의하지 못한 일들은 몸이 거부한다. 공동체 구성원들은 움직이지 않을 뿐 아니라 불만이 쌓인다. 불통은 예상치 못한 결과로 공동체를 옭아 맨다. 민주적인 절차와 훈련이 뿌리 내리지 못한 것에서 오는 부작용은 생각보다 크다. 혹 목회자가 헌신성과 전문성, 청빈까지 갖춰서 교인들의 지지와 사랑을 받는다면 제도적 민주주의에 대한 교인들의 관심이 적을 수도 있다. 하지만 이것도 조심해야 할 부분이다. 아무리 훌륭한 리더라도 인간의 모든 결정이 옳고 좋을 수는 없다. 그리고 이런 것도 독선이 되기 쉽다. 없는 듯이 있으며, 안 하는 듯이 할 수 있는 지혜가 필요하다. 분명한 것은 사회와 공동체는 자발성을 기초로 앞으로 나아간다는 것이다. 이를 위한 기반이 민주적인 절차와 훈련이다.

이런 절차에 기반한다면 결과 자체가 아니라 과정의 가치를 발견할 수 있다. 예배의 마지막인 축도에서 우리는 "성령의 교통하심과 친교"를 기원한다. 성령은 "무엇을 하였는가?" 보다 "어떻게 하였는가?"에 관심이 있다. 실상 교회가 어떤 업적과 성과를 남겼는가는 그리 중요하지 않다. 그것을 만들어가는 과정에서 얼마나 하나님 앞에 신실한 공동체였는지가 핵심이다. 하나님이 인간에게 요구하시는 것 또한 이것이다. 그리고 과정의 아름다움과 올바름이 있다면 원치 않는 결과에 도달했다 하여도 그것은 실패가 아니다. 의견수렴 절차를 위해 진행이 더딜지라도 그것은 결코 늦는 일이 아니다. 모두의 믿음과 공동의 고백이 공동의 실천으로 나타날 때 힘이 생긴다.

민주적 절차를 확립하고, 모든 교인들이 저마다 삶 속에서 의미 있는 일을 만들어 교회를 통해서 꽃 피우고, 혼자서는 엄두도 못내는 일이지만 자신의 의사가 받아들여짐으로써 함께 모여 뜻있는 일들을 이루어 갈 수 있다면 이 얼마나 신바람 나겠는가?

우리는 민주주의를 흠모하면서도 정작 이렇다 할 훈련을 받지 못하고 자랐다. 일제시대와 전쟁, 그리고 이어진 군부 통치의 후유증으로 우리에게는 군대문화가 뿌리 깊이 남았다. 상명하복의 문화는 권위에 복종하기, 튀는 목소리를 내지 않고 조용히 살기 등을 우리 몸에 새겨놓았다. 민주화를 가장 열망했지만 그 민주화를 한 명 한 명 자기 존재로 체화하고 변화하기까지는 아직 더 시간이 필요한 듯하다. 마음으로는 열망하지만 열망하는 주체가 자신이 열망하는 것을 몸으로 습득하지 못한 것이 우리의 현실이며 우리 사회 곳곳에 도사린 모순이다. 사실은 그 자신들마저도 민주주의에 대한 훈련이나 변변한 교육을 받아 온 경험이 없다.

그리스도 안에서 진정한 형제와 자매로 만난다는 것은 무엇인가? 이것은 바로 가까운 이웃과의 관계든지 국가와 국가 간의 관계든지 간에 어느 누구를 일방으로 지배하려는 위계질서나 계급적 사고를 앞세우기보다는 서로 마음을 다해 존중하고 아끼는 관계를 갖는 것이 기본이 되어야 한다.

교회는 보이는 건물이나 모이는 사람의 숫자에 있는 것이 아니라 그 사람들 사이에 이루는 관계이고 화해와 하나됨이다. 교회는 우리의 삶과 역사가 진행되는 현장에 있다. 가장 민주적이고 가장 참여적인 것이 교회다.

이들의 봉사를 통하여 그리스도의 몸이 자라게 된다. 새번역에서는 몸을 '세운다'고 하는데 이는 헬라어로 οἰκοδομὴν(oikodomen), 즉 building의 의미다. 우리들 각자의 부르심 받은 자리, 그 자리에서 자기의 몫을 다하는 것이 그리스도의 몸을 세우고 하나님 나라를 이루어 가는 역할이다. 그렇게 연결된 건물, 유형의 건물이 아니고 모든 차별이 소멸되어 이루는 조화로운 관계를 이루는 공동체가 바로 성전이다.(21절) 우리 모두가 그리스도와 연결되어서 함께 서룩한 성전을 이루기에 하나님께서 거하실 성전이 되어간다.(22절)

09
땅에 매인 하나님, 풍요에 묶인 하나님
남북왕조의 성전체제와 신앙

법궤를 모셔옴

다윗은 왕권의 물질적 토대를 마련한 뒤 정통성을 얻기 위한 이데올로기 확립 작업에 착수했는데, 그 상징적인 일이 법궤를 가져오는 일이었다. 야훼 하나님의 계명이 새겨진 돌판과 만나와 아론의 지팡이가 담긴[1] 법궤는 이스라엘 부족 연합체의 종교적 상징물이었다. 이스라엘 민족이 신성한 나무로 여긴 싯딤 나무[2]로 만들어진 이 법궤는 이스라엘이 움직이는 곳이라면 어디나 함께 했고, 이는 곧 야훼의 현존을 상징했다. 법궤는 이스라엘이 전쟁을 할 때에도 백성의 행렬에 동행했다. 한 예로 성서에는 이스라엘이 블레셋과 진투를 벌이는 도중에 갑자기 이스라엘 진영의 사기가 높아져서 블레셋 장군이 이유를 물으니 그 중 한 사람이

1) 법궤 안에 돌판, 만나, 아론의 지팡이 셋이 들어있다는 것은 히브리서 9:4의 증언이다. 반면 돌판만 들어 있다는 기록은 출애굽기 25:16, 열왕기상 8:9, 역대하 5:10이다. 만나와 아론의 지팡이는 법궤 앞에 놓았던 것으로 보인다.(출애굽기 16:34, 민수기 17:4-10) 그러나 법궤를 들고 이동할 때는 법궤 안에 넣어 운반한 것이라고 생각한다.

2) 싯딤나무는 광야에 드물게 솟아있는 아카시아과의 나무이다. 뿌리가 길게 뻗는 아카시아의 특성으로 거친 광야에서 생존한다. 혹독한 환경에서 꼬질꼬질하게 자라나 집짓는 재목으로는 쓸 수 없지만 그 강한 생명력으로 인해 신비한 나무로 여겨졌고 가장 귀한 법궤의 재료나 성물을 만드는데 사용되었다.

"야훼의 법궤가 그들의 진영에 도착했다"고 답하자 블레셋 사람들은 두려움에 사로잡힌다.(사무엘 상 4:5-8)

그럼에도 불구하고 B.C 1050년에 이스라엘은 블레셋과의 전투에서 패한다. 법궤만 함께 있다면 언제나 승리한다고 믿었는데 패배했을 뿐 아니라 법궤마저 빼앗긴다. 이는 이스라엘에 매우 충격적인 일이었는데, 당시 제사장이었던 아흔 여덟 살의 엘리는 이 이야기를 듣고 놀라서 의자에서 떨어져 죽었다. 블레셋 사람들은 이스라엘의 법궤를 자기들의 신전에 가져가 다곤 신상 옆에 두었다. 그런데 다음 날 다곤이 법궤 앞에 엎어져 땅바닥에 얼굴을 박고 있었다. 그리고 세워 놓으면 또 코를 박고 쓰러지는 일이 반복되었고 마침내는 다곤의 머리와 두 팔목이 부러져 문지방 위에 나뒹굴었다. 또 법궤를 보관하고 있는 아스돗 사람들에게 악성 종기가 발생하자 블레셋의 다른 도시 가드로, 가드에서 에그론으로 옮겼으나 결과는 모두 마찬가지였다.

결국 블레셋은 일곱 달 만에 궤를 이스라엘에 반환한다. 법궤는 20여 년 동안 아비나답의 집에 있었다. 블레셋과의 전투에서 승리한 후 다윗은 아비나답의 집에 있는 법궤를 자신의 궁으로 가져옴으로써 왕국의 정통성을 확립하려 했다. 하지만 법궤를 옮기는 과정은 그리 순조롭지 않았다. 사무엘하 6장에는 다윗이 법궤를 가져오는 이야기가 담겨 있다.

> 다윗이 다시 이스라엘에서 정병 삼만 명을 징집하여서, 그들을 모두 이끌고 유다의 바알라로 올라갔다. 거기에서 하나님의 궤를 옮겨 올 생각이었다. 그 궤는 그룹들 위에 앉아 계신 만군의 주의 이름으로 부르는 궤였다. 그들이 언덕 위에 있는 아비나답의 집에서 하나님의 궤를 꺼내서, 새 수레에 싣고

나올 때에, 아비나답의 두 아들 웃사와 아히요가 그 새 수레를 몰았다. 그들이 산에 있는 아비나답의 집에서 하나님의 궤를 싣고 나올 때에, 아히요는 궤 앞에서 걸었고, 다윗과 이스라엘의 모든 가문은, 온 힘을 다하여서, 잣나무로 만든 온갖 악기와 수금과 거문고를 타며, 소구와 꽹과리와 심벌즈를 치면서, 주 앞에서 기뻐하였다. 그들이 나곤의 타작 마당에 이르렀을 때에, 소들이 뛰어서, 궤가 떨어지려고 하였으므로, 웃사가 하나님의 궤로 손을 내밀어 궤를 꼭 붙들었는데, 주 하나님이 웃사에게 진노하셔서, 거기에서 그를 치시니, 그가 거기, 하나님의 궤 곁에서 죽었다. 주께서 그렇게 급격히 웃사를 벌하셨으므로, 다윗이 화를 내었다. 그래서 그 곳 이름을 오늘날까지 베레스 웃사라고 한다. 그 날 다윗은 이 일 때문에 주님이 무서워서 “이래서야 내가 어떻게 주의 궤를 내가 있는 곳으로 옮길 수 있겠는가?” 하였다. 그래서 다윗은 주의 궤를 ‘다윗 성’으로 옮기지 않고, 가드 사람 오벳에돔의 집으로 실어 가게 하였다. 그래서 주의 궤가 가드 사람 오벳에돔의 집에서 석 달 동안 머물렀는데, 그 때에 주께서 오벳에돔과 그의 온 집안에 복을 내려 주셨다. 누군가가, 오벳에돔의 집에 하나님의 궤를 보관하였기 때문에, 주께서 오벳에돔의 집과 그에게 딸린 모든 것에 복을 내려 주셨다는 소식을, 다윗 왕에게 전하였다. 그리하여 다윗은 기쁜 마음으로 가서, 하나님의 궤를 오벳에돔의 집에서 ‘다윗 성’으로 가지고 올라왔다. 궤를 옮길 때에 그는 큰 축제를 벌였다. 다윗은, 주의 궤를 멘 사람들이 여섯 걸음을 옮겼을 때에, 행렬을 멈추게 하고, 소와 살진 양을 제물로 잡아서 바쳤다. 그리고 다윗은 모시로 만든 에봇만을 걸치고, 주 앞에서 온 힘을 다하여 힘차게 춤을 추었다. 다윗과 온 이스라엘 가문은 환호성을 올리고, 나팔 소리가 우렁찬 가운데, 주의 궤를 옮겨 왔다.(사무엘하 6:1-15)

책임자인 웃사는 넘어지려는 궤를 붙잡았다는 이유로 야훼 하나님께 죽임을 당한다. 율법에서는 법궤를 만지는 일이 금기시 되었다. 또한 법궤를 이동할 때는 레위지파 중 고핫 자손이 어깨에 메서 옮겨야 했다.(민수기 4:15) 블레셋 사람이 법궤를 본래있던 벧세메스로 돌려보냈는데, 그곳 사람들이 직접 보거나 만져서는 안된다는 율법을 어기고 법궤 안을 보자 오만 칠십 명이나 죽기도 했다.(사무엘 상 6:19-20) 웃사의 죽음을 목격한 다윗은 화를 내고 두려워하였다. 원래 목적지인 자신의 성 대신 오벳에돔의 집으로 옮긴다. 병사를 3만이나 대동한 거대한 법궤 이동 프로젝트를 멈춘 것이다.

그러나 법궤가 오벳에돔의 집에 머무르는 동안 그 집안이 큰 복을 받자 다윗은 다시 법궤를 옮긴다. 이는 대대적인 국가 행사였다. 마치 결혼식에 앞서 함이 들어갈 때처럼 법궤를 여섯 걸음 옮기면 소와 살진 양을 제물로 드리고, 모든 백성에게는 빵과 고기와 과자를 풀어서 축제를 벌이면서 요란하게 법궤를 옮긴다. 다윗은 법궤를 자신의 사유지가 된 아라우나의 타작마당에 안치한다. 성서에는 법궤를 옮긴 후 다윗이 기뻐서 모시 에봇 만을 걸치고 벌거벗은 상태로 춤을 추면서 행렬을 인도했다고 기록했다. 북부 지파의 세력을 대신해 다윗의 처가 되었던 사울의 딸 미갈은 다윗의 이런 모습을 비웃는다. 당시 이스라엘 사람 중에는 이런 다윗의 모습을 별로 곱지 않게 보는 눈길이 있었음을 암시한다.

성전 건축의 시도

이어서 다윗은 성전 건축을 시도한다. 이스라엘은 본래 장막에서 장막으로 법궤를 모시고 이동하는 성막 체제를 따랐다. 제단을 쌓을 때도 다듬지 않은 돌을 이용했다. 이스라엘은 자신의 조상들이 이집트에서 대규모 성전, 피라미드 등을 건설하는 국책 사업에 동원되었던 노예였기 때문에 대규모 건축에 소극적이었다. 사무엘하 7장에는 성전 건축에 관한 나단의 예언이 나오는데 여기에는 성전 건축을 옹호하는 입장과 반대하는 입장이 함께 등장한다. 사무엘하 7:1-3은 성전을 건축 하려는 사람들의 의견이다.

> 주님께서 사방에 있는 모든 원수에게서 다윗 왕을 안전하게 지켜 주셨으므로, 왕은 이제 자기의 왕궁에서 살게 되었다. 하루는, 왕이 예언자 나단에게 말하였다. "나는 백향목 왕궁에 사는데, 하나님의 궤는 아직도 휘장 안에 있습니다." 나단이 왕에게 말하였다. "주께서 임금님과 함께 계시니, 가셔서, 무슨 일이든지 계획하신 대로 하십시오." (사무엘하 7:1-3)

그러나 이어지는 4절 이하에는 성전 건축에 반대하는 목소리가 등장한다.

> 그러나 바로 그 날 밤에, 주님께서 나단에게 말씀하셨다. "너는 내 종 다윗에게 가서 전하여라. '나 주가 말한다. 내가 살 집을 네가 지으려고 하느냐? 그러나 나는, 이스라엘 자손을 이집드에서 데리고 올라온 날로부터 오늘에 이르기까지, 어떤 집에서도 살지 않고, 오직 장막이나 성막에 있으면서, 옮겨 다니며 지냈다. 내가 이스라엘 온 자손과 함께 옮겨 다닌 모든 곳에서, 내가 나의 백성 이스라엘을 돌보라고 명한 이스라엘 그 어느 지파에게라도, 나에게 백향목 집을 지어 주지 않은 것을 두고 말한 적이 있느냐?' (사무엘하 7:4-7)

다시 8절 이하에서는 나단의 신탁이 이어진다. 이는 성전 건축을 적극 옹호하며 다윗이 성전을 건축하여 바쳤으므로 하나님은 다윗에게 영원한 왕조를 선물로 주신다는 내용이다. 이러한 신탁은 다윗 집안을 왕조로 만드는 이데올로기로 작용한다.

> 그러므로 이제 너는 나의 종 다윗에게 전하여라. '나 만군의 주가 말한다. 양 떼를 따라다니던 너를 목장에서 데려다가, 내 백성 이스라엘의 통치자로 삼은 것은, 바로 나다. 나는, 네가 어디로 가든지, 언제나 너와 함께 있어서, 네 모든 원수를 네 앞에서 물리쳐 주었다. 나는 이제 네 이름을, 세상에서 위대한 사람들의 이름과 같이, 빛나게 해주겠다. 이제 내가 한 곳을 정하여, 거기에 내 백성 이스라엘을 심어, 그들이 자기의 땅에서 자리잡고 살면서, 다시는 옮겨 다닐 필요가 없도록 하고, 이전과 같이 악한 사람들에게 억압을 받는 일도 없도록 하겠다. 이전에, 내가 나의 백성 이스라엘에게 사사들을 세워 준 때와는 달리, 내가 너를 너의 모든 원수로부터 보호하여서, 평안히 살게 하겠다. 그뿐만 아니라, 나 주가 너의 집안을 한 왕조로 만들겠다는 것을 이제 나 주가 너에게 선언한다.(사무엘하 7:8-11)

이스라엘 민중은 성전 건축에 찬성하지 않았다. 본래 하나님은 장막에 거하시면서 문제가 있는 곳으로 직접 이동했다. 전통적으로 이스라엘의 야훼 하나님은 법궤를 따라 움직이고 법궤가 이르는 그 현장에 임재했다. 그런 하나님을 영구히 한 곳에 모시려는 시도는 이방의 풍속이었을 뿐 아니라. 현장성, 역동성을 강조한 하나님에 대한 도전이었다. 가나안 사람들은 신전을 세워 그들의 신을 그 안에 묶어 놓았다. 이스라엘의 형상 금지는 신을 형상화해 그 신상을 소유한 사람이 신의 이름으로 절대적 영향력을 행사하는 것을 방지하기 위한 이유가 컸다. 그래서 초기 이스라엘 백성은 성전 건축에 저항했다. 다윗이 계획했지만 결국 다윗은 그 뜻을 미룰 수 밖에 없었다. 그들에게 성전 건축은 하나님을 특정인의 사유지에 가둬 개인적인 소유물로 만드는 행위였다.

예언자들은 법궤를 안치하는 성소가 본래 운반할 수 있게 만들어졌다는 것을 끊임없이 상기시킨다. 그들은 왕실주도로 세우는 영구적인 성전은 전통과 단절되는 위험한 결과를 초래하리라 생각했다. 예언자들은 왕이 지배적인 역할을 하는 가나안의 풍습을 본떠서 이스라엘의 성소가 왕조만의 성소가 되는 것을 원하지 않았다.

법궤를 옮겨오고 성전 건축 계획을 완성한 다윗에게 나단은 사무엘하 7장의 신탁을 내린다. 이 구절은 다윗 왕조 신학의 마그나카르타(Magna Carta : 대헌장)라고 불리는데, 이는 다윗 왕조의 이데올로기가 되는 중요한 본문이다. 구약성서의 핵심은 '하나님과의 약속' 혹은 '하나님과의 계약'이라 말할 수 있다. 그리고 계약의 유형은 크게 모세 계약과 다윗 계약 둘로 나눌 수 있다. 다음은 두 계약을 비교한 것이다. 본문을 읽고 다음 빈칸의 괄호를 채워 보자.

유형	본문	이데올로기	왕조	책임소재	문장양식	약속의 유효성	신학의 전개
모세계약	출애굽기 19:5-6	신명기 신학, 평등공동체의 신학	북왕조	(　　)	If ~then~ 만약 ~ 한다면	조건적 (5절)	야고보의 신학
다윗계약	사무엘하 7:8-17	다윗 왕조의 신학	남왕조	하나님	nevertheless "그럼에도 불구하고"	(　　) (15~16절)	바울의 신학

땅에 묶인 야훼

가나안의 토착 종교인 바알 신앙은 풍요의 종교였다. 그들의 신은 백성들의 삶에 풍요를 약속하고 복을 내리는 신이었다. 바알이 내리는 복은 첫째 땅에 대한 복, 둘째 그 토지의 소유주가 지정한 후계자들에 대한 복, 즉 가문(집, 후손)에 대한 복이다. 바알은 땅의 소유주에게 풍요와 복을 가져올 의무는 있지만 인간에게 이런저런 요구를 할 권한은 제한된다. 인간의 소유가 모든 것의 출발점인 셈이다. 소유물이 갑이고 신의 행위는 을이다. 풍요를 추구하는 인간의 욕심은 자신에게 편리한 신을 만들어 자신에게 봉사하는 종속물로 만들었다.

다윗은 야훼를 자신의 사유지에 묶어놓아 버렸다. 야훼 하나님은 이제 가나안 토착종교의 신처럼 시온에 대한 축복(땅에 대한 축복)을 내리며, 그리고 영원히 다윗의 후손에서 왕이 나오리라는 왕권의 승계약속(가문에 대한 축복)을 하는 신이 되었다.

그러나 그의 자손이 내 법을 내버리고
내 규례를 따라서 살지 않고,
내 율례를 깨뜨리고 내 계명을 지키지 않으면,
나는 그 죄를 물어 채찍으로 치고 그 죄악을 물어 매질할 것이다.
그러나 그에게 약속한 나의 진실함은 변하지 않을 것이며
나는 내 언약을 깨뜨리지 않으며,
내 입으로 말한 것은 결코 번복하지 않는다.
내가 나의 거룩함을 두고 한 번 맹세하였는데
어찌 다윗을 속이겠느냐?
그 자손이 영원토록 이어지고

그 왕위는 내 앞에서 태양처럼 있을 것이니,
저 달처럼 구름 속에 있는 진실한 증인처럼,
영원토록 견고하게 서 있을 것이다(시편 89:30-37).

주님께서 다윗에게 맹세하셨으니,
그 맹세는 진실하여 변하지 않을 것이다.
"네 몸에서 난 자손 가운데서 한 사람을 왕으로 삼을 것이니,
그가 보좌에 앉아 네 뒤를 이을 것이다.
만일 네 자손이 나와 더불어 맺은 언약을 지키고
내가 가르친 그 법도를 지키면
그들의 자손이 대대로 네 뒤를 이어서
네 보좌에 앉을 것이다(시편132:11-12).

이 구절에서 야훼 하나님은 급기야 다윗 앞에 서서 손을 들고 맹세하며 서약을 한다. 다윗과의 약속은 하나님 자신의 '성실한 맹세'(시편 132:11)에 의해서 유지되며, 이는 왕이 하나님께 불복종하더라도 마찬가지이다. 하나님께서는 그들을 징계하기는 하지만 그의 사랑을 거두지는 않으신다. 마침내 왕은 하나님의 아들(양자)이 된다(시편 2:7; 사무엘하7:14). 그러니 왕이나 국가에 대해서 비판하는 것은 하나님에 대한 비판과 같은 행위가 되었다.

이스라엘의 왕정은 고대 근동 세계와는 다른 상황에서 등장한다. 특히 왕정을 신의 질서에 속한 본질적인 요소로 여겼던 제국들과는 판이하게 달랐다. 이스라엘의 왕권 개념은 고대근동의 개념에 대한 반발로서 출발하였으나 이제는 하나님과 왕의 관계를 묘사하는 데 '양자'라는

개념을 사용한다. 다윗의 후계자들이 왕위에 오를 때, 왕은 신의 양자로 선포되었을 것이다.(시편 2:7)

성서에는 크게 두 가지 계약유형이 나온다. 첫째는 모세 계약이다. 출애굽기 19장에 나오는 이 계약 유형은 "만약~한다면~하리라"(If~then~)이라는 조건에 따라 하나님이 움직인다. 하나님의 구원행위는 백성의 책임 준수에 따라 이루어지는 조건적인 계약이다. 하나님의 축복은 자동으로 이루어지지 않는다. 인간의 책임 준수에 따라 주어진다. 신명기 신학이 인간의 불순종은 하나님의 징벌을 가져오고, 인간의 순종은 하나님의 축복으로 이어진다는 것도 모세 계약의 유형이라 하겠다. 이것은 이스라엘의 책임을 강조하는 평등사회 전통의 신학이다. 북왕국 이스라엘은 주로 이를 따랐다.

둘째는 다윗 계약이다. 사무엘하 7장 나단의 신탁에서 보듯이 다윗 계약은 무조건적인 계약이다. 하나님은 백성이 잘못하더라도 "그럼에도 불구하고"(nevertheless) 하나님께서는 인간에 대한 사랑을 거두지 않으신다. 여기서 계약 준수에 대한 책임은 오히려 하나님에게 있다. 인간의 행위는 중요하지 않다. 오히려 하나님은 인간을 보호할 의무를 가진다. 다윗 왕조신학의 근간이 된 이 계약은 남왕국의 주요한 이데올로기로 자리 잡았다. 여기서 하나님 자신은 모든 권한을 왕에게 위임한다. 인간이 잘못하더라도 하나님은 인간의 잘못을 넘어 영원한 사랑을 베풀고 복을 내리시는 존재이다.

다윗계약, 다윗 왕조에 주신 신탁의 근거는 성전 건축에서 시작한다는 것에 유의해야 한다. 하나님은 다윗이 성전을 봉헌할 계획을 세우자 하나님께서는 그 대가로 다윗에게 왕조를 선물로 주신다.

이전에, 내가 나의 백성 이스라엘에게 사사들을 세워 준 때와는 달리, 내가 너를 너의 모든 원수로부터 보호하여서, 평안히 살게 하겠다. 그뿐만 아니라, 나 주가 너의 집안을 한 왕조로 만들겠다는 것을 이제 나 주가 너에게 선언한다. 너의 생애가 다하여서, 네가 너의 조상들과 함께 묻히면, 내가 네 몸에서 나올 자식을 후계자로 세워서, 그의 나라를 튼튼하게 하겠다. 바로 그가 나의 이름을 드러내려고 집을 지을 것이며, 나는 그의 나라의 왕위를 영원토록 튼튼하게 하여 주겠다. 나는 그의 아버지가 되고, 그는 나의 아들이 될 것이다. 그가 죄를 지으면, 사람들이 저의 자식을 매로 때리거나 채찍으로 치듯이, 나도 그를 징계하겠다. 내가, 사울에게서 나의 총애를 거두어, 나의 앞에서 물러가게 하였지만, 너의 자손에게서는 총애를 거두지 아니하겠다. 네 집과 네 나라가 내 앞에서 영원히 이어 갈 것이며, 네 왕위가 영원히 튼튼하게 서 있을 것이다.(사무엘하 7:11-16)

다윗이 하나님께 성전을 봉헌할 계획을 세우자 하나님도 이리저리 옮겨다니던 유랑시절을 접고 한 곳에 계시기로 하셨고 따라서 이리저리 유랑 신세였던 백성들도 이제는 한 왕국의 인정된 지배 아래 들어간다. 성전에 대한 댓가로 하나님은 다윗에게 영원한 왕조를 선물하셨다. 다윗이 이루지 못한 성전 건축을 마침내 솔로몬이 완성한다. 솔로몬은 성전 봉헌시에 다음과 같은 기도를 드린다.

"야훼께서는 캄캄한 구름 속에 계시겠다고 말씀하셨습니다. 이제 주님께서 계시기를 바라서, 이 웅장한 집을 지었습니다. 이 집은 주님께서 영원히 계실 곳입니다."(열왕기상 8:12,13)

성전에 거해달라고 간청하는, 혹은 강요하는 이 기도는 성전 이데올로기의 표출이다. 이스라엘의 야훼 하나님은 더 이상 사건이 일어나는 현장에서 장막을 따라 이동하지 않는다. 하나님은 성전에 머무신다. 하나님은 땅에 매여 버렸다. 따라서 이스라엘 백성은 자신의 고향을 떠나면 하나님과 떨어진다(사무엘상 26:19)고 생각하게 되었다. 나아만 장군 같이 이스라엘 땅에서 고침을 받고 본국으로 돌아갈 때 야훼를 섬기기 위해 땅의 상징인 '흙'을 가져가는 일까지 생긴다.(열왕기하 5:17)

다윗 계약 신학이 가져온 긍정적인 측면도 있다. 남쪽의 유다왕국은 영원히 다윗의 후손에서 왕이 나올 것이라는 왕조 신학 덕분에 비교적 안정적으로 정권을 유지할 수 있었다. 유다 왕국이 멸망하기까지 약 350년간, 북왕국 아합의 딸 아달리야가 잠시 정권을 잡은 시기를 제외한다면 다윗왕가는 단일왕조를 유지하였다. 반면 모세 계약의 정신을 이데올로기로 삼았던 북왕국 이스라엘에서는 끊임없이 쿠데타가 일어난다. 약 200년 동안 왕조 자체가 바뀐 것이 9번이며, 이를 통해서 모두 19명의 왕이 난립한다. 이 왕들의 통치기간이 평균 10년에 불과할 정도로 정권은 불안정했다.

그러나 예언자들은 각 왕조 정권의 안정 혹은 불안정 여부에 관계없이 민중의 삶은 똑같이 비참했다고 증언한다. 따라서 예언자들은 왕조에 대해 비판적이었다.

남왕국의 정치·지정학적 요소 또한 정권 안정화에 지대한 역할을 했다. 당시는 남방 세력인 이집트가 쇠퇴하고 북방 민족인 앗시리아, 바벨론 등이 번성하던 때였다. 그들과 국경을 접한 북왕국 이스라엘은 더 빈번히 위기를 맞았다. 반면 남왕국 유다는 북왕국 이스라엘이라는 보호막이 있어서 북방에서 일어나는 강력한 제국 세력으로부터 보다 안정적일 수 있었다.

남과 북의 다른 계약은 신약시대에 각각 다른 신학으로 발전한다. 모세 계약 신학은 "행위 없는 믿음은 죽은 믿음"이라는 야고보서의 신학으로, 다윗 계약 신학은 "구원은 행위에서 난 것이 아니라"는 절대적 은총을 강조하는 바울의 신학으로 나타난다. 두 가지 계약 신학이 구약에서도 중요한 신학이듯이 이는 신약시대에도 중요한 신학적 맥으로 자리잡는다.

*성전과 성전 제사에 대한 예언자들의 부정적 견해를 살펴보고 그 이유에 대해 이야기해 보자.(호세아 6:4-7, 예레미야 7:4-15).

성전 중심의 분단 이데올로기

본래 이스라엘의 야훼 하나님은 이동식 장막에 거하며 일정한 장소에 묶이지 않는 신이었으므로 다윗의 성전 건축은 이스라엘 전통을 위배하는 것이있다. 다윗이 성전 건축의 뜻을 이루지 못한 데에는 뿌리 깊은 이스라엘 전통의 힘이 있었을 것이다. 이스라엘 평등공동체의 전통을 이어 왕이 된 북왕국의 여로보암도 남유다를 견제하려는 목적으로 예루살렘이 아닌 베델과 단에 성전 건축을 시도하였다.

그런데 이 시도는 오히려 예루살렘 성전을 인정하고 남왕국에 종교적 정통성을 양도하는 결과를 가져왔다. 예루살렘 성전은 먼저 건설되었고 더군다나 초기 평등사회의 종교적 상징인 법궤를 소유하고 있어서 뒤늦게 세워진 북왕국의 성전보다는 정통성을 갖는데 유리했다. 한편 백성들은 예루살렘 성전으로 절기마다 순례했다. 그들은 성전 앞에서 감격에 찬 목소리로 "이것이 '하나님의 성전(The Temple of the Lord)'이다"라고 만족하며 반복해서 외쳐대었다.(예레미야 7:4) 그러나 사실상 신앙 내용에서는 야훼가 '성전의 하나님(the Lord of the Temple)'이 되어 버렸다. 그러는 동안 폴 핸슨이 지적한대로 그들의 본래 신앙이었던 정의, 자비, 의에 대한 야훼의 명령은 쉽게 잊혀졌다. 오히려 거짓말, 도둑질, 살육, 우상숭배가 넘쳐나는 성전으로 바뀌었다.(예레미야 7:8-10)[3] 이에 예레미야는 백성들이 불순종하는 모습을 강하게 질타하며(예레미야 7:16-20) 온 나라가 황무지로 바뀔 것이라고 경고했다.

> '이것이 주의 성전이다, 주의 성전이다, 주의 성전이다' 하고 속이는 말을, 너희는 의지하지 말아라. 너희가, 모든 생활과 행실을 참으로 바르게 고치고, 참으로 이웃끼리 서로 정직하게 살면서, 나그네와 고아와 과부를 억압하지 않고, 이곳에서 죄 없는 사람을 살해하지 않고, 다른 신들을 섬겨 스스로 재앙을 불러들이지 않으면, 내가 너희 조상에게 영원무궁 하도록 준 이 땅, 바로 이곳에서 너희가 머물러 살도록 하겠다. 그런데도 너희는 지금 전혀 무익한 거짓말을 의지하고 있다. 너희는 모두 도둑질을 하고, 사람을 죽이고, 음행을 하고, 거짓으로 맹세를 하고, 바알에게 분향을 하고, 너희가 알지 못하는 다른 신들을 섬긴다. 너희는 이처럼 내가 미워하는 일만 저지르고서도, 내 이름으로 불리는 이 성전으로 들어와서, 내 앞에 서서 '우리는 안전하다' 하고 말한다. 너희는 그런 역겨운 모든 일들을 또 되풀이하고 싶어서 그렇게 말한다. 그래, 내 이름으로 불리는 이 성전이, 너희의 눈에는 도둑들이 숨는 곳으로 보이느냐? 여기에서 벌어진 온갖 악을 나도 똑똑히 다 보았다. 나 주

3) Paul D. Hanson, *The People Called: The Growth of Community in the Bible*, San Francisco: Harper & Row, 1986, 204.

의 말이다. 너희는 내가 처음으로 내 이름을 두었던 실로에 있는 내 처소로 가서, 내 백성 이스라엘의 죄악 때문에, 내가 그 곳을 어떻게 하였는지 보아라. 너희가 온갖 죄를 지었으므로, 내가 너희에게 서둘러서 경고하였으나, 너희는 듣지 않았다. 내가 불렀으나, 너희는 대답도 하지 않았다. 나 주의 말이다. 그러므로 내가 실로에서 한 것과 똑같이, 내 이름으로 불리며 너희가 의지하는 이 성전, 곧 내가 너희와 너희 조상에게 준 이 장소에, 내가 똑같이 하겠다. 내가 너희의 모든 형제, 곧 에브라임 자손 모두를 내 앞에서 쫓아 버렸던 것과 똑같이, 너희도 내 앞에서 멀리 쫓아 버리겠다." (예레미야 7:4-15)

남북 왕국이 각기 정통성을 주장하면서 성전의 정통성 문제는 점차 서로를 적대시하는 분단 이데올로기로 굳어져 갔다. 예루살렘 주민은 북왕국이 유일성전인 예루살렘 성전을 부정하면서 금송아지를 섬긴다고 비난하였다. 남왕국 사람들은 북이스라엘을 우상을 섬기는 민족이라고 멸시하였다. 북왕국은 북왕국대로 남왕국을 비난했다. 예루살렘은 가나안 족인 여부스 족의 근거지로 가나안의 신이 모셔졌던 곳이었다. 그러나 북왕국은 야곱 이래 전통적인 성지로 내려오는 베델과 단에 성전을 세웠다며 자신들의 정통성을 내세웠다. 이렇게 성소는 남북이 서로를 비난하는 근원지가 되었고 민족 분단의 구실이며 분단 정권의 정치적 사리사욕을 숨기는 명분이었다.

남북 왕국은 각각 자신들의 성전을 중심으로 하는 분단 이데올로기를 형성하였고 이것은 상호간의 적개심으로 발전하였다. 왕국의 정통성을 확보하려는 거짓 종교인들에 의해 지역적 적개심은 종교화 되었고 신앙이 되어버렸다. 증오와 미움은 야훼 신앙의 순수성을 지킨다는 허울 좋은 가면을 쓰고 신앙이 되면서 풀기 어려운 지역감정으로 공동체 안에 깊이 자리 잡았다. 그 결과 두 왕국이 망해버린 뒤 오랜 세월이 흘러서 까지도 서로에 대한 적개심은 지역간의 깊은 혐오로 이어졌다.

남왕국의 왕족과 귀족들이 바벨론 포로생활을 마치고 본토로 돌아왔을 때, 이 귀환 세력은 이스라엘 영토에 자리 잡고 있던 사마리아(북왕국의 수도)출신 세력과 대립한다. 이들의 갈등은 매우 심각해서 성전 재건의 헤게모니를 두고 갈등을 빚다가 성전건축이 중단되는 사태를 빚기도 했다. 반목과 분단의 뿌리는 나라가 망해도 수그러들 줄 몰랐다.

이러한 불행한 분단 이데올로기는 신약시대까지 이어졌다. 유다 지방(남왕국의 수도였던 예루살렘을 중심한 지역)에서는 사마리아 지방(북왕국의 수도를 중심한 지역)을 멸시하고 상종도 하지 않았다. 신약시대에 이스라엘은 유다, 사마리아, 갈릴리의 세 지역으로 나뉘어져 있었다. 유대인들은 지리적으로 멀리 떨어진 갈릴리와는 소통하면서 가까이에 있는 사마리아 사람들과는 원수처럼 지냈다. 북이스라엘과 남유다가 멸망한 지 각각 750년, 600년이 지났는데도 서로에 대한 적개심과 증오는 후손들에게 그대로 이어져 그들의 의식 깊은 곳에 혐오로 자리 잡았다.

> 예수께서 하늘에 올라가실 날이 찼다. 그래서 예수께서는 스스로 예루살렘에 가시기로 마음을 굳히셨다. 그는 심부름꾼들을 앞서 보내셨는데, 그들이 가서 예수를 모실 준비를 하려고, 사마리아 사람의 한 마을에 들어갔다. 그러나 그 마을 사람들은, 예수께서 예루살렘으로 가시는 도중이므로, 예수를 맞아들이려 하지 않았다. 그래서 제자인 야고보와 요한이 이것을 보고 말하기를 "주님, 불이 하늘에서 내려와 그들을 태워 버리라고 우리가 명령하면

어떻겠습니까?" 하였다. 예수께서 돌아서서 그들을 꾸짖으셨다. 그리고 그들은 다른 마을로 갔다. (누가 9:51-56)

이방인을 환대하는 것은 그들에게 오래된 의무였다. 그러나 유다와 사마리아의 적대 관계는 이를 넘어섰다. 예수 일행이 갈릴리에서 예루살렘으로 가실 때의 이야기이다. 사마리아 지역은 갈릴리에서 예루살렘의 중간에 위치하기 때문에 일행은 당연히 사마리아 지역을 통과할 수밖에 없다. 그러나 사마리아 사람들은 일행이 예루살렘으로 간다는 이유만으로 그들을 맞아들이지 않았다. 예수일행이 역방향으로 여행할 때의 일이다.

유대를 떠나, 다시 갈릴리로 가기로 하셨다. 그렇게 하려면, 사마리아를 거쳐서 가실 수밖에 없었다. 예수께서 사마리아에 있는 수가라는 동네에 이르셨다. 이 동네는 야곱이 아들 요셉에게 준 땅에서 가까운 곳이며, 야곱의 우물이 거기에 있었다. 예수께서 길을 가시다가, 피로하여 우물가에 앉으셨다. 정오쯤이었다. 사마리아 여자 하나가 물을 길으러 나왔다. 예수께서 그 여자에게 물을 좀 달라고 말씀하셨다. 제자들은 먹을 것을 사러 동네에 들어가서, 그 자리에 없었다. 사마리아 여자가 예수께 말하기를 "선생님은 유대 사람인데, 어떻게 사마리아 여자인 나에게 물을 달라고 하십니까?" 하였다. (유대 사람은 사마리아 사람과 상종하지 않기 때문이다.)…(중략)… 여자가 말하기를 "선생님, 내가 보니, 선생님은 예언자이십니다. 우리 조상은 이 산 위에서 예배를 드렸는데, 선생님네 사람들은 예배드려야 할 곳이 예루살렘에 있다고 합니다" 하였다. 예수께서 말씀하셨다. "여자여, 나의 말을 믿어라. 너희가 이 산 위에서도 아니고 예루살렘에서도 아닌 데서 너희가 아버지

께 예배를 드릴 때가 올 것이다."(요한 4:3-21 중에서)

사마리아인들이 가진 적개심은 예수님이 사마리아 여인과 우물가에서 나눈 대화에서도 잘 드러난다. 그 장면에서 비로소 예수를 알아본 여인이 처음 하는 질문은 다음과 같았다. "우리 조상은 이 산에서 예배 드렸는데, 선생님네 사람들은 예배 드려야 할 곳이 예루살렘에 있다고 합니다." 여인은 자신의 개인생활이 드러나고 실존 문제에 직면한 절박한 상황이었다. 그런 상황에서 여인은 자신의 처지와는 매우 동떨어진 질문을 던지는 것처럼 보인다. 적어도 예언자이심을 알아본 뒤의 첫 질문 치고는 말이다. 하지만 이 질문은 여인의 실존적 상황과 동떨어진 질문만은 아니다. 예수께서 활동하던 때까지도 여전히 성전을 중심한 분단 이데올로기는 존재하고 있었다. 삶의 굴곡에 찌들대로 찌든 한 민중에게도 서로의 적개심을 키워가는 근원지로서의 성전 이데올로기가 강하게 작용하고 있는 것이다. 여인은 오래된 역사의 숙제를 첫 과제로 물었고 예수는 이렇게 대답한다. "여자여 내 말을 믿어라. 너희가 아버지께 이 산에서 예배를 드려야 한다거나, 예루살렘에서 예배를 드려야 한다거나, 하지 않을 때가 올 것이다."(요한 4:21). "참되게 예배를 드리는 사람들이 영과 진리로 아버지께 예배를 드릴 때가 온다."(요한 4:23)고 하신다.

체제 유지를 위한 배타성이 종교의 옷을 입고 신앙이 될 때 얼마나 거대하고 깊은 혐오가 되는지 잘 말해준다. 그리고 성서가 전하는 이 반복의 역사는 오늘 날 분열된 민족으로 살아가는 그리스도인에게 더 큰 울림을 준다. 교회는 "하나님과 이웃을 사랑하라"라는 예수의 가르침을 무엇보다 앞서는 삶의 과제로 여기는 공동체다. 그런데 실제 그리스도인들은 사랑과 거리가 먼 행보를 할 때가 많다. 특별히 남과 북으로 나뉜 땅에서 북한에 대한 증오와 적개심은 교회 밖보다 교회 안에서 더 깊고 크다. 공산주의자들을 철저히 반대하고, 멸망시켜 버려야 한다며 적대감을 신앙화한다. 드러내놓고 북한을 궁극의 악이며 '적그리스도'라고 비난하기도 한다. 이 깊은 배타심에 의해 사랑의 자리를 잃어버린 이들에게 예수께서 하신 말씀을 상기해야 한다. "예배드리는 자리가 어디인지는 중요한 게 아니다. 너희들의 깊은 혐오는 아무것도 아니다. 그것은 본질이 아니며 진짜가 아니다. 때가 되면 모두가 비 본질을 넘어서 영으로 예배를 드릴 수 있을 것이다."

이스라엘의 예언자들은 이러한 분단 이데올로기를 꿰뚫어 보았다. 그들은 남왕국 출신이든지 북왕국 출신이든지 자기들이 속한 집단의 이데올로기를 초월하였다. 어느 한쪽 편을 일방적으로 들지 않고 남북 왕국 모두의 모순을 신랄하게 비판하고 있다.

> 에브라임이 죄를 용서받으려고 제단을 만들면 만들수록, 늘어난 제단에서 더욱더 죄가 늘어난다. 수만 가지 율법을 써 주었으나, 자기들과는 아무런 관계도 없는 것처럼 여겼다. 희생제물을 좋아하여 짐승을 잡아서 제물로 바치지만, 그들이 참으로 좋아하는 것은 먹는 고기일 따름이다. 그러니 나 주가 어찌 그들과 더불어 기뻐하겠느냐? 이제 그들의 죄악을 기억하고, 그들의 허물을 벌하여서, 그들을 이집트로 다시 돌려보내겠다. 이스라엘이 궁궐들을 지었지만, 자기들을 지은 창조주를 잊었다. 유다 백성이 견고한 성읍들을 많이 세웠으나, 내가 불을 지르겠다. 궁궐들과 성읍들이 모두 불에 탈 것이다. (호세아 8:11-14)

에브라임은 북왕국을 대표하는 지파이며 호세아는 북왕국 예언자다. 예언자는 자기가 속한 나라를 비판한다. 문익환 목사가 방북하자 보수언론은 일제히 비판을 쏟아내며 문목사가 우리 정부는 비판하면서 북을 비판하는 것을 들은 적이 없다고 "망상증 환자"니 "빨갱이"니 하는 비판을 퍼부었다. 이데올로기 비판은 자기를 향할 때 의미있다. 상대를 비판하는 것은 쉬운 일이고 그 집단 누구나 하는 것이다. 이스라엘의 예언자들은 자기비판에 철저했다.

> 너희는 망한다! 시온이 안전하다고 생각하고 거기에서 사는 자들아, 사마리아의 요새만 믿고서 안심하고 사는 자들아, 이스라엘 가문이 의지하는 으뜸가는 나라, 이스라엘의 고귀한 지도자들아!(아모스 6:1)

> 내가 이스라엘의 죄를 징벌하는 날, 베델의 제단들도 징벌하겠다. 그 때에 제단의 뿔들을 꺾어, 땅에 떨어뜨리겠다.(아모스 3:14)

특히 이들은 희생제를 중심으로 한 성전 이데올로기의 역기능을 간파하였다. 자기 백성이 하나님께 나아가는데 오히려 성전이 걸림돌이 되고 있는 것을 보았다. 성전 체제가 공고해 질수록 제사장들은 늘어나고 종교 지도자들은 배부르겠으나 그로인해 이스라엘과 유다는 망하게 될 것을 예언한다. 예언자들은 누누이 본래 이스라엘의 신앙으로 돌아가 사랑, 정의, 자비, 의에 대한 야훼의 명령을 지켜 나갈 것을 강조한다.

"에브라임[4]아, 내가 너를 어떻게 하면 좋겠느냐? 유다[5]야, 내가 너를 어떻게 하면 좋겠느냐? 나를 사랑하는 너희의 마음은 아침 안개와 같고, 덧없이 사라지는 이슬과 같구나. 그래서 내가 예언자들을 보내어 너희를 산산조각나게 하였으며, 나의 입에서 나오는 모든 말로 너희를 죽였고, 나의 심판이 너희 위에서 번개처럼 빛났다. 내가 바라는 것은 변함없는 사랑이지, 제사가 아니다. 불살라 바치는 제사보다는 너희가 나 하나님을 알기를 더 바란다. 그런데 이 백성은 아담처럼 언약을 어기고 나를 배반하였다. (호세아 6:4-7)

4) 북왕국을 대표하는 지파로 북왕국을 일컫는다
5) 남왕국

생각나누기

한국 사회에서 분단 이데올로기를 악용하는 사례를 생각해보자. 대한민국 건국 과정에서 800여 건의 민간인 학살이 있었고, 이를 통해서 약 백만 명 정도가 학살되었다. 한국 전쟁에서 전투로 죽은 사람보다 미군 폭격과 경찰, 군인, 우익단체에 의해 죽임을 당한 숫자가 더 많았다. 그 중에는 두 달 동안 삼십만 명을 학살한 보도 연맹 사건도 있었다. 우리 안의 어떤 광기가 자기 민족을 이렇게 죽이게 했을까. 우리는 이 깊은 집단적 증오를 어떻게 넘어설 수 있을까에 대해 이야기해보자.

광기의 시대는 가고

> 에브라임아, 내가 너를 어떻게 하면 좋겠느냐? 유다야, 내가 너를 어떻게 하면 좋겠느냐? 나를 사랑하는 너희의 마음은 아침 안개와 같고, 덧없이 사라지는 이슬과 같구나. 그래서 내가 예언자들을 보내어 너희를 산산조각나게 하였으며, 나의 입에서 나오는 모든 말로 너희를 죽였고, 나의 심판이 너희 위에서 번개처럼 빛났다. 내가 바라는 것은 변함없는 사랑이지, 제사가 아니다. 불살라 바치는 제사보다는 너희가 나 하나님을 알기를 더 바란다. 그런데 이 백성은 아담처럼 언약을 어기고 나를 배반하였다. (호세아 6:4-7)

어렸을 적 초등학교에 들어간 나는 학교에서 시키는 대로 뜻 모를 단어를 가슴에 붙이고 다녔다. 그 시절 코찔찔이였던 나의 가슴에 달린 명

표에 써 있던 단어는 '반공', 혹은 '멸공'이었다. 나는 어른들이 '공'을 좋아한다고 느꼈다. 해마다 열리는 반공 글짓기, 반공 포스터 대회에서는 북한을 가급적 악마나 지옥으로 그리면 칭찬과 높은 점수를 받았다. 도덕 과목에서 점수 따기란 그야말로 땅 짚고 헤엄치기였다.

그러던 어느 날 나는 그토록 미워해야 한다고 배워 온 존재가 나와 같은 동족이라는 걸 알았다. 내 증오심과 적대행위가 나의 경험을 통해 마음속에서 저절로 생긴 게 아니라 외부에서 주입받은 것이었다. 누군가를 사랑하는 법도 기계적으로 배울 수 없는 것인데, 하물며 증오와 적대감이 밖으로부터 주입되다니! 나 뿐 아니라 이 땅의 많은 사람들이 어려서부터 내 마음에서 나오지 않은 증오와 적대를 학습하며 살아왔다.[6) 우리는 자신의 의지와 상관없이 그저 땅에 던져진다. 누가 북에 태어나고 싶어 북조선 사람이 되고, 누가 남에 태어나고 싶어 대한민국 사람이 되었는가? 그런데 다른 땅에서 태어났다는 이유만으로 서로 원수가 되는 교육을 받고 증오하며 살아야 하는 현실이 가슴 아프다.

그 사회의 경제 체제가 무엇이건 그것은 인간이 더 나은 삶을 살기 위해 만든 시스템일 뿐이다. 그것이 애증의 대상이 될 수는 없다. 어떤 체제를 선호할 수는 있지만 그 자체에 지나치게 애착을 가질 필요는 없다. 체제를 지키기 위해 인간을 희생시킬 필요도, 증오할 까닭도 없다. 자본주의 체제이건 사회주의 체제이건, 체제는 단지 평가하고 고쳐나가야 할 대상이지 적대와 증오의 대상이 아니다. 더군다나 지금은 체제들이 변화하고 융합하면서 자기 안의 모순을 개선해 나가는 시기다. 그런데 유독 남한과 북한은 시장경제 수호, 혹은 사회주의 고수를 외치며 자신의 체제에 대해 절대적인 신봉을 한다.

---

6) LA 향린교회 곽건용 목사의 설교 중에서.

2016년 겨울 대한민국은 광장의 촛불로 뜨거웠다. 그리고 광장 한 쪽에서는 이 촛불에 맞서는 일명 '태극기 집회'를 여는 이들도 있었다. 집회에 참가한 이들이 하나같이 태극기를 들고 있었기에 '태극기 집회'라 통칭하지만 내용은 과격한 폭력성마저 동반한 극우 집회였다. 주로 60대 이상의 노인들로 구성된 이들은 "탄핵 반대"와 더불이 이런 구호도 목청껏 외쳤다.

"대한민국 국가해체 속도내는 종북, 반미, 친중세력 타도하자."
"민주, 법치주의의 위대한 순교자 박근혜 대통령 석방하라"
"트럼프의 북한 노예해방 전쟁을 지지한다."
"촛불은 인민, 태극기는 국민"

아이러니의 극치나. 그들에게 민주란 그저 '불순세력을 미워하는 우리 편'이고 전쟁을 해서 다 죽더라도 북은 박멸의 대상이다. 그들은 그저 민주주의에 대한 대중적 동의를 이용하여 배제와 혐오를 드러낼 뿐이다. 그들은 자신들이 좌익세력, 불순주의자, 빨갱이라 부르는 그들 눈 앞의 수많은 시민들이 바로 민주주의를 염원하는 자들이라는 사실을 알지 못한다.

우리사회는 공산주의자도 빨갱이지만 사회주의자도 빨갱이며, 진보주의자도 빨갱이며, 미국에 비판적이어도 또한 빨갱이다. 그리고 이상주의자도 휴머니스트도 또한 빨갱이가 될 수 있는 곳이 한국이다. 극우에게는 극우가 아닌 모든 자가 좌익이다. 한국에서는 모든 사람이 좌익 빨갱이가 될 수 있다. 침묵하지 않을 때 말이다. 그러므로 극우가 아닌

사람들은 모두 빨갱이가 되어야 하는 곳이 바로 한국이다.[7)]

좌익, 혹은 종북 세력이란 우리나라에서 금기시 되는 말이었다. 그저 사상이나 정책을 선택하는 데 있어서 급진적인 집단인가 온건한 집단인가를 지칭하지 않는다. 한 언어가 지니는 의미에는 그 언어를 쓰는 사람들의 역사가 담겨 있다. 우리 역사에서 좌익 세력은 남한 사회를 전복시키려는 간첩 일당이었으며, 온 세상이 손가락질하는 불순하고 위험하며 더러운 존재, 세상에서 격리되어야 할 범죄자였다. 이 집단 무의식을 강화시킨 우리 사회의 경험은 간첩이나 빨갱이로 몰려 끌려간 이웃과 가족의 억울한 죽음이었을 것이다. 공포는 두 방향에서 나왔다. 그들이 우리 사회를 뒤집을 위험한 존재라는 사회와 권력자들의 의도된 목소리, 다른 하나는 '나는 그들처럼 죽지도, 사회에서 격리되고 싶지 않다'는 두려움.

집단 무의식에 깊이 자리 잡은 반공주의는 생각과 사상의 영역을 소탕의 대상으로 삼는다. 모든 비판적인 생각을 불순한 좌익 세력의 것으로 연결하는 일종의 반공주의 회로가 만들어진다. 크게는 국가, 작게는 한 개인이 속한 조직과 공동체 속에서 문제에 대한 모든 비판을 차단함으로 내부의 모순을 은폐한다. 개혁을 원하는 목소리를 비판하는 강력한 목소리로 효과를 발휘한다. 이런 집단의 의식은 참으로 강력해서 사람들은 스스로 자기 자신을 검열하고 입을 닫게 하며 서로를 의심하고 감시한다. 이런 싸이클 속에서 민주주의의 씨앗은 싹도 피기 전에 말라버린다. 또한 내면화된 일상적 사유체계는 아주 오랜 시간 사회를 지배한다.[8)]

---

7) 홍세화, 『나는 빠리의 택시 운전사』중에서

8) 권혁범, "반공주의 회로판 읽기", 『당대비평 제8호』1999년 가을호 46-78쪽.

반공주의는 인간을 이분법으로 나누고, 자기와 다른 모든 사람들을 반대하고 비방하는 함정에 빠지게 한다. 우리는 걸핏하면 "저런, 빨갱이 같은 놈이!"라는 욕을 한다. 이러한 반북 반공주의는 남북한이 통일을 함으로써 사라질 수 있겠지만, 그것이 내면화된 우리의 일상적 사유체계는 천만년 가는 민족의 정신적 특질로 남게 될까 두렵다.

우리 민족이 어떻게 통일이 이루어지게 될까? 어떤 체제로 통일이 되고, 주변 강대국의 동향이 어떻게 되고 하는 것은 과학적으로 고려되어야 하는 중요한 문제이지만 그것이 통일에 있어서 결정적인 문제는 아니다. 문제는 그 제도와 체제를 운용할 사람이 정신병 환자라면 아무리 그 체제가 완벽하다고 해도 아무 소용이 없기 때문이다. 아마 남북한을 통틀어 국민의 반수 이상이 정신질환에서 해방될 때 비로소 바람직한 통일을 이룰 수 있지 않겠는가?

통일운동은 멀리 있는 것이 아니다. 우리 주변에서 이 정신병을 치유해 가는 일이 바로 우리가 가깝게 할 수 있는 통일운동이다. 먼저 치유된 사람들이 다른 사람들의 치유를 돕는 일은 매우 중요한 통일운동이다. 그런데 이런 반공주의와 일명 '좌파'에 대한 혐오는 몇몇 대형 교회 안에서 더 높고 완강하다. 한국 개신교의 보수주의가 반공주의를 극렬하게 공격한 역사는 생각보다 참혹하고 깊다. 그러나 무엇보다 보수교회의 반공주의는 뿌리 깊은 혐오의 자리다. 그것은 그들이 사랑하는 성서의 자리도, 신앙의 자리도 아니다. 그들의 혐오는 두려움과 공포, 그리고 거기에서 나온 광기가 만들어 낸 결과물이다.

그러나 잊지 말아야 할 것이 있다. 그들의 목소리 또한 '교회'안의 목소리라는 사실이다. 그들은 우리 안의 무엇이다. 그들의 비난으로 핍박받고 상처받은 사람들이 있다면 사과해야 할 것은 그들이기도 하지만,

우리이기도 하다. 한 점 어둠이라 해도 완전히 몰아내기까지는 우리 안에 있는 것이다. 따라서 교회와 그리스도인은 자기 밖의 거칠고 강한 집단적 공산주의를 직시하는 한 편, 자기 안의 깊고 미묘한 배제와 혐오, 무의식적 검열과도 부단히 만나야 한다. 직시하지 않으면 그것을 뛰어넘을 길이 없기 때문이다.

이렇게 강하고 깊은 내면의 배제와 혐오를 넘어서기 위해 통일은 우리에게 외면할 수 없는 과제다. 갈라져서 살아온 세월이 너무도 길어 문화, 체제, 사상 모든 면에서 시간이 많이 필요하겠지만, 통일이 우리에게 주는 선물은 단순히 국경의 확장이나 단일민족 국가 확립, 혹은 경제력 강화 등으로 말하기에는 부족하다. 한 공동체가 역사의 오랜 증오를 넘어선다는 것, 갈등에서 화해로 돌아선다는 것은 한 인간의 의식에 더할 나위 없이 소중한 가치를 경험하게 해 줄 것이다. 한 개인이 자기 안의 장벽을 허무는 것과 사회가 장벽을 허무는 것은 동시에 일어나야 마땅한 일이다. 체제 변화와 개인의 변화는 상호작용을 일으킨다.

오늘 함께 나눈 호세아서 6장은 북왕국이 멸망할 때 호세아 예언자가 전한 하나님의 말씀이다. 남왕국과 북왕국은 서로 진쟁을 벌였고 북왕국은 멸망을 눈앞에 두고 있다. 본문의 바로 앞에 있는 1-3절은 백성들의 회개, 혹은 예언자의 회개 권면에 관한 구절이다. 멸망을 목전에 둔 이스라엘 백성은 "이제 주께로 돌아가자. 주께서 우리를 찢으셨으나 다시 싸매어 주시고, 우리에게 상처를 내셨으나 다시 아물게 하신다."고 했지만, 이어지는 4절에서 하나님은 "나를 사랑하는 너희의 마음은 아침 안개와 같고, 덧없이 사라지는 이슬과 같구나."라고 한탄하신다. 회개는 하나님께 닿지 않았다. 그들은 자신들의 증오의 자리에서 완전히 하나님께로 돌아서지 못했다. 이 멸망을 바라보며 하나님은 "내가 원하는 것은 제사가 아니라 사랑"이라고 강조하신다. 하나님이 "너희가 나를 배반했다"고 한탄하시는 이유는 이스라엘 백성이 제사를 드리지 않았기 때문이 아니라 사랑이 없기 때문이다. 그러니 우리는 이 깊은 증오의 길에서 함께 돌아서야 한다.

10
남북 왕국의 분쟁사와 통일을 위한 노력

이스라엘은 남과 북으로 분단된 뒤 200여년간 싸우며 서로의 힘을 낭비했다. 갈라진 두 왕국은 대치상태에서 경쟁적으로 외세를 불러들였다. 결국 남과 북의 두 왕국은 모두 외세에 의해 비참한 멸망을 당하는 비극의 역사를 맞이한다.

르호보암에 의한 강제복귀 노력

남왕국과 북왕국의 첫 번째 충돌은 분단 직후에 일어났다. 남왕국의 르호보암(B.C 926-910년)은 부역을 경감시켜달라는 북왕국 장로들의 요구를 거절한 채, 북쪽 지역에 부역 감독관 아도니람을 파송했다.(열왕기상 12:18) 그러나 북쪽 지역 사람들은 그 감독관을 돌로 쳐 죽인 뒤 여로보암을 왕으로 세워 독립을 선언했다.

> 르호보암이 예루살렘에 이르러서, 온 유다의 가문과 베냐민 지파에 동원령을 내려, 정병 십팔만 명을 선발하였다. 그래서 이스라엘 가문과 싸워서, 왕

> 국을 다시 솔로몬의 아들 르호보암에게 돌리려고 하였다. 그러나 그 때에 하나님께서 하나님의 사람 스마야에게 말씀하셨다. "너는 유다 왕 솔로몬의 아들 르호보암과, 유다와 베냐민의 모든 가문과, 그 밖에 나머지 모든 백성에게, 이 말을 전하여라. '나 주가 말한다. 일이 이렇게 된 것은, 내가 시킨 것이다. 너희는 올라가지 말아라. 너희의 동족인 이스라엘 자손과 싸우지 말고, 저마다 자기 집으로 돌아가거라.'" 그들은 이러한 주의 말씀을 듣고, 주의 말씀에 순종하여 모두 귀향하였다.(열왕기상 12:21-24)

르호보암은 선대왕인 솔로몬의 부와 군대 조직을 이용하여 북왕국을 강제 복귀시키려 했다. 르호보암은 유다와 베냐민에 총동원령을 내리고 정병 십팔만 명을 소집했다. 그런데 예언자 스마야가 나서서 유다 사람들에게 외친다. "일이 이렇게 된 것(남북 분단)은, 내(야훼)가 시킨 것이다. 너희는 올라가지 말아라. 너희의 동족인 이스라엘 자손과 싸우지 말고, 저마다 자기 집으로 돌아가거라."(열왕기상 12:24) 이 말을 들은 백성들은 흩어졌다. 스마야는 남왕국에서 핵심적 역할을 하는 예언자였는데도, 왕국의 분열을 하나님의 뜻이라고 선포했다. 이 선포는 군대를 동원해 북쪽 지파들의 반란을 제압하려던 르호보담의 뜻과는 거리가 먼 것이었다.

남쪽 지파들에 비해 북쪽 지파들이 절대 다수였으므로 르호보암은 이들이 체제를 갖추기 전에 무력을 행사하려고 했다. 비록 수는 적었으나 남왕국에는 다윗-솔로몬으로부터 물려받은 부와 잘 조직된 군대가 있었다. 아무런 체계도 갖추지 못한 북왕국 쯤이야 가볍게 제압할 수 있는 기회였다. 전략적으로 생각하면 절호의 찬스다. 열 개의 지파와 넓은 영토를 소유한 북왕국이 힘을 정비한다면 유다와 베냐민 두 지파에 불과한 남왕국에는 벅찬 상대가 되고 말 것이었다. 남왕국 르호보암은 이 상황을 예상하고 있었기 때문에 초기에 북왕국을 점령하려는 계획을 세웠다.

르호보암은 "저들이 갈라져 나간 것은 하나님을 배반한 것이다"라는 명분으로 군대를 동원하였을 것이다. 반면에 북쪽 지파들은 "나라가 갈라지는 것이 야훼 하나님의 뜻이다"라며 북왕국을 창건했다. 솔로몬에서 르호보암으로 이어지는 학정이 극에 달해 더 이상 이들과 함께 할 수 없다고 생각한 것이다. 이 와중에 남왕국의 예언자 스마야가 북왕국의 주장을 그대로 반영한 것이다.

결국 르호보암의 노력은 좌절됐다. 예언자의 말 한마디에 십팔 만 명의 군대가 모두 흩어졌다는 것은 무슨 의미일까. 왕의 명령에 소집되기는 했으나 군중의 밑바닥 심리는 북쪽 사람들이 갈라져 나간 이유에 일리가 있다고 생각한 듯하다. 스마야를 비롯한 예언자들은 북이스라엘이든 남 유다든 자기가 속한 집단의 이데올로기에 좌우되지 않았다. 그들은 민족전체를 하나의 공동체로 보고 목소리를 내었다. 예언자들은 남과 북의 경계에 연연하지 않았나. 북 왕국을 시작한 왕 여로보암에게 남 왕국 출신의 예언자들이 가서 예언한다든가, 남 왕국 출신의 농민 아모스가 북 왕국에 가서 예언을 하는 것이 그 좋은 예다.

그러나 왕정은 달랐다. 이들은 두 왕국으로 분열된 초기부터 크고 작은 분쟁이 끊이지 않았다. 왕들에게는 남과 북의 구분이 분명했고 서로 왕래하는 것을 꺼려했다. 분단왕국에서 권력을 잡은 이들에게는 분단 자체가 자신의 권력을 유지하는 틀이었다. 분단을 인정하지 않는 예언자들의 행위는 남북왕조 모두에게 가시와 같이 여겨졌다.

르호보암 5년에 여로보암은 자신이 망명했을 때 신세를 진 이집트 왕

시삭에게 남왕국을 치도록 원군을 청한 듯하다. 이에 시삭은 유다를 침공했는데, 그는 예루살렘 침공에만 그치지 않고 에돔을 비롯해 원군을 청한 여로보암의 영토까지 침입해 팔레스타인 전역을 유린하고 황폐케 했다. 시삭의 강력한 군대는 이스라엘과 유다 두 왕국을 모두 무너뜨렸다. 다행이었던 것은 그의 군대가 이집트 국내의 사정으로 오래 머물지 않고 철수했다는 사실이다. 그러나 열왕기상에 기록된 바에 의하면 르호보암과 여로보암이 살아있는 동안에, 그들 사이에는 늘 전쟁이 있었다.(열왕기상 14:30)

또 여로보암은 르호보암의 아들인 아비야와도 전쟁을 치렀다.(열왕기상 15:7) 역대기하 13장은 이 전쟁의 과정을 자세히 언급하는데, 아비야는 베델을 포함한 그 일대 지역을 점령했다.(역대기하 13:19) 신명기 역사가는 "아비야는 그의 아버지가 지은 죄를 모두 그대로 따라 갔으며"(열왕기상 15:3)라고 평가한다. 시삭이 일으킨 침략의 파괴적 결과 때문에 이스라엘과 유다는 재정이 고갈된 상태였다. 따라서 계속되는 남과 북의 소모전에서 누구도 상대에 대해서 명백한 군사적 승리를 거둘 수 없었다. 또한 주변국에 영토를 내어줌으로 남북으로 뻗어있는 교역 통로들도 이미 어느 누구의 독점물이 아니었고, 남북왕국의 분리로 인해 자유로운 통상은 더더욱 어려웠다. 이전에 솔로몬이 착수했던 사업들도 대부분 무너졌다. 이로 인해 이스라엘 경제는 극심한 손해를 입었다.[1)]

1) J. Bright, 『이스라엘의 역사』 상권, 김윤주 옮김, 1978, 분도출판사, 365쪽.

바아사와 아사의 충돌

두 번째 남북의 충돌은 아비야를 이어 남왕국의 세 번째 왕이 된 아사 36년(B.C 878년)에 일어났다.

> 아사와 이스라엘 왕 바아사 사이에는, 그들이 살아 있는 동안에 늘 전쟁이 있었다. 이스라엘 왕 바아사가 유다를 치러 올라와서 라마를 건축하고, 어느 누구도 유다 왕 아사에게 왕래하지 못하게 하였다. 그러자 아사는 주의 성전 창고와 왕실 창고에 남아 있는 모든 은과 금을 모아 그의 신하들의 손에 들려서, 다마스쿠스에 있는 시리아의 헤시온 왕의 아들인 다브림몬의 아들 벤하닷에게 보내면서 말하였다. "나의 아버지와 그대의 아버지가 서로 동맹을 맺은 것과 같이, 나와 그대도 서로 동맹을 맺읍시다. 여기에 그대에게 은과 금을 선물로 보냅니다. 부디 가셔서, 이스라엘 왕 바아사와 맺은 동맹을 파기하시고, 그를 여기에서 떠나게 하여 주십시오." 벤하닷이 아사 왕의 청을 받아들이고, 이스라엘 성읍들을 치려고 자기의 군사령관들을 보내어서, 이욘과 단과 아벨벳마아가와 긴네렛 전 지역과 납달리 전 지역을 치게 하였다. 바아사는 이 소문을 듣고는, 라마 건축을 멈추고, 디르사로 거처를 옮겼다. 그리고 아사 왕은 모든 유다 사람에게 명령하여, 한 사람도 빼놓지 않고 모두, 바아사가 라마를 건축할 때에 쓰던 돌과 재목을 가져오게 하였다. 아사 왕은 이것으로 베냐민의 게바와 미스바를 보수하였다.(열왕기상 15:16-22)

북왕국의 바아사 왕(B.C 906-883년)은 예루살렘에서 불과 10km 지점에 있는 라마에 유다를 공격하기 위한 국경요새를 건축했다. 이에 남왕국 아사 왕(B.C 913-873년)은 이스라엘의 북쪽에 위치한 이방족인 아람(시리아) 족에게 군사원조를 청했다. 원조를 위한 재정은 성전과 왕실 창고의 은과 금을 모아서 충당했다. 아람왕 벤하닷은 그렇지 않아도 이스라엘의 곡창지대인 갈릴리 지역을 탐내던 참이었다. 하지만 아무리 고대 사회라 하더라도 아무 이유 없이 남의 나라를 침략하는 것은 명분이 서지 않는 일이었다. 그런데 남왕국이 재정은 물론, 자신을 침략하는 북왕국을 물리쳐 달라며 침공의 명분까지 제공해 주니 아람의 입장에서 얼마나 신바람 났겠는가? 아람은 유다의 청을 받아들여 북이스라엘을 기습 공격했다. 갈릴리 지방을 침공당한 북이스라엘은, 요단강 동편에 있는 야르묵 북쪽의 영토마저 내어주는 값비싼 대가를 치르게 된다.[2)] 아람은 B.C 732년에 앗시리아에 멸망되기까지 계속해서 이스라엘을 괴롭혔다.

엄밀히 말하면, 두 번째의 충돌도 남북이 직접 부딪힌 것은 아니다. 남왕국이 자신을 침공하는 북왕국의 뒤쪽을 치도록 아람에게 부탁한 결과, 북왕국은 국토의 양쪽 끝에서 동시에 전투를 진행할 수 없었다. 북왕국 바아사 왕은 유다의 라마지역 점령을 포기하고 급히 군사를 돌릴 수 밖에 없었다. 하지만 방어는 실패했고 결국 갈릴리 지역을 잃고 말았다. 이 전쟁에서 남왕국은 얻은 것이 거의 없다. 왕실의 막대한 재산을 아람에게 바쳤고 그 댓가로는 바아사가 라마를 건축할 때에 쓰던 돌과 재목을 가져 오게 하였다.(22절) 라마지역에서 흔하디흔한 돌덩어리들을 얻었을 뿐이다.

남과 북의 충돌은 양쪽의 국력을 소모시켰다. 그들의 충돌로 어부지리를 얻는 것은 주변국이었다. 주변국은 다윗-솔로몬 때 당했던 원한을 그 후손들에게 설욕할 기회를 얻은 셈이었다. 역대기 기자는 외세를 불러들인 아사 왕의 죄를 나무란다. 하나님 보다 외세를 의지하여 결국

2) Ibid., 370.

남북 왕국을 멸망의 길로 치닫게 했다는 비판이다.

그 무렵 하나니 선견자가 유다의 아사 왕에게 와서 말하였다. "임금님께서 시리아 왕을 의지하시고, 주 임금님의 하나님을 의지하지 않으셨으므로, 이제 시리아 왕의 군대는 임금님의 손에서 벗어나 버렸습니다. 에티오피아 군과 리비아 군이 강한 군대가 아니었습니까? 병거도 군마도 헤아릴 수 없이 많지 않았습니까? 그러나 임금님께서 주를 의지하시니까, 주께서 그들을 임금님의 손에 붙이지 않으셨습니까? 주께서는 그 눈으로 온 땅을 두루 살피셔서, 전심전력으로 주께 매달리는 이들을 힘 있게 해주십니다. 이번 일에, 임금님께서는 어리석게 행동하셨습니다. 이제부터 임금님께서는 전쟁에 휘말리실 것입니다." 아사는 선견자의 이 말에 화를 참을 수가 없어서, 그를 감옥에 가두어 버렸다. 그 만큼 화가 치밀어 올랐던 것이다. 그 때에 아사는 백성들 가운데서도 얼마를 학대하였다.(역대하 16:7-10)

여호아스와 아마샤의 전쟁

남 왕국과 북 왕국의 세 번째 충돌은 B.C 792년에 발생했다. 두 왕국의 군대는 예루살렘 근처 벳세메스에서 두 왕국의 군대가 전면전을 벌였다.(왕하 14:13)

남북 왕국이 분단 초기처럼 계속 다투었다면 아마 두 왕국은 훨씬 일찍 망해버리고 말았을 것이다. 그러나 왕들 주변에 미래를 염려하는 목소리들이 있었기에 한 세기 정도 평화의 시대를 맞이하기도 했다. 그러나 북 왕국 여호아스(B.C 802-786년)와 남 왕국 아마샤(B.C 801-787년) 때에 큰 전쟁이 일어났다. 아마샤는 에돔을 정벌하기 위해 북 왕국의 군사를 용병으로 고용했다. 이는 남북이 한동안 유지해온 평화적인 분위기를 보여준다. 그러나 막상 에돔 정벌을 시작하자 아마샤는 유다가 가진 독자적인 힘만으로도 정복이 가능하다고 판단했다. 이에 해고된 용병들이 귀향하면서 남 왕국의 몇 마을을 약탈했다. 에돔을 정벌하고 온 아마샤는 에돔을 정복한 자신감에 여호아스의 해명을 듣지 않고 북 왕국에 선전포고를 했다. 당시 북 왕국은 국력을 정비해서 남 왕국보다 막강한 힘을 가진 터였다. 이에 대해 북 왕국 여호아스는 다음과 같은 회신을 보내 전쟁에 대해 경고했다.

> 이스라엘의 여호아스 왕은 유다의 아마샤 왕에게 사람을 보내어 이렇게 회답했다. 레바논의 가시나무가 레바논의 백향목에게 전갈을 보내어 백향목의 딸을 며느리로 달라고 청원하는 것을 보고, 레바논의 들짐승이 지나가다 그 가시나무를 짓밟은 일이 있다. 네가 에돔을 쳐서 이기더니, 너무 오만해 진 것 같다. 차라리 왕궁에나 머물면서, 네가 누리는 영화를 만족하게 여겨라. 어찌하여 너는, 너 자신과 유다를 함께 멸망시킬 화근을, 스스로 불러들이느냐?(열왕기하 14:9-10)

그러나 아마샤는 이 경고를 무시했다. 마침내 남 왕국은 벳세메스에서 북 왕국의 여호아스와 부딪혔는데, 결과는 처참했다. 유다는 대패했고 왕은 사로잡히는 신세가 됐다. 이스라엘은 예루살렘을 점령하여 성벽 사백 자(약 130미터, 열왕기하 14:13)를 헐었고 성전에서 금은을 가져갔으며 남 왕국 사람들을 사마리아에 볼모로 잡아갔다. 그러나 북 왕국의 여호아스는 사로잡힌 아마샤를 다시 왕으로 세우고 돌아갔다. 그는 유다를 북이스라엘에 합병할 수도 있었으나, 남북의 싸움을 더 악화시키기를 원치 않았다. 한 국가를 무력으로 정복하는 과정에서 원한이 쌓이기 마련이므로 정복 후에는 더 강한 무력으로 저항을 눌러야 하는데, 여호아스는 계속해서 그런 부담을 지는 것을 원치 않았던 것 같다. 또한 북쪽 국경에서 앗시리아가 신흥 강대국으로 커가는 시기였으므로 이 침략을 막아내는 것이 급선무였을 것이다. 남쪽 유다에 화근거리를 남겨 놓으면 양쪽으로 협공당할 우려가 있었다. 여호아스는 아마샤에게 따끔한 교훈을 주고 다시 복귀시키는 정도로 이를 해결했다. 이로써 무력으로 부딪혔던 남북왕조의 전면전은 마무리 됐다. 이는 패배한 유다는 물론이고 전쟁에서 승리한 이스라엘에게도 아무런 실익이 없는, 한 판 자존심 겨루기 전쟁이었다.

외세에 의존한 아하스의 실정

B.C 733-2년에 남왕국과 북왕국은 마지막 전쟁을 벌인다. 이 전쟁은 북이스라엘의 멸망을 불러 왔다. 그로부터 140여년 후, 남왕국도 앗시리아의 속국이 되어 남과 북이 동시에 패망하게 되었다.

북이스라엘의 베가 왕(B.C 743-727년)은 아람(시리아)의 르신 왕과 연합군을 형성하여 유다를 공략했다. 이 연합군의 목적은 원래 북쪽에서 파숙지세로 세력을 넓혀 대제국을 형성해 가고 있는 앗시리아의 남침을 막는 데에 있었다. 남방의 작은 나라들이 연대하여 앗시리아에 대항하는 연합군을 형성하려는 것이다. 그런데 유독 유다만은 이들과 연합하지 않고 독자적 행보를 보였다. 연합군은 앗시리아와 대적하기 전에 먼저 세력이 약한 유다를 정리해서 연합군에 편입시키려고 했다. 그들은 유다의 아하스왕을 폐위시키고 다브엘의 한 아들을 왕으로 세우려 했다.(이사야 7:6) 당황한 유다의 아하스왕(B.C 736-716년)은 이스라엘과 아람의 뒷쪽에 자리한 앗시리아에 조공을 바치고 구원을 요청한다. 열왕기하 16장은 이 역사를 기록했다.

> 그 때에 시리아의 르신 왕과 이스라엘의 르말랴의 아들 베가 왕이 예루살렘을 치려고 올라와서, 아하스를 포위하기는 하였으나, 정복하지는 못하였다. 그 때에 시리아의 르신 왕이, 시리아에게 엘랏을 되찾아 주었고, 엘랏에서 유대 사람들을 몰아내었으므로, 시리아 사람들이 이 날까지 엘랏에 와서 살고 있다. 아하스는 앗시리아의 디글랏빌레셀 왕에게 전령을 보내어, 이렇게 말하였다. "나는 임금님의 신하이며 아들입니다. 올라오셔서, 나를 공격하고 있는 시리아 왕과 이스라엘 왕의 손에서, 나를 구원하여 주십시오." 그런 다음에 아하스는 주의 성전과 왕궁의 보물 창고에 있는 금과 은을 모두 꺼내어, 앗시리아의 왕에게 선물로 보냈다. 앗시리아의 왕이 그의 요청을 듣고, 다마스쿠스로 진군하여 올라와서는 그 성을 함락시켰다. 그리고 그 주민을 길로 사로잡아 가고, 르신은 살해하였다. 아하스 왕은 앗시리아의 디글랏빌레셀 왕을 만나려고 다마스쿠스로 갔다. 그는 그 곳 다마스쿠스에 있는 제단을 보고, 그 제단의 모형과 도본을 세밀하게 그려서, 우리야 제사장에게 보냈다. 그래서 우리야 제사장은, 아하스 왕이 다마스쿠스로부터 보내 온 것을 따라서, 제단을 만들었다. 우리야 제사장은 아하스 왕이 다마스쿠스로부터 돌아오기 전에, 제단 건축을 모두 완성하였다..... 그는 앗시리아 왕에게 경의를 표하려고, 주의 성전 안에 만들어 둔 왕의 안식일 전용 통로와 주의 성전 바깥에 만든 전용 출입구를 모두 없애 버렸다. 아하스가 행한 나머지 모든 일은 '유다 왕 역대지략'에 기록되어 있다. 아하스가 죽어 잠드니, 그를 그의 조상과 함께 '다윗 성'에 장사하였고, 그의 아들 히스기야가 그의 뒤를 이어

왕이 되었다.(열왕기하 16:5-20)

예언자 이사야도 이때에 활동했다. 이사야는 왕에게 앗시리아의 힘을 끌어들이면 안 된다고 간청했다. 그러나 유다왕 아하스는 이사야의 청을 듣지 않았다. 사면초가의 위기를 맞은 아하스는 바람 앞의 등불처럼 흔들렸다. 북에서는 이스라엘과 아람의 연합군이 쳐들어오고, 동쪽에서는 에돔이, 서쪽에서는 블레셋까지 유다를 침공하고 있었다. 그는 너무나 당황했다. 위기 앞에서 아하스는 굴욕적인 방법을 선택했다.

아하스는 앗시리아로 금은보화를 싸들고 가서 이스라엘을 쳐줄 것을 요청하며 소요 경비를 제공한다. “저는 임금님의 신하이며, 아들입니다”(7절)라고 말하며 앗시리아 왕에게 엎드린다. 패전국의 왕이 승전국의 왕에게나 할 수 있는 행동이었다. 아하스는 자신의 발로 걸어가 앗시리아에 자신와 나라의 운명을 바치는 굴욕을 선택했다.

아하스는 예루살렘 성전에 야훼의 전을 치우고 앗시리아의 신을 위한 제단을 만들었다. 이는 앗시리아의 최고 통치권을 인정한다는 표시이기도 했다. 백성들은 영문도 모른 채 야훼 하나님께 제사를 드리겠지만, 이미 예루살렘 성전 내부는 앗시리아의 신이 지배하는 신전으로 변신해 있었다. 당시 앗시리아는 자기들이 점령한 나라에게 앗시리아의 신을 심기도록 강제했다.

결국 앗시리아는 유다의 청을 구실로 삼아 침략전쟁을 일으켰다. 앗시리아는 아람(시리아)을 먼저 정복했다.(B.C 731년) 이스라엘은 앗시리아의 침략에 맞서 10년을 버텼지만, 결국 B.C 721년에 멸망했다. 이스라엘의 귀족들을 포로로 끌려갔으며, 남은 주민들도 변방으로 흩어져야 했다. 이스라엘을 멸망시킨 앗시리아의 황제 사르곤의 말에 의하면 이때 메소포타미아와 메디아로 끌려간 이스라엘인은 27,290명에 달했다. 이렇게 북이스라엘은 역사의 무대에서 사라지고 말았다.

밖으로 드러난 결과만을 본다면 이스라엘은 앗시리아에 의해 망했다. 그러나 본질적으로는 남과 북의 오랜 민족간 갈등으로 유다가 앗시리아를 불러들인 것이 화근이 되었다. 물론 그 결과 유다도 앗시리아의 속국이 되었다. 앗시리아가 유다에 요구한 공물은 재정 파탄을 초래할 정도로 엄청났다. 아하스는 그 공물을 조달하기 위해 왕실 금고와 성전의 재물을 동원하고 백성들에게도 더 많은 공물을 거뒀다. 민족 갈등은 외세에 어부지리를 주었고, 마침내 북 왕국은 외세에 의해 멸망당했으며 남 왕국도 그 이후 앗시리아의 속국이 되었다.

왕정주도의 해빙기

남·북 왕조에도 화해의 분위기가 조성된 때가 있었다. 북왕국의 아합 왕(B.C 871-852년)은 남왕국의 여호사밧 왕(B.C 868-847년)과 평화적인 관계를 수립했다.(열왕기상 22:44) 아합과 여호사밧은 힘을 합쳐 아람에 대항하기도 했고 왕실 간의 결혼을 통해 동맹을 공고히 하기도 했다. 성서는 이들의 밀월관계를 이렇게 묘사한다.

> 나의 생각이 바로 임금님의 생각이며, 내가 통솔하는 군대가 곧 임금님의 군대이고, 내가 부리는 말이 곧 임금님의 말입니다.(열왕기상 22:4).

하지만 남북 간 유일한 화해시대를 만든 아합왕은 이스라엘 역사상 가장 폭군으로 알려 있다. 화합과 폭정의 공존은 아이러니해 보이지만,

이 평화관계에는 이유가 있었다.

첫째는 경제적 요인이다. 이스라엘은 아시아의 물류가 지중해 쪽으로 들어가는 길목이었다. 지금이야 수에즈 운하가 그 역할을 하지만, 고대에는 에시욘게벨(남)에서 두로(북)에 이르는 길이 가장 좋은 교역로였다. 따라서 이곳을 안정적으로 장악하면 통과하는 대상들을 통해 공동의 경제적 이익을 꾀할 수 있었다. 이를 위해 남북의 협력은 필수적이었다.

둘째는 정치적인 이유였다. 민중의 지지를 받지 못하는 정권이 국가간 평화동맹을 통해 힘을 강화시키고자 한 것이다. 오므리의 아들 아합은 이렇게 강화된 힘으로 민중을 탄압하고자 했다.

북이스라엘의 오므리 왕조를 연 첫 번째 왕 오므리는 직업군인이었다. 그는 쿠데타로 정권을 장악했다. 오므리가 전쟁에 출전해 싸우고 있는 중에 시므리 장군이 조정에서 쿠데타를 일으켜 집권했다. 이 소식을 들은 오므리는 급히 회군한다. 시므리는 쿠테타에 성공했으나 오므리가 회군하여 온다는 소식을 듣고 공포에 떨었다. 오므리가 군을 장악하고 있었기 때문이다. 시므리는 집권 7일 만에 오므리에 의해 제거 당하고, 마침내 오므리가 정권을 장악한다.

다윗 시대 이후에는 이방인들 중에서 직업군인으로 출세한 사람이 많았다. 그들 중에는 최고 지위까지 올라간 사람들이 있었다. 오므리는 군대를 동원하여 디르사 수도를 큰 어려움 없이 차지하고 강제로 이스라엘의 왕으로 승인받으려 하였다. 그러나 디브니가 일어나 이스라엘 백성의 반절을 다스렸고 이들은 오므리와 4년 동안이나 내전을 치르지만 결국은 오므리의 군대에 패하였다.

그 때에 이스라엘 백성은 둘로 나뉘어, 그 절반은 기낫의 아들 디브니를 따라 가서 그를 왕으로 삼았고, 그 나머지는 오므리를 따랐다. 그러나 오므리를 따르는 백성이 기낫의 아들 디브니를 따르는 백성보다 강하여서, 디브니는 살해되고, 오므리는 왕이 되었다.(열왕기상 16:21-22)

토착세력으로 보이는 디브니는 직업적 군인을 당할 수는 없었다. 이스라엘 역사를 쓴 구약학자 군네벡은 이런 이유로 오므리를 외국사람으로 보기도 한다.[3] 오므리와 시므리 등의 이름도 이국적이다. 그가 외국인인지는 명확하게 알 수 없지만 오므리와 그의 뒤를 이은 아합왕의 정책은 이스라엘 백성과 야훼 숭배자들의 심각한 저항에 직면했고 이들은 야훼신앙을 말살하려고 하였다. 객관적인 역사로 보면 오므리와 아합은 위대한 왕이다. 이스라엘은 오랫동안 "오므리의 집"으로 불릴만큼 다윗 솔로몬 때에 이르는 영토를 차지하고 어느 때보다 강성한 국력을 만들었다. 이스라엘의 수도인 사마리아도 오므리가 세멜에게 토지를 사들여 만들었다. 그러나 성서의 역사가들은 이들을 최악의 폭군으로 묘사한다. 성서 사가들의 판단 기준은 일반 사가들의 역사 평가 방식과는 달랐다.

오므리 왕조의 집권자들은 자신의 정치적 불안을 해소하기 위한 방법으로 남과 북의 화해모드를 조성해 나간다. 외교적인 안정감은 그대로 정권의 힘이 되기도 했다. 오므리의 아들 아합 왕은 이런 강력한 외교력을 이용해 잔인하게 민중을 탄압했다. 아합 왕 시기에는 또한 유일하게 이스라엘 왕실이 야훼가 아닌 바알을 섬기기도 했다. 아합은 바알신을 섬기는 아내 이세벨을 앞세워 야훼의 예언자들을 소탕했다. 남과

3) A.H.J Gunneweg, 『이스라엘 역사』, 문희석 역, (서울: 한국신학연구소, 1985), 158쪽.

북은 평화로웠지만 이스라엘은 전에 경험하지 못했던 암흑기를 맞은 것이다. 민중의 지지를 받지 못하는 정권은 외교적 수단을 통해 힘을 키웠고, 그 힘으로 백성을 탄압했다. 이것은 기만적인 통일운동에 불과했다.

이러한 정권의 기만성은 결국 혁명으로 심판된다. 엘리사가 열광적 야훼주의자인 예후에게 기름을 부었고, 그가 아합의 아들 요람 왕을 살해함으로써 결국 혁명에 성공하게 된다. 그러나 예후는 이에 그치지 않고 그와 동맹 관계에 있는 남 왕국의 아하시야 왕까지 살해하고 갈아 치우게 되었는데, 이로써 민중을 기만한 지배세력의 연합전술이 마감된다(열왕기하 9장).

히스기야와 요시아의 화해운동

유다 역사에서 가장 존경받는 히스기야 왕(B.C 725-697년)과 요시아 왕(B.C 640-609년) 의 민족화해 운동은 너무 뒤늦은 것이었다. 북 왕국 이스라엘이 앗시리아에 의해 멸망해 버린 뒤이기 때문이다. 북 왕국이 멸망한 후 많은 피난민이 남 왕국으로 내려온다. 북 왕국의 멸망은 남 왕국에도 커나란 위기의식을 가져왔나. 이에 히스기야 왕과 요시아 왕은 그동안 소외되었던 북 왕국 출신의 예언자들을 등용하고 대개혁을 단행한다.

이 무렵에 편집된 신명기는 북 왕국에서 내려온 피난민들을 위해 이방인의 보호를 강조한다. 밀려드는 북왕국 유민들에 대해 공적인 배려를 하지 않을 수 없는 상황이었다.[4] 신명기는 타국인에 대해서는 배타

4) R. De Vaux, *Ancient Israel:It's Life and Institutions*(New York:McGraw-will Book, 1961, p75

적이며 비이스라엘적인 것을 정화하라고 요구하지만, 이방인에 대해서는 다르다. 정의를 굽히지 말고 이방인을 압박하지 말라고 요구한다.(신1:16, 24:14, 17, 18, 27:19) 계약법전에서는 안식일만이 이방인에게 적용된 데 비해 신명기 법전에는 모든 약자보호법이 이방인에게 적용된다. 약자들을 일컬을 때 출애굽기의 전통적인 순서인 고아, 과부보다도 이방인을 먼저 언급한다. 예를 들어, 남의 밭에 들어가 배불리 먹을 수 있는 권리(신명기 23:24-25)와 추수할 때 그들을 위해 한 몫을 남겨놓고 추수하라는 법(신명기 24:19-21) 등을 강조한다. 이것은 북왕국 멸망의 현실에 자극되어 그들이 과거에 가졌던 대결의식을 재평가하려는 움직임이며, 이로써 남북왕국 모두가 한 운명공동체이며 한 민족이라는 자각이 생기게 된 것을 의미한다.

히스기야 왕은 앗시리아의 지배 아래 살고 있는 북 왕국 주민들에게 파발을 보내 유월절 절기를 함께 지키자고 그들을 초청했다. 날짜는 북왕국에서 쓰던 월력에 준하여 지키되, 대신 그 장소는 예루살렘으로 하자는 제안이었다.(역대기하 30장) 유월절은 남북 왕국이 공동으로 지키는 민족의 절기였다. 히스기야 왕은 이를 복원함으로써 민족공동체 의식을 함양시키고자 했다. 갈라진 민족을 화합시켜 남과 북이 본디 한 민족임을 자각시키는 운동이었다. 예루살렘에 내려온 북 왕국 유민들은 성대한 유월절 행사를 치른다. 일주일간 축제를 너무나 감격스럽게 치른 나머지 그들은 행사를 일주일 연장했다. 당시의 감동을 역대기 기자는 이렇게 전한다.

> 유다 온 회중과 제사장들과 레위 사람들과 이스라엘에서 온 모든 회중과 이스라엘 땅에서 온 외국인 나그네와 유다에 사는 외국인 나그네가 다 함께 즐

거워했다. 다윗 왕의 아들 솔로몬의 날부터 이제까지 이런 일이 없었으므로, 예루살렘 장안이 온통 기쁨으로 가득 찼다. 레위인 제사장들이 일어나 백성을 축복하니, 그 축복의 말이 하나님께 이르렀고, 그들의 기도가 주님께서 계신 거룩한 곳, 하늘에까지 이르렀다.(역대기하 30:25-27)

오랜 원수지간이었던 남과 북이 비록 늦었지만 한데 얼싸안고 하나임을 확인하는 자리는, 절로 기도가 하늘에 이르고 축복이 땅에 임하는 자리였다.

성서의 편집

북 왕국이 멸망한 후 유다는 북 왕국의 옛 전승이 사라질 것을 염려해 북 왕국의 역사를 보존하려 했다. 뒤늦게 민족 공동체를 복원하려 한 히스기야의 정책 노선은 그의 뒤를 이은 므낫세 왕 시기에 주춤했다가 요시아 왕 때에 재건되었다. 히스기야-요시아로 이어지는 개혁과 민족 공동체 복원운동에 힘입어 남북 왕국의 역사를 함께 편집한 신명기 역사서(신명기에서 열왕기하까지의 역사)가 형성되고 편집됐다. 따라서 신명기 역사서는 철저하게 한 하나님, 한 민족, 한 제의를 강조한다. 오경의 골격도 이 무렵에 형성됐다. 북왕국 전승인 E자료를 다윗-솔로몬 시기의 전승인 J자료의 골격 속에 분산하여 배치했다. 이렇게 J자료의 틀에 E자료의 단편이 종속된 형태인 Je 형태로 편집됨으로써, 오늘날 오경 속에 멸망한 북 왕국의 자료가 단편적으로 전해지게 됐다.

그러나 140여 년 후, 마침내 유다도 멸망했다. 포로로 잡혀간 유대인들은 남북 왕국의 사라진 역사를 폭넓게 편집하여 오경과 신명기 역사서를 오늘의 형태로 완성했다. 성서의 편집은 북 왕국 멸망 후에 남 왕국 주도하에 이루어졌기에 남 왕국의 전승이 우세하지만, 기본적으로는 남북 왕국을 하나의 뿌리에 놓았다. 이는 분단의 결과가 빚은 참혹한 상황을 돌아보면서 두 왕국의 역사를 보존하려는 노력의 일환이었다.

성서는 본래 따로 따로 존재하던 남북 왕국의 역사를 민족공동체의 입장에서 바라보면서 번갈아 소개한다. 한 예를 들면 "유다의 아사왕 제 삼십팔년에 오므리의 아들 아합이 이스라엘의 왕이 되어서, 사마리아에서 이스라엘을 스믈 두해 동안 다스렸다"(열왕기상 16:29)고 소개한 후 아합의 역사를 서술한 다음에는 "이스라엘의 아합 왕 제 사년에 아사의 아들 여호사밧이 유다의 왕이 되었다"(열왕기상 22:41)라고 한 후에 여호사밧의 역사를 소개하는 식으로 두 나라의 역사가 엇갈려가며 전개한다.

실제로는 서로 증오하면서 죽어라 싸우다 멸망한 두 나라 역사를 마치 한 나라였던 것 같이 기록했다. 이런 방식의 역사 기록은 다른 곳에서는 찾아볼 수 없다. 그들의 실제 역사는 성서에 기록된 '이스라엘 왕 역대 지략', '유다 왕 역대 지략'이라는 책들에 기록되어 있을 것이다. 아쉽게도 이 책들은 성서를 통해 이름만 접할 뿐 현재에는 남아 있지 않다.

성서는 두 왕국이 망한 후에 따로 전승되어 오던 각각의 역사를 한 민족 공동체의 입장으로 서술한 책이다. 그러므로 성서에서 그들의 적대적인 감정은 뒤로 숨고 대신 남북 왕국 모두 야훼를 섬기는 하나의 신앙공동체로서 묘사한다. 그것은 나라를 잃은 뒤에 뒤늦게 일어난 역사의 반성이며 하나의 공동체로 돌아가기를 원하는 간절한 염원이기도 하다.

예언자들의 통일운동

다윗이 통일왕국의 왕이 되었지만 자신의 과거 행적으로 인한 민족 분열의 결과물이 부메랑으로 그에게 다가왔다. 다윗 치하에 두 번의 큰 내란을 치르기도 했고 다윗과 솔로몬 사후에 남북왕국이 재분열되는 아픈 역사를 남겨야 했다.

다윗은 자신이 뿌린 지역감정의 씨앗을 최대한 거두어 보려고 노력했다. 다윗이 블레셋에 의존하여 유다 지파의 왕이 됨으로써 민족 공동체를 갈라지게 했던 흠결을 치유해 보려고 애썼다. 그는 인사에서 탕평책을 씀으로써 남과 북을 한 민족으로 융화하려 했다. 다윗은 두 명의 대제사장을 임명했다. 북 왕국 출신으로는 아비아달을, 유다 출신으로는 사독을 임명하여 제의를 통합했다. 예언자도 북 왕국 출신으로 나단을, 유다 출신으로는 갓을 임명했다.

그러나 솔로몬은 즉위하자마자 북쪽 지파를 대표하는 제사장 아비아달과 그의 가문을 아나돗으로 추방했다. 아비아달이 왕위 계승과정에서 아도니야를 지지했기 때문이다.(열왕기상 2:26) 쫓겨난 아비아달 가문은 실로에 있던 제사장 엘리의 가문이기도 하다.(열왕기상 2:27) 아비아달은 엘리 가문의 마지막 대제사장으로 엘리의 재산을 이어받았다. 실로는 야훼께서 처음으로 이름을 두었던 곳이라고 할 정도로 사사시대, 즉 초기 평등사회의 중심이었으며 야훼신앙의 원칙을 고수하는 상징적 성지이기도 하다.(예레미야 7:12)[5] 후에 북 왕국을 창건한 예언자 아히야가 바로 실로 사람이며(열왕기상 14:2,4), 예레미야 예언자 역시 아나돗 마을의 제사장 출신 힐기야의 아들이며 자신의 예언을 시작한

5) Donald G. Schley, *Shilo-A Biblical City in Tradition and History*, (Sheffield, JSOT Press, 1989) 171.

곳이기도 하다.(예레미야 1:1) 옛 성소 실로가 파괴된 것은 예언자들이 왕정의 파괴를 예언할 때 자주 등장한다. 호세아와 아모스 등도 이런 예언 전통과 맥을 같이 하고 있으니 아나돗으로 추방된 아비아달 가문의 후예들은 주로 예언자들의 전통을 이어간다고 볼 수 있다.

실로의 예언자 아히야가 여로보암을 북 왕국의 왕으로 세웠으나 여로보암은 베델과 단에 새 성전을 세우고 레위 사람이 아닌 일반 백성 가운데서 제사장을 임명했다.(열왕기상 12:31) 이러한 행동은 아나돗 그룹에게는 절대로 받아들일 수 없는 행동이었다. 이에 여로보암을 왕으로 지지했던 아히야는 여로보암에게 저주의 신탁을 내림으로써 분위기를 반전(열왕기상 14:1-18)시켰고, 벧엘과 유다에서 온 하나님의 사람 역시 같은 신탁을 내린다.(열왕기상 13:1-10)

전통적으로 예언자들은 남북 왕조의 분단 이데올로기로 부터 자유로웠다. 예언자들은 남북 왕조의 구분을 크게 염두에 두지 않았다. 두 왕조의 분단을 무시하듯 자유롭게 행동했고 이로 인해 주민들에게 비난을 받기도 했다. 아모스는 남왕국 드고아 출신이었으나 북왕국에 와서 예언을 했다. 그의 예언은 북쪽 주민들로부터 반발을 일으켰다(아모스 5:10, 13, 6:9-10, 7:10-13, 16-17).

> 아마샤는 아모스에게도 말하였다. "선견자야, 사라져라! 유다 땅으로 도망가서, 거기에서나 예언을 하면서, 밥을 빌어 먹어라. 다시는 베델에 나타나서 예언을 하지 말아라. 이 곳은 임금님의 성소요, 왕실이다." (아모스 7:12-13)

마침내 그의 청중들은 그의 권위를 인정하기를 거절했으며 그를 추방하고 말았다. 예언자들은 왕국의 이데올로기를 뛰어넘어 분단 왕국 모두에게 비판적인 태도를 취했다. 그들은 왕국 안에 있으면서 그것을 초월한 독자적 영역을 가진 집단이었다. 따라서 이들의 예언운동은 남과 북의 분단 이데올로기를 비판하는 운동이었으며 통일을 지향하는 운동이었다.

예언자들의 통일을 향한 메시지는 전 시대를 통해서 나타나지만 특별히 왕국이 멸망한 이후에는 분명하게 제시되고 있다. 이들은 나라가 멸망한 이유가 분단 왕국의 죄악 때문이라고 보고 새롭게 회복하는 이스라엘은 통일된 국가라는 것을 강조한다. 이러한 예언자들의 통일 메시지들은 다음과 같은 말씀을 통해 우리에게 울려온다(호세아 2:2, 5:5,10,13-14, 6:4-6, 10:11-12, 아모스 6:1 이하, 이사야 5:7, 7:17, 9:18-20, 11:12-13, 예레미야 3:8, 31:6,11-12, 50:4, 에스겔 4:4-8, 23장, 37:15-22, 스가랴 8:13, 9:13, 10:6-12, 11:4 이하 등).

이스라엘의 역사는 한 공동체가 둘로 갈라져 서로를 증오할 때, 어떤 결과를 초래하는지를 명백하게 보여준다. 이스라엘의 분열은 왕권 야욕을 가진 지배층과 초기 평등사회의 동맹체를 유지하려는 민중의 갈등에서 출발해 결국에는 두개의 왕국으로 분단되기에 이르렀다. 다윗-솔로몬의 제왕적 통치에 반발해서 출발한 북왕국도 왕권 유지를 위해 초기 평등사회의 구현을 외면했다. 남 북 왕조의 지배층은 서로 종교적 선명성을 내세워 상대를 비난하는 혐오를 키워가며 백성을 오도했다. 종교의 명분은 분단 이데올로기가 되어 각각 남과 북의 독자적 왕권을 공고히 하는 수단이 되었고 그러면 그럴수록 민족공동체의 화해의 길은 멀어져 갔다.

아히야의 도움으로 북왕국이 창건된 것과 엘리야-엘리사 때에 예후를 통해 혁명에 성공한 예를 제외하면, 예언자들의 외침은 늘 탄압받고 도망 다니는 소수의 목소리에 불과했다. 백성들은 자기 목소리를 내는데 미약하였고, 지배 계층의 이데올로기에 종속될 수밖에 없었다. 민중의 목소리가 약하다는 것은 민중의 의지가 약하다는 것을 의미했다. 이는 국가나 사회를 떠받치는 힘의 근원이 고갈됐다는 것을 말한다. 그것은 남북 왕국 지도자들의 단견이 스스로 자초한 길이었다. 이렇게 민중의 힘을 죽여 놓은 왕권은 당연히 민중으로부터의 지지도 기대할 수 없을 뿐 만 아니라 그들로부터 아무런 에너지도 생기지 않기 때문에 지배층은 나라에 위협이 있을 때마다 서로 경쟁적으로 외세를 불러들여 멸망을 자초했다.

초대교회가 갈릴리(북) 사람인 예수를 다윗왕(남)의 후손으로 묘사한 것은 예수시대까지 이어져 온 남북의 갈등을 조화시키려는 노력으로 생각할 수 있다. 그리하여 그리스도를 "유대 사람과 이방 사람이 양쪽으로 갈려 있는 것을 하나로 만드신 분", "유대 사람과 이방 사람 사이를 가르는 담을 자기 몸으로 허무셔서, 원수된 것을 없애신 분"으로 규정했다(에베소서 2:14). 십자가를 화해의 연합을 위한 상징으로 받아들였다. 이 배경에는 오래도록 이스라엘 민족에게 망국의 한을 가져다준 적개심을 해소하고 그 사이를 화해시키시는 분으로 예수를 부각시키려는 초대교회의 열망이 놓여있다.

대한민국의 역사는 이스라엘 남북 왕국의 역사와 매우 유사하다. 이스라엘과 유다의 역사는 결국 한 번도 화해하지 못하고 서로 싸우다가 주변국에 의해 망해버린 역사의 한 예를 보여준다. 그런데 정작 대한민국의 교회는 성서의 남북 왕조의 역사를 성찰하지 않는다. 어쩌면 성서를 강조하는 교회일수록 성서가 외치는 이 오랜 외침을 더 강하게 왜곡하는 듯하다. 많은 교회에서 민족의 대화와 협력, 그리고 화해가 하나님의 뜻과 어떻게 닿아 있는지를 외면하면서 오히려 같은 민족을 증오의 대상으로 삼는다. 갈등이나 위협은 우리 온 존재를 얼어붙게 만들 뿐이다. 두려워하고 증오하면서는 하나님이 이 땅에 품으신 계획에 한 줌도 동참할 수 없다. 이 땅을 살아가는 그리스도인으로 다함께 미움을 넘어설 수 있는 기도가 더없이 간절한 때다.

평창올림픽을 앞두고 오랜만에 남과 북의 대화가 재개되었다. 얼마 전까지만 해도 직통 전화를 끊어버린 까닭에 북쪽에 남쪽의 의사를 전달하려면 판문점에서 소리치는 것 외에는 방법이 없었다. 그런데 남과 북의 반가운 대화 국면을 비판하는 목소리도 있다. 이제까지 전혀 문제가 되지 않던 한반도기, 아이스하키 단일팀 문제, 문화공연, 북한 선수단의 체류비용 등까지 문제를 삼고 평양올림픽이니 하며 비아냥거린다. 남북의 화해와 평화를 반대하는 이런 목소리의 이유는 무엇일까. 한 그리스도인으로서, 대한민국의 한 시민으로서, 최근 평창올림픽에 대한 보도들을 어떤 관점에서 보아야 할까에 대해 이야기해 보자.

한반도의 평화

촛불혁명을 통해 정권교체가 되었다. 그동안 안보, 국방을 강조해온 보수정권은 사실은 국방과 안보를 최악의 상태로 만들어 놓은 채 정권을 넘겼다. 금강산, 개성공단을 폐쇄하고 북과 전화 통화도 할 수 없게 모든 소통 수단을 단절했다. 무조건 상대를 적대하고 긴장을 고조시키는 것이 안보관이 확실하다고 착각한다. 상대를 자극하고 전쟁을 불러오고 한판 붙자고 감정을 있는대로 북돋우는 것이 그들의 안보이다. 남북한 수백만 명이 죽고 천만 이상이 부상을 당하며 국토는 망가질 대로 망가져 한반도가 돌이킬 수 없게 되더라도 자신들의 감정풀이를 하겠다는 것이 그들의 안보이다. 아니 감정풀이가 아니다. 실상은 오랜 분단으로 인해 분단체계가 그들에게 이익을 주기 때문이다. 그들은 국민의 생명과 나라를 팔아 자기 뱃속을 채우려는 자들이며 적대감정을 부추겨야 자리보존을 하기 때문이다.

그들은 북에 의사를 전달하려면 판문점에서 확성기를 가지고 소리치는 것 외에는 달리 방법이 없는 원시시대를 만들고 이를 국방이라고 불렀다. 이는 서로 대치하고 있는 일촉즉발(一觸卽發)의 국면을 더욱 위태롭게 만든다. 아무 대책도 없이 남북 관계를 이 모양으로 만들어 버리고 국가를 믿으라고 했다.

하지만 북은 여전히 핵과 미사일 개발을 서두르고 있다. 이런 긴급한 상황에서 미국은 지난 수십 년간 상황을 악화시켜왔다. 아무리 저능한 동물이라도 몇 번 하다가 안되면 행동을 돌이킨다. 그런데 그들은 수십 년간 제제와 압박의 강도를 더하고 있으며 이를 기회와 명분으로 북은 최강의 무기를 완성했다. 그들에게는 하나의 치킨 게임일 수 있으나 잘못되면 한반도를 회생 불가능한 쑥대밭으로 만들 수 있다. 그래도 한탕 노박처럼 싸움을 부추기며 민족의 운명을 한판 도박판에 거는 무모하고 무책임한 자들이 여전히 보수와 안보를 자신의 독점물처럼 말한다.

북은 북대로 미국은 미국내로 강경하다. 서로 마주보고 달리는 기차들 그 틈에 우리가 끼어있다. 일본은 이 강대강의 게임을 누구보다 즐기고 있다. 남에서 즐겨쓰던 북풍 바람이 이젠 일본에서 먹힌다. 주변의 나라들이 이렇게 강경파로 채워져 전쟁도 불사하겠다고 할수록 우리가 주도권을 가지고 한반도와 문제를 평화로 이끌어 가야 한다. 평화만이 진짜 안보다.

촛불혁명으로 민의에 의해 떳떳하게 대통령이 된 문재인 정부야 말로 우리의 주권을 세울 떳떳한 외교를 해야 한다. 문재인 정부의 뒤에는 국민이 있다. 촛불 민심대로만 한다면 촛불을 들어 정권을 바꾸게 한 주체들이 이 정부를 지킬 것이고 계속 뒷받침 할 것이다.

외교 국방의 문제에 있어서 문재인 정부는 최악의 상태에서 정권을 이양 받았다. 김관진은 돌이킬 수 없는 상태로 만들기 위해 일정을 앞당겨 사드를 배치했다. 중국은 보복조치를 시행하고 기업과 경제는 막대한 손해를 입었다. 일본과는 전쟁 성노예 문제를 치욕적인 밀약으로 넘어가려고 했다. 자신들도 부끄러움을 알았는지 일체를 공개하지 않고 비밀로 했다. 개성공단은 모든 민주절차 무시하고 어느날 박근혜가 자고 일어나 폐쇄를 지시했다. 상왕인 최순실의 지령이었을까? 보수정권의 통일부 장관이지만 염려하며 괴로웠는지 부르튼 입으로 나와서 공단의 중단을 선언했다. 마지막 남은 남북 교류의 창을 일방으로 닫아버렸다. 이명박은 연일 보도되는 각종 사기 사건은 불사하고 아랍 에미레이트에 원전 판매 조건으로 그 나라의 국방 전체를 책임지는 협정을 국민 몰래, 국회 몰래 맺었다. 왜 우리가 그들을 지켜야 하는지 맥락도 없다. 복잡한 관계에 얽혀 항상 화염이 불타오르고 화약고라고 불리우는 중동을 말이다. 게다가 협약을 맺은 국방장관이 대통령 몰래 자기가 했다고 한다. 언젠가 박근혜가 젊은이들의 일리자리 대책으로 "대한민국 청년이 다 어니갔냐고 물으면, 다 중동 갔다고, 텅텅 빌 정도로 한번 해보라!" 며 진취적 의식을 가지라고 충고했다. 월남전에서 젊은 피 뿌려 경제를 일으킨 애비의 공덕을 탐했나?

나라의 외교를 이렇게 까지 망가뜨릴 수 없는 상태로 새 정부에 넘겨주었다. 다행히도 문재인 정부는 중국과의 사드 보복조치를 잘 해결해 가고 있다. 이제는 백해무익한 사드를 되돌리는 과제만 남겨 놓고 있다.

일본과도 사실상 협정 파기에 준하는 선언으로 바로잡아가고 있는 중이다. 그들에게 당당하게 사과를 요구하고 받은 돈 10억 앤은 그대로 놓아둔 채 우리가 마련한 돈으로 할머니들의 보상은 이어가겠다고 했다. 이미 맺은 협약이니 파기한다고 말은 할 수 없지만 너희 돈은 너희가 가져가려면 가져가라는 말이다.

평창올림픽에 문재인 대통령의 제안을 받아들여 북이 참가하게 된 것은 큰 발전이다. 그러나 과거 남북 올림픽의 단일팀 구성을 열렬히 추진하고 환영하던 보수 야당과 언론이 일제히 흠집내기에 바쁘다. 그들은 민족의 장래를 큰 그림으로 보지 못하고 지엽적인 문제, 감정을 자극하는 말들을 쏟아낸다. 주변에 몽땅 남북이 화해하는 것을 눈 뜨고 봐주지 못하는 열강들 틈에서 어렵게 평화와 화해의 기회를 마련했다. 그러나 시대적 의미를 읽지 못하는 무뇌아들이 사소한 문제로 헛된 말들을 쏟아내고 있다. 개구리처럼 한꺼번에 울어대는 기레기들의 떼창을 뚫고 지난 촛불이 밝혀졌듯이 현명한 국민은 이를 구별해 낼 것이다. 평창 올림픽을 남북이 평화를 만들어가는 계기로 삼아가야 한다. 지엽적인 문제에 매달려서 삼정을 키워가는 식의 흠집내기에 말려들어서는 안된다. 그럼에도 불구하고 문재인 대통령은 허세와 자기 자랑을 일삼은 트럼트를 적당히 추어주면서 잘 다루고 있다고 생각한다. 결국은 미국을 평화의 장으로 끌어 내있고 앞으로도 많이 삐꺽거리는 굴곡이 있을 수 있으나 끝까지 평화의 길을 간다면 승리 할 수 있으리라고 생각한다.

올림픽이 끝난 후에 남북문제는 더욱 중요할 것 같다. 문재인 정부는 북이 ICBM을 성공시키자 사드 4기를 배치한다고 했다. 그러나 사드에 대해서 알아보자.

1. 북의 ICBM이 남한 공격용이 아니다

2, 사드가 ICBM 방어용이 아니다.

3. 괌이나 오키나와 공격용 미사일을 요격하기 위한 것이라면 이런 장거리 미사일은 핵이나 생화학 무기일 텐데 이를 인구밀집지역인 한반도 상공에서 요격하는 것은 누구 좋으라고 하는 것인가?

사드는 하나의 무기가 아니다. 미국의 엠디 체계에 편입되는 것이다. 우리 국방부는 부인하지만 트럼프가 "한국의 사드 배치는 미국의 MD체계중 하나다"라고 확인해 주었다. MD체계에 들어간다는 것은 집단방위체계에 들어간다는 말이다. 집단내의 국가들이 동일한 작전계획, 동일한 무기체계 아래 묶이게 된다. 여기서 하나의 침투는 전체의 대응을 낳게 되며 한 회원국에 대한 공격을 회원국 전체에 대한 공격으로 간주해 대응하게 된다. 이는 블록전쟁이라고도 불리며 집단의 방위와 군사동맹 체계에 편입된다.

우리가 동아시아 MD 체계에 들어가면 개별국가의 방위가 문제가 아니라 시스템으로 작동한다. 한미일 삼각 MD 체계는 아태지역 탄도미사일 방어체계의 핵심이다. 이것이 완성되면 중국과 러시아는 완전히 미국의 MD 체계에 포위된다. 따라서 중국과 러시아는 자동적으로 우리의 적국이 되고 우리 무기체계의 공격과 방어의 초점이 된다.

이것은 만약 중국의 양안 문제나 동중국해의 분쟁이 생기면 주한 미군이 자동으로 개입하고 한국군도 전쟁에 휩싸이게 되며 한국의 기지들이 가장 전방에 위치해 있기에 가장 전방에서 전쟁의 참화를 맞게 된다. 게다가 미국은 한국을 일본의 하위개념으로 생각한다. 그러기에 한국은 일본의 국익과 군사전략을 위한 작전에 동원되며 희생되는 것을 피할 수 없다. 이로서 한국은 미중, 중일 대결의 전초기지가 된다. 어느 지역에서 분쟁이 생기든지 한국이 전쟁마당이 된다. 우리는 우리의 국익을 포기한 채 그들의 이익을 수호하기 위한 첨병이 된다. 그러기에 김대중, 노무현, 이명박 정부까지도 초기에는 박근혜 정부도 미국의 MD 체계 편입을 반대해 온 일이다. 문제인 정부의 남은 과제는 북의 ICBM하고는 아무런 관계가 없는 사드를 빨리 취소하고 되돌리는 조치이다. 이것이 미국과 일본의 헛된 꿈을 바로잡을 것이며 중국과의 새로운 신뢰와 협력의 길을 트게 될 것이다.

북이 미사일을 개발한 것은 우리하고 대화하자고 한 것이 아니다. 미국의 위협에서 벗어나고자 하는 것이다. 그동안 조금씩 북의 목을 졸라 죽기를 기다려왔는데 이제 살아보겠다고 전쟁을 불사하고 벼랑끝 전술을 펴면서 핵과 미사일을 개발한 것 아닌가? 북이 미국의 위협을 회피하고자 어렵게 협상력을 갖고자 만든 것이 북이 핵과 미사일에 박차를 가하는 이유인데, 그것을 동결하거나 비핵화하는 카드를 우리에게 써버리라는 것은 가능한 이야기가 아니다. 미국과 일괄 타결할 때 쓰겠다는 것을 수차례 공언했지만 미국이 꼼짝 안하는데 그 카드를 남북문제 개선에 쓸 이유는 없다. 가장 큰 위협이 미국의 군사 위협이며 큰 모순을 해결하는 것이 그들로서는 급선무이다. 그들에게는 남북의 관계개선은 종속변수이지 주목적이 아니다.

우리가 대화를 제안하려면 조건 없는 대화를 제안해야 한다. 그래서 남과 북이 서로 평화로운 교류를 하고 좋은 분위기를 만들면 미국도 북을 위협하고 옥죄는 정책에서 체제를 보장하고 수교하는 일괄타결의 방향으로 선회할 수 밖에 없을 것이다. 남북이 먼저 조건 없는 대화로 한반도에 평화의 분위기를 조성해야한다. 남과 북 사이에서 평화로운 왕래와 교류가 재개되고 분위기가 반전된다면 미국이 선제 타격할 명분도 없어진다. 그것이 한반도 문제를 우리가 주도해 나가는 앞선 외교, 국방의 방향이 될 것이다. 미국에 맞추어 흥분하고 규탄하고 제제하는 데에 발을 맞추어 갈 필요가 없다. 그렇게 되면 우리가 주도권을 가질 아무런 몫이 없다. 남의 장단에 좋다고 박수쳐주다가 결국은 무시당하고 미국이 지금 말하는 것처럼 우리 땅 아니니 전쟁해서 수백만 명이 죽어도 좋다는 동맹 뒤통수치는 소리가 현실이 되어 돌아올 수도 있다.

문재인 정부가 잘 풀어가고 있다고 생각한다. 진보적인 분들은 좀 더 애정을 가지고 지켜보고 쓴 소리의 방향을 수구들에게 돌려야 한다. 문재인 정부도 더욱 당당하게 가길 바란다. 촛불 국민이 있는데 무엇이 두려운가? 국민이 뒷받침 할테니.…

(필자의 페이스북라인에 올린 글 중에서)

– 탈고 한 후에 남북북미 관계가 급진전되었다. 이 회담들이 잘 성사되어 한반도에 새로운 역사가 열릴 수 있기를 간절한 마음으로 기도한다.